国家自然科学基金青年项目"'厶形悖论'下公共文化服务的居民有限参与及涌现式突破路径"（项目编号：72104237）

Governance Strategies for
Diversified Supply of
Public Cultural Services

公共文化服务
多元供给

治|理|策|略

吴正泓 著

中国社会科学出版社

图书在版编目（CIP）数据

公共文化服务多元供给治理策略/吴正泓著.—北京：中国社会科学出版社，2024.6
ISBN 978-7-5227-3564-1

Ⅰ.①公… Ⅱ.①吴… Ⅲ.①公共管理—文化工作—研究—中国 Ⅳ.①G123

中国国家版本馆CIP数据核字（2024）第100050号

出 版 人	赵剑英	
责任编辑	谢欣露	
责任校对	周晓东	
责任印制	王　超	
出　　版	中国社会科学出版社	
社　　址	北京鼓楼西大街甲158号	
邮　　编	100720	
网　　址	http://www.csspw.cn	
发 行 部	010-84083685	
门 市 部	010-84029450	
经　　销	新华书店及其他书店	
印　　刷	北京明恒达印务有限公司	
装　　订	廊坊市广阳区广增装订厂	
版　　次	2024年6月第1版	
印　　次	2024年6月第1次印刷	
开　　本	710×1000　1/16	
印　　张	14	
字　　数	209千字	
定　　价	75.00元	

凡购买中国社会科学出版社图书，如有质量问题请与本社营销中心联系调换
电话：010-84083683
版权所有　侵权必究

序 一

佟德志

  党的二十大吹响了为全面建设社会主义现代化国家而团结奋斗的号角。中国式现代化是物质文明和精神文明相协调的现代化，这是中国式现代化的中国特色，大力发展社会主义先进文化，促进物的全面丰富和人的全面发展是题中应有之义。那么，如何推动公共文化服务从而大力发展社会主义先进文化就有着重要的理论与实践意义。本书正是基于这一主题的研究，为我们更好地通过多元供给策略提高公共文化服务提供了有益的探索，无论在理论上还是在实践中，都有着积极的意义。

  公共文化服务在新时代中国特色社会主义建设中得到了蓬勃发展。从总体上看，自新中国成立以来，我国公共文化服务治理变革大体经历了文化管控、文化管理、文化治理三个阶段。尤其是2015年党中央明确提出加快构建"现代公共文化服务体系"以来，政府主导、社会力量积极互动的中国公共文化服务整体性治理格局，已初现端倪。新时代的公共文化建设，呈现出大量的改革与创新。比如，文化类PPP、公共文化惠民工程、公共文化服务体系示范项目不断为公共文化建设注入新的活力，覆盖城乡的公共文化设施网络更加健全，优质文化产品与服务日益丰富，公共文化服务能力和水平显著提高，人民群众文化获得感不断增加。本书为我们提供了大量的案例，让我们更加全面地看到了文化服务的全景图式。

  当然，作者也看到了公共文化服务供给存在的问题与挑战。中国特色社会主义进入新时代，我国社会主要矛盾已经转化为人民日益增长的美好生活需要和不平衡不充分的发展之间的矛盾。在这里，人民日益增长的美好生活需要对文化，尤其是公共文化服务提出更高的要求，这也使原本就存在的物质文明与精神文明发展不平衡不充分的矛盾更加凸显。作者根据现状的分析，提出了公共服务供给过程中出现的地方政府财政压力大、发展不平衡、供需不匹配和覆盖面窄等问题。

本书基于我国公共文化服务供给现状分析，提出了核心诉求，即引导社会力量参与，实现公共文化服务的多元供给模式。在对公共文化服务供给模式进行深入分析的过程中，作者创造性地将我国公共服务政社合作供给模式归结为市场型供给模式、志愿型供给模式、自我型供给模式三种模式。这三种模式分别有不同的特征、路径、机制、动力，作者也进行了深入的分析，有利于我们更好地认识公共文化服务过程中政府和社会的作用及其关系，为我们理解公共文化服务的供给模式提供了重要的借鉴。比如，在市场型供给模式中，作者更强调了政府的科学补偿，抑制私营组织机会主义行为，借以实现私营组织的积极参与和规范参与。针对公共文化服务志愿型供给模式，作者提出了科学引导民间文艺组织持续稳定发展的参考路径。对于公共文化服务自我型供给模型，作者从博弈论视角分析了不同要素对公众参与供给水平的影响，并提出相关的引导策略。

在研究的过程中，作者非常重视理论与实践结合，并不是一般性地讲理论或是空对空地进行分析，而是引入大量的案例。PPP引导基金模式的补偿问题、"云雾青春社"成功运作关键因素分析、"云林春晚"筹款问题、浙江温岭社戏等一些鲜活的案例，为理论的概括提供了实践基础，也增加了该书的可读性。同时，作者也没有就案例谈案例，而是将补偿机制、治理机制、模型构建、数值模拟、信息传播、博弈论等一些理论和方法融会进来，通过理论的建构使该书既有理论，又有实践，理论与实践结合起来。

本书的另一个特色是引入了博弈论的模型来分析各种公共文化服务的供给模式，从而让我们更清晰地看到公共文化服务供给模式的内在要素及其互动关系。比如，作者从博弈的局中人要素出发，发现公共文化服务自我型供给模式中，异质性人际关系、鼓励公众捐时间、信息传播者的存在等要素，都有利于促进公众合作涌现，这就为进一步推动公众合作提供了积极的探索。

难能可贵的是，作者还在大量研究的基础上给出了建设性的政策建议。作者提出的完善补偿和治理机制、引导民间文艺组织科学发展、优化公众参与机制与环境等一系列建议不仅与作者的研究相契合，而且有着非常好的应用性和可操作性。这就让本书不仅对公共文化的研究者有益，同时也对公共文化的建设者大有裨益。

总的来说，本书对新时代公共文化服务的多元供给模式进行了全面而深入的解读，并在实践案例研究的基础上进行了系统的理论归纳，提出了一些有新意的公共服务供给模式，并从理论与实践相结合、理论与方法相结合的角度对这些模式进行了系统的分析，是相关领域一部不可多得的佳作。大力推动公共服务供给，繁荣社会主义先进文化，满足人民日益增长的美好生活需要是一篇大文章，相信这本书的出版能为学术界带来更多有益的思考。

佟德志
2023年6月

序　二

张霁星

党的十八届三中全会提出了"国家治理体系和治理能力现代化"的重大命题，即"国家治理现代化"，是继"四个现代化"之后的"第五化"。

党的二十大又提出"中国式现代化"，并阐述其"既有各国现代化的共同特征，更有基于自己国情的中国特色"。党的二十大报告明确提出："健全现代公共文化服务体系，健全现代文化产业体系和市场体系。"由此，公共文化服务供给，是"中国式现代化"命题中的应有之义。本书研究公共文化服务的多元供给，就是在探究"现代公共文化服务体系"建设的科学路径，意义十分重大。

"公共"概念，20世纪末传入中国，21世纪初开始广泛应用。伴随而来的还有"公共管理、多元治理、有限政府"等诸多概念，并演化出"共建、共治、共享"等多个中国语境下的新概念。20世纪70年代始，西方国家城市化和工业化加快，引发了劳动就业、社会保障、环境污染等诸多问题，进而扩大了政府的职能和复杂性。由此"新公共管理""政府再造""服务型政府"等思潮兴起，公共管理新的研究范式应运而生，公共管理研究的核心问题从行政组织的效率问题转向公共品的有效供给问题。本书探究公共文化服务多元供给问题，顺应公共文化管理的研究范式，为提升中国公共文化治理与服务效能提供科学依据。

如何实现公共文化服务有效供给，是公共文化治理理论和实践领域的关键难题。众多研究中，多元主体合作供给逐渐成为学者关注的提升供给水平的有效路径之一。合作供给基础为治理理论，治理是源自西方国家的"舶来品",在西方语境下其强调多元主体之间构建"去中心化"的共治结构。在公共文化服务合作供给中国化实践中,政府、企业、文化类社会组织和公民之间尚未形成良性互动,政府权力独大导致的"最后一公里"难题仍然存在。针对供给困境,本书创新性地提出"人形悖论"即公共文化治理中政府与社会力量呈现"人"字形的"中心—边缘"结构而非"去中心化"的平等共治结构。"人形悖论"为分析和解决公共文化合作供给困境提供了新的研究视角,是本书为丰富和发展公共文化本土化治理理论提供的智力支持。

"人形悖论"视角下为提升公共文化服务供给水平,一方面,本书将"项目制"与公共文化多元供给融合,提出依托项目更好地协调多元主体之间关系,避免了传统自上而下模式下政府权力介入中失范行为;另一方面,更加突出公民地位,强调充分发挥基层群众自治作用,通过社会偏好设计微观机制,引导公民自我供给行为的涌现。上述策略为促进政府与社会力量平等、高效地供给公共文化服务提供了理论参考。

总体而言,本书关注了公共文化治理领域的中国问题、总结了中国经验,避免陷入拿来主义的机械式研究模式,将科研之树种在了祖国大地上。诚然,中国公共文化治理情境丰富且复杂,本书仅是作者的阶段性研究成果。社会在发展、研究在继续,广大读者期望更多的学者能奉献出更优秀的成果,以供专家学者和公共管理实践者互相交流、借鉴、启发,为构建并完善本土化的中国特色公共文化治理理论体系,为促进中国式现代化建设贡献自己的力量!

张霁星

2023 年 6 月

前　言

本书是由国家自然科学基金青年项目"'人形悖论'下公共文化服务的居民有限参与及涌现式突破路径"（72104237）的阶段性研究成果和笔者博士学位论文主体部分组成。本书试图在我国建设现代公共文化服务体系背景下，基于文化治理视域从本土化实践出发，探究社会力量有限参与公共文化服务供给困境的成因，分别描述了政府、企业、社会组织和居民的利益诉求和行动逻辑。在此基础上，从政府和社会力量关系出发，构建市场型、志愿型和自我型三种社会力量参与公共文化服务供给模式，提出相应的引导策略，以推动解决社会力量有限参与公共文化服务供给困境，为建设社会主义文化强国奠定了坚实基础。

新时代我国公共文化服务体系建设取得显著成效，与此同时，公共文化服务供给实践面临诸多困境与挑战：一是新常态下经济增速放缓，政府债务规模庞大、负债率持续攀升，公共文化服务财政投入压力大；二是城乡公共文化服务资源分布不均，导致公共文化服务发展不平衡，乡镇、农村两级文化阵地公共文化建设严重滞后；三是供给主体单一、运行机制不畅等因素，易使供给主体从关注居民文化需求的目标偏离，造成公共文化服务供需不匹配；四是公共文化服务设施数量不足、设施空间布局不合理、文化服务资源缺乏有效整合，导致我国公共文化服务覆盖面窄，居民无法便捷地享受到均等的服务。因此，积极引导社会力量参与公共文化服务供给，通过社会化供给提升公共文化服务效能，是建立健全公共文化服务体系的重要路径。

党的十九大报告提出"打造共建共治共享的社会治理格局"后，公共文化服务"两独一共"（独建独管共享）的管理格局加速向"三共"（共建共管共享）的治理格局转型，公共文化服务社会化供给也迎来发展加速期。但在转型过程中却出现了"人（jí）形悖论"：公共文化服务生产过程中，政府仍位于顶端权威中心，其与社会力量呈现形似"人"字的结构，而非"去中心化"的平等共治结构。"人形悖论"下政府权力介入与社会力量参与未形成良性互动，社会力量对公共文化服务供给呈现有限参与格局。因此，本书旨在从公共文化服务供给中政府与社会力量的关系视角出发，探究公共文化服务政社合作供给模式，并结合其本土化实施阻力对供给新模式进行研究，进而推动形成多元主体广泛参与合作供给的新局面。本书重点回答了以下几个问题：第一，社会力量参与公共文化服务供给中，建立何种供给模式有利于社会力量广泛参与？第二，公共文化服务政社合作供给模式存在哪些本土化实施阻力？第三，如何破解公共文化服务政社合作供给模式的实施阻力？

本书主要创新点包括以下几个方面：第一，基于合作理念构建了新时代社会力量参与公共文化服务供给理论框架。从政府和社会关系视角出发，对社会力量参与公共文化服务供给问题进行系统性研究。基于合作重塑政府与社会力量之间的关系，在此基础上构建了社会力量参与公共文化服务供给模式，并提出治理策略以破除各供给模式的实施阻力。第二，构建公共文化服务供给政府补偿机制决策模型。针对PPP引导模式下公共文化服务设施项目供给的补偿问题，提出了收益补偿和亏损补偿两种补偿机制，并求解出政府最优补偿机制决策临界值，为政府进行补偿机制决策提供了理论参考。第三，探究了实现公共文化服务供给合作治理的关键因素和动力机制。基于合作治理理论，构建了公共文化服务市场型供给中政府与私营组织的演化博弈模型，通过对系统演化稳定策略的求解与分析，得出政府和私营组织实现持续稳定合作供给的边界条件，为提升公共文化服务供给效率提供了改进路径；通过案例分析，指出引入市场机制和公众监督有利于促进多方共赢，研究结果有利于推动公共文化服务合作治理理论的构建。第四，提出了促进公共文化服务供给中公众合作涌现的重要因素。本书依托浙江地区传统公共文化活动"温岭社戏"，提炼出基层公众自愿参与公共文化服务供给的一般决策流程，基于博弈的局中人要素、行动要素和信息要素，分别构建公共产品博弈模型，并运用计算实验方法对各模型进行数值模拟，结合模拟结果分析了不同捐赠方式、信息传播特征对自我型供给中公众合作涌现的影响，为引导公众自愿参与公共文化服务供给提供了决策参考。

党的二十大报告提出以中国式现代化全面推进中华民族伟大复兴，中国式现代化是全体人民物质文明和精神文明相协调的现代化。因此，引导社会力量广泛参与治理，是以中国式现代化全面推进公共文化服务治理进程的重要路径。从这个层面出发，本书的研究成果为如何以中国式现代化全面推进公共文化服务治理进程，构建惠及全体人民的公共文化服务体系，具有一定的理论参考和启发。

目　录

第一章　绪论 … 1
第一节　研究背景 … 1
第二节　问题提出 … 7
第三节　研究的理论价值和实践意义 … 11
第四节　研究方法、内容和技术路线 … 13
第五节　本书的创新点 … 16

第二章　相关理论与文献综述 … 18
第一节　主要概念 … 18
第二节　相关理论 … 23
第三节　文献综述 … 33
本章小结 … 43

第三章　公共文化服务供给现状分析 … 44
第一节　我国公共文化服务供给模式的历史沿革 … 44
第二节　公共文化服务的政策地位和财政投入 … 46
第三节　公共文化服务发展成效 … 52
第四节　公共文化服务供给困境 … 56
第五节　困境应对 … 62
本章小结 … 63

第四章 公共文化服务政社合作供给模式构建与分析 ………… 64

- 第一节 公共文化服务政社合作供给模式的构建动因 ……… 64
- 第二节 公共文化服务政社合作供给模式阐释…………… 66
- 第三节 公共文化服务政社合作供给模式实施阻力分析 …… 76
- 本章小结 ………………………………………………… 81

第五章 市场型供给模式的补偿与治理机制研究 …………… 82

- 第一节 市场型供给模式发挥作用的关键因素…………… 82
- 第二节 市场型供给模式补偿机制研究…………………… 85
- 第三节 市场型供给模式治理机制研究…………………… 96
- 本章小结 ……………………………………………… 107

第六章 志愿型供给模式的民间文艺组织引导研究 ………… 108

- 第一节 志愿型供给模式研究方向提出…………………… 108
- 第二节 民间文艺组织的成功经验………………………… 113
- 第三节 基于民间文艺组织的公共产品博弈模型………… 115
- 第四节 数值模拟………………………………………… 119
- 本章小结 ……………………………………………… 125

第七章 自我型供给模式的公众合作涌现研究 ……………… 127

- 第一节 现实基础与理论视角……………………………… 127
- 第二节 自我型供给模式研究方向………………………… 130
- 第三节 基于局中人要素的公共产品博弈模型…………… 136
- 第四节 基于行动要素的公共产品博弈模型……………… 153
- 第五节 基于信息要素的公共产品博弈模型……………… 167
- 本章小结 ……………………………………………… 180

第八章 政策建议 …………………………………………… 182

- 第一节 完善补偿和治理机制……………………………… 182

第二节　引导民间文艺组织科学发展 …………………… 186
第三节　优化公众参与机制与环境 …………………… 188
本章小结 …………………………………………………… 190

第九章　结论与研究展望 …………………………………… 191

第一节　主要结论 …………………………………………… 191
第二节　研究不足与展望 …………………………………… 195

参考文献 ………………………………………………………… 196

第一章 绪 论

第一节 研究背景

中华文化历史悠久、博大精深，是中华民族的灵魂，她早已深深烙印在每一位华夏儿女的心中。"文化没有断过流、始终传承下来的只有中国"，我们是"龙的传人"，这充分展现了中华文化的底蕴、特色和自信。文化是一个国家和民族凝聚力和创造力的源泉，先进文化对经济和社会发展具有重要的推动作用。

21世纪后，面对经济、社会发展的新挑战，我国将文化建设提升到了新的高度。2012年党的十八大报告，将"文化建设"纳入"五位一体"总体布局。党的十八大以来，党中央将构建现代公共文化服务体系纳入"四个全面"战略布局。2017年党的十九大报告，明确要求"坚定文化自信，推动社会主义文化繁荣兴盛……推动文化事业和文化产业发展"。2022年党的二十大报告，再次明确提出"推进文化自信自强，铸就社会主义文化新辉煌……繁荣发展文化事业和文化产业"。大力发展文化事业、加快构建现代公共文化服务体系，已经成为全党全社会的共识。

进入新时代，我国社会主要矛盾已经转化为人民日益增长的美好生活需要和不平衡不充分的发展之间的矛盾。经济社会发展使居民物质生活水平大幅提升，物质资料得到极大满足，然而精神资料却相对匮乏。物质资料与精神资料、精神资料内部供给不平衡不充分的矛盾日益凸显，这就要求我国加速提升公共文化服务效能，改善改革开放以来文化相比经济较为落后的发展局面，满足人民群众日益增长的精神文化需求，不断提升国家文化软实力和中华文化影响力。

一 现代公共文化服务体系不断健全

改革开放以来，我国公共文化建设投入不断增长，人民群众的精神文化生活得到持续改善，公共文化服务体系建设取得一定成效。但是，与当前经济社会发展水平和人民群众日益增长的精神文化需求相比，我国公共文化服务体系建设水平仍有待提高。因此，党的十八届三中全会明确提出，构建现代公共文化服务体系，并将其作为全面深化改革的重要任务之一。

新时代，构建现代公共文化服务体系具有重要战略意义。第一，它是全面建成小康社会的必然要求。小康社会是经济、政治、文化、社会和生态文明全面协调发展的社会，文化是小康社会的重要组成部分。随着经济社会发展水平不断提高，人民群众的精神文化需求也呈现出快速增长态势。然而，当前我国公共文化服务供给领域仍存在地方政府财政压力大、发展不平衡、供需不匹配以及覆盖面窄等一系列亟待解决的问题，造成人民群众精神文化生活单一、枯燥，基本文化权益无法得到有效保障。因此，要实现全面建成小康社会的奋斗目标、实现中华民族伟大复兴的中国梦，必须通过构建现代公共文化服务体系，弥补公共文化建设短板，提升文化民生保障水平。第二，它是国家治理体系和治理能力现代化的重要组成部分。实现国家治理体系和治理能力现代化，涵盖了实现文化治理体系和治理能力的现代化。[1] 当今世界，随着先进文化理念与实践的交融，文化建设的内容和方式都已发生深刻变化。文化发展的新形势，要求构建现代公共文化服务体系时，各级政府要顺应时代潮流，加快职能转变，完善政策法规，实现文化治理体系和治理能力现代化。第三，它是建设文化强国的重要途径。提升文化软实力，建设文化强国，是我国重要的发展战略。构建现代公共文化服务体系，有利于弘扬社会主义核心价值

---

[1] 景小勇：《国家文化治理体系的构成、特征及研究视角》，《中国行政管理》2015年第12期。

观，发挥文化凝聚力、创造力，提高全民文化自信，为将我国建设成社会主义文化强国奠定坚实基础。

构建现代公共文化服务体系是我国保障人民群众基本文化权益，深化文化体制改革，促进文化事业繁荣发展的重要举措。[①] 在构建现代公共文化服务体系实践中，需要完成以下任务：一是提高基层公共文化服务效能。当前我国现代公共文化服务体系建设的重点和难点集中在基层。因此，在现代公共文化服务体系建设实践中，首先，应当引导资源下移，推动基层公共文化资源整合，加大基层公共文化资源投入。其次，通过培养专业文化从业人员，为基层公共文化服务体系建设奠定好人才基础。此外，还需要建立相应的体制机制，积极引导基层公众参与公共文化服务供给，实现共建共享。二是丰富公共文化服务供给内容。首先，要坚持以满足人民群众文化需求为目标，建立起需求导向型的公共文化服务供给体系。其次，要充分调动文化生产者的积极性，鼓励文化创新。另外，要积极引导人民群众参与和创造文化，发挥人民群众的智慧，生产出贴近生活、丰富多彩的公共文化服务。最后，还要建立健全文化评价和反馈机制，形成公共文化服务自我改善的循环系统。三是推进公共文化服务社会化发展。一方面，通过调动社会力量参与积极性、培育和发展多元社会供给主体，改变政府大包大揽的做法，实现供给主体多元化。另一方面，通过创新财政使用方式，使社会供给主体形成竞争机制，推进资源配置市场化，进而实现优化资源配置。四是建立新型公共文化服务管理体制和协调机制。通过加快推动政府职能转变，理顺政府、文化事业单位和行业协会间的关系，建立宏观管理和微观管理相结合的管理体制。此外，还要以提高资源配置效率为目标，建立起能够调动各部门积极性、实现部门间优势互补的协调机制。

二 新时代公共文化建设新要求

党的十九大报告对新时代我国社会主要矛盾做出重大调整，报告

---

① 李国新：《现代公共文化服务体系建设与公共图书馆发展——〈关于加快构建现代公共文化服务体系的意见〉解析》，《中国图书馆学报》2015 年第 3 期。

指出:"中国特色社会主义进入新时代,我国社会主要矛盾已经转化为人民日益增长的美好生活需要和不平衡不充分的发展之间的矛盾。"社会主要矛盾的转化体现了新时代我国的阶段性特征:一是经济持续中高速的增长,使我国稳居世界第二大经济体,综合国力大幅提高,人民生活已经总体达到小康水平;二是虽然改革开放以来,我国经济总量得到大幅增长,但是人均GDP仍然未达到发达国家的水平,我国仍属于中等收入国家,城乡之间、区域之间发展差距依然较大;三是经济社会的发展,使人民群众基本物质需求不断得到满足,于是人们开始追求美好的生活,这要求我国不仅要发展经济,而且要实现经济、政治、文化、社会和生态文明的全面发展。[1][2][3] 因此,新时代社会主要矛盾的变化,为我国现代公共文化服务体系建设提出了全新的要求。

一方面,新时代社会主要矛盾的变化,要求实现公共文化服务供给多样化。新时代我国经济社会得到大幅发展,人民生活水平不断提高,消费结构也发生了很大变化。图1-1显示了2001—2021年我国居民家庭恩格尔系数。恩格尔系数由统计学家恩格尔提出,是指食品支出占居民家庭消费支出总额的比重。恩格尔系数是衡量一个家庭富裕程度的重要指标,通常情况下,恩格尔系数越高表明家庭收入水平越低,恩格尔系数越低表明家庭收入水平越高。[4] 从图中可以看出,2001—2021年,我国农村居民家庭恩格尔系数从46.7%大幅下降到32.7%,城镇居民家庭恩格尔系数从37.0%下降到28.6%。上述结果表明,随着经济社会的不断发展,食品支出占居民家庭消费比重大幅下降,我国居民家庭收入水平大幅提高。文化消费指数是指文化消费

---

[1] 韩喜平、金光旭:《准确把握新时代社会主要矛盾的科学内涵》,《马克思主义理论学科研究》2018年第2期。

[2] 彭志飞、张峰:《新时代社会主要矛盾转化的深刻内在逻辑》,《人民论坛·学术前沿》2018年第7期。

[3] 田鹏颖:《新时代社会主要矛盾转化与新要求》,《中国特色社会主义研究》2018年第3期。

[4] 张祖群:《从恩格尔系数到旅游恩格尔系数:述评与应用》,《中国软科学》2011年第S2期。

占国家总消费的比重。2019年中国文化产业系列指数发布会指出，2013—2019年，我国文化消费综合指数从73.7增长到82.3，如图1-2所示，年均增长率为2%。我国居民家庭恩格尔系数的下降与文化消费综合指数的增长，反映了新时代在基本物质需求得到满足的基础上，人民群众对美好精神文化生活的需求不断增长。人民群众对更高层次的精神文化生活的追求，就要求推动公共文化服务供给多样化，丰富公共文化服务内容，满足不同的精神文化需求。

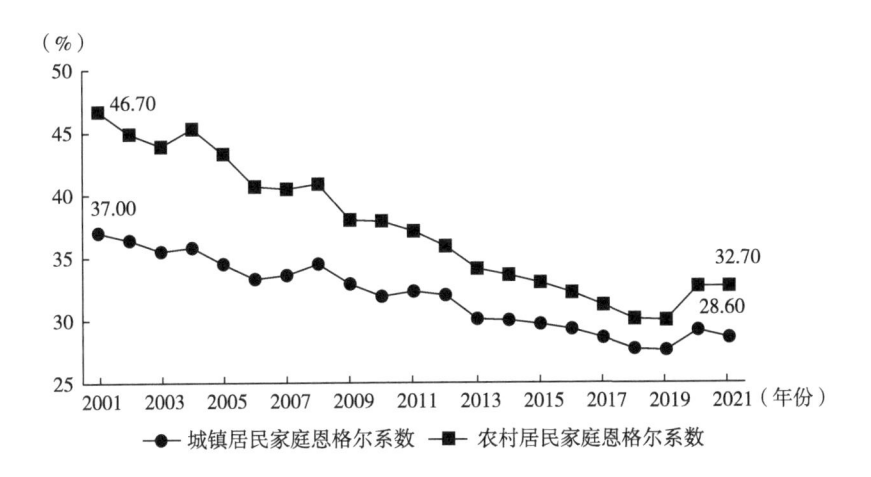

图1-1 2001—2021年我国居民家庭恩格尔系数

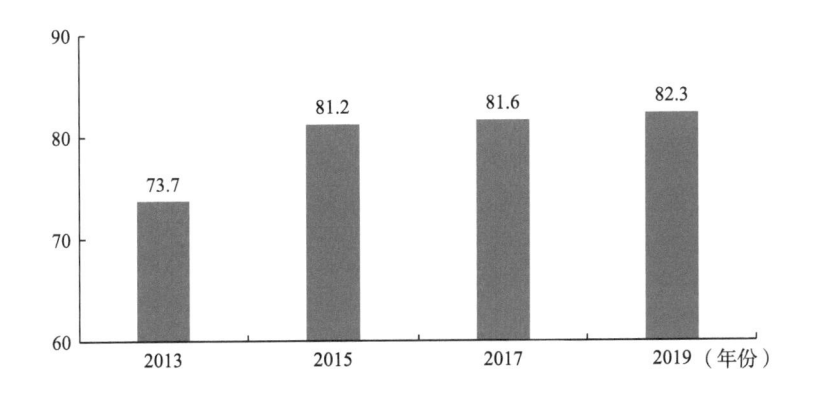

图1-2 2013—2019年我国文化消费综合指数

另一方面，新时代社会主要矛盾的变化，要求推进公共文化服务均等化。当前我国公共文化服务存在供给不均和享受不均的问题。公共文化服务供给不均，主要表现为城乡和区域之间财政、人才、设施等投入不均衡。①②③④ 享受不均主要表现为城乡居民和东中西部居民能够享受的公共文化服务数量和质量的差距。公共文化服务供给不均和享受不均，严重影响了部分人民群众的基本文化权益。新时代追求美好的精神文化生活，不是一部分人的需要，而是全体人民群众的需要。这就要求我国积极引导民间资本参与公共文化服务供给，加大农村公共文化资源投入，缩小城乡资源分配差距，支持偏远地区公共文化建设，补齐发展短板，提供与经济社会发展水平相适应的公共文化服务，最终实现公共文化服务均等化，提高人民群众精神文化生活水平。

三　公共文化治理格局加速形成

在全面分析国际国内复杂形势的基础上，党的十八届三中全会提出"推进国家治理体系和治理能力现代化"。党的十九大报告进一步强调"打造共建共治共享的社会治理格局"。此后，公共文化服务"两独一共"（独建独管共享）的管理格局加速向"三共"（共建共管共享）的治理格局转型，政府主导、社会协同、公众参与、法治保障的公共文化治理格局加速形成。

国家公共文化服务体系示范区（项目）创建工作成效显著，政府从"办文化"向"管文化"转变，多方参与机制日益健全，人民群众文化需求不断得到满足。2015 年颁布的《关于加快构建现代公共文化服务体系的意见》，为政府、市场、社会共同参与公共文化服务体系提供政策支持。2017 年出台的《中华人民共和国公共文化服务

---

① 陈旭佳：《效果均等标准下基本公共文化服务均等化研究》，《当代经济管理》2016 年第 11 期。
② 王毅等：《国家级贫困县基本公共文化服务均等化发展策略研究——基于图书馆和文化馆评估结果的分析》，《国家图书馆学刊》2017 年第 5 期。
③ 刘小琴：《公共文化服务均等化的路径》，《图书馆杂志》2017 年第 12 期。
④ 张雅琪等：《基本公共文化服务均等化研究综述》，《国家图书馆学刊》2018 年第 1 期。

保障法》(以下简称《公共文化服务保障法》)实现了公共文化服务由行政性维护向法律保障的转变。2018年《关于在文化领域推广政府和社会资本合作模式的指导意见》推出后，公共文化PPP项目批量涌现，财政部全国PPP综合信息平台管理库项目数据显示，2021年年底文化行业PPP入库项目191个，投资额1947亿元。

第二节 问题提出

新时代，我国文化系统坚持政府主导、社会参与、重心下移、共建共享，现代公共文化服务体系建设取得了显著成效。一方面，近年来我国对现代公共文化服务体系建设的财政支持大幅提高，公共文化服务内容日趋丰富，人民群众文化获得感得到普遍提升。2021年，全国文化和旅游事业费达1132.88亿元，艺术表演团体演出场次232.53万场，全国人均拥有公共图书馆藏书量0.89册，全国群众文化机构开展活动252.17万场次，服务群众8.33亿人次，博物馆实现接待观众数达7.49亿人次，比2012年分别增长了136.0%、72.2%、53.4%、108.2%、89.3%、32.8%。另一方面，我国公共文化服务政策法规不断得到完善。《关于加快构建现代公共文化服务体系的意见》进一步完善了公共文化服务体系顶层设计。《公共文化服务保障法》的颁布实现了公共文化服务由行政性维护向法律保障的转变。由此可见，当前我国公共文化服务供给水平明显提升，现代公共文化服务体系建设得到政策大力支持。与此同时，我国公共文化服务供给实践中，仍然面临不少困境与挑战。具体包括以下几个方面。

一是地方政府债务规模庞大，公共文化服务财政投入压力大。我国公共文化服务供给的资金主要来源于中央与地方政府的财政拨款。近几年，地方政府债务规模基本呈现连年扩大的态势，政府偿债压力巨大。截至2021年年底，我国地方政府广义债务率高达259.5%，超过国际财政债务率警戒线100%。① 2017年7月，中央政治局会议明确提出，要"有效规范地方政府举债融资，坚决遏制隐性债务增量"。一方面，由于供给侧结构性改革中"去杠杆"任务的持续推进，有效地控制了地方政府融资规模；另一方面，我国经济增长将由高速转为中高速，同时伴随新一轮减税降费政策的实施，地方政府的财政收入难免会受到冲击。因此，受融资规模与财政收入两方面的影响，地方政府公共文化服务财政投入压力将大大增加。

二是公共文化服务发展不平衡。当前我国城乡公共文化服务资源分布呈现不均衡的态势，乡镇、农村两级文化阵地公共文化建设严重滞后。一方面，由于农村地区缺乏专业的文化管理人才，造成很多公共文化服务设施无法匹配群众基本需要。另一方面，由于农村文化建设主要依赖政府财政资助，社会力量参与度低，导致公共文化建设资金不足、发展缓慢。除城乡资源分配不均衡，我国各地区间公共文化服务资源分布差距同样较大。长期以来，由于受经济社会发展水平不平衡等因素影响，东部地区公共文化服务资源投入水平明显高于中西部地区。

三是公共文化服务供需不匹配。当前，尤其是基层农家书屋、公共电子阅览室等公共文化服务设施使用率不高、空置现象普遍。②③④公共文化服务供需错配，严重压抑了人民群众参与公共文化活动的热情，降低了人们的文化获得感。而这也与党的十九大报告提出的"加快构建把社会效益放在首位"的公共文化体制机制相违背。新时代，如何从供给侧发力，扩大公共文化服务有效供给是事关我国文化民生建设的重要课题。

---

① 罗志恒、牛琴：《当前地方债务风险形势如何？怎样改革应对？》，《界面新闻》，https：//www.jiemian.com/article/8694170.html，2023年1月5日。

② 黄浩：《公共电子阅览室的建设问题及对策——以湖南省公共电子阅览室建设为例》，《图书馆》2017年第3期。

③ 汝萌、李岱：《我国公共数字文化服务使用情况调查研究》，《图书馆建设》2017年第2期。

④ 邱铁鑫、方纲：《"书香乡村"建设困境与对策研究——以成都市PD区农村为例》，《新世纪图书馆》2017年第12期。

四是公共文化服务覆盖面窄。由于公共文化服务设施数量不足、设施空间布局不合理以及文化服务资源缺乏有效整合，我国公共文化服务覆盖面窄，人民群众无法便捷地享受到均等的服务。例如，很多系统内的公共文化服务资源完全与普通群众脱钩，仅仅服务于系统内部人员，这不仅使普通群众享受公共文化服务受限，还会造成公共文化服务资源的浪费。

针对公共文化服务供给中地方政府财政压力大、发展不平衡、供需不匹配以及覆盖面窄等问题，我国政府积极引导社会力量参与公共文化服务供给，以解决上述困境。但在"人形悖论"下，由于缺乏清晰的关系界定，公共文化服务供给实践中政府和社会力量并未形成良性互动。"自上而下"的供给方式依然普遍存在，"政府包办"现象时有发生，严重压抑了社会力量的自主性，导致社会力量对公共文化服务供给呈现有限参与格局。因此，本书旨在从公共文化服务供给中政府与社会力量的关系视角出发，探究公共文化服务政社合作供给模式，并结合其本土化实施阻力对供给新模式进行研究，进而推动形成多元主体广泛参与合作供给的新局面。本书重点解决以下几个问题。

第一，社会力量参与公共文化服务供给中，建立何种供给模式有利于社会力量广泛参与？

首先，梳理了我国公共文化服务供给现状，并基于当前公共文化服务的供给困境，指出了社会力量参与公共文化服务供给的紧迫性。其次，结合当前公共文化服务社会化供给中存在的问题，从政府和社会力量关系视角出发，基于合作关系内涵，构建了公共文化服务政社合作供给模式，并按照供给主体进一步划分为市场型、志愿型和自我型三种供给模式。

第二，公共文化服务政社合作供给模式存在哪些本土化实施阻力？

结合公共文化服务供给主体的特点及我国国情，本书分别指出，市场型供给模式存在两个方面阻力：一是私营组织参与积极性不高。私营组织以营利目的，但公共文化服务项目通常营利性较低，这将会导致它们参与供给积极性不高；二是私营组织存在机会主义倾向。由于私营组织以追求利益最大化为目标，在供给中通常具有信息和专业优势，因此可能会采取机会主义行为。志愿型供给模式的实施阻力主要表现为：一是我国文化类 NGO 规模小。当前我国符合登记条件且规范的文化类 NGO 数量不多；二是我国文化类 NGO 独立性低。由于我国文化类 NGO 多由政府主导建立，因此"体制内"特征明显，独立性较低。自我型供给模式的实施阻力主要表现为公众参与积极性不高。由于公共文化服务具有非排他性特征，公众不需要付出成本就可以免费享受相应的服务，因此会导致公众参与供给积极性不高。结合理论和实践分析，本书认为可以破除各模式的实施阻力。

第三，如何破解公共文化服务市场型供给模式的实施阻力？

结合私营组织和公共文化服务项目的特点，本书指出市场型供给模式存在两点实施阻力：一是私营组织参与积极性不高；二是私营组织可能会采取机会主义行为。为克服上述实施阻力，本书分别从补偿机制和治理机制对市场型供给模式进行研究。针对补偿机制，本书主要以公共文化服务设施项目为研究对象，基于 PPP 引导基金模式提出了盈利补偿和亏损补偿两种机制，并通过构建演化博弈模型，求解出政府选择不同补偿机制的临界值，为提高补偿效率提供决策参考。针对治理机制，本书以公共文化服务项目为研究对象，基于合作治理理论，阐述了市场型供给中政府和私营组织的互动关系，并运用演化博弈理论，分析了公众未参与和参与情形下政府和私营组织的决策机制，为形成稳定互惠的合作供给、维护公共文化服务公共价值提供理论参考。

第四，如何破解公共文化服务志愿型供给模式的实施阻力？

当前我国文化类 NGO 规模较小且独立性较低，为应对上述不足，本书提出除现有政策外，政府还应当采取有针对性措施积极引导民间文艺组织发展，原因在于：一是民间文艺组织独立性高；二是民间文艺组织是独立性高的文化类 NGO "孵化期"的重要形式；三是我国民间文艺组织规模庞大。因此，本书以浙江安淳云雾青春社为背景，基于云雾青春社的核心活动"云林春晚",构建公共产品博弈模型,探究不同要素对民间文艺组织持续稳定运行的影响,进而为促进文化类 NGO 涌现、提高其独立性提供路径参考。

第五,如何破解公共文化服务自我型供给模式的实施阻力?

公共文化服务的非排他性特征,会使自我型供给模式中公众参与意愿下降。但是实践中,我国依然存在不少成功的公共文化自我供给案例。本书以浙江地区的"温岭社戏"为背景,提炼出公共文化活动自我型供给中个体的决策流程,并分别基于博弈的行动要素和信息要素构建公共产品博弈模型,探究公众合作涌现机制,即哪些机制有利于促进公众自愿采取合作行为。研究结论为提高公众参与公共文化服务供给的积极性提供了决策参考。

第三节 研究的理论价值和实践意义

一 理论价值

第一,本书提出了新时代社会力量参与公共文化服务供给的实现方式。本书通过理论分析指出,新时代政府和社会力量应当以合作的方式实现公共文化服务社会化供给。通过合作的方式,可以去除政府基于集权的权威,瓦解政府和社会力量的"中心—边缘结构",实现"去中心化",进而真正调动社会力量的参与积极性和生产自主性,提升公共文化服务供给效能。

第二,本书明确了新时代社会力量参与公共文化服务供给中,政府和社会力量的角色定位。现有文献对公共文化服务社会化供给进行了大量研究,但是鲜见对新时代公共文化服务社会化供给中,政府和社会力量角色定位的具体阐述。本书指出,新时代公共文化服务社会化供给中,政府角色应由"划桨者"向"掌舵者"转换,实践中主要扮演以下角色,即政策法规的制定者、公共文化服务的监督者以及资金提供者。社会力量在于实现了向"合作者"的全面转变,与政府之间不存在依赖关系,在生产中具有自主性,实践中主要扮演下列角色,即公共文化服务的生产者、资金提供者以及公共文化服务的监督者。

第三,本书指出了提高新时代社会力量参与公共文化服务供给效率的路径。首先,本书基于政府和社会力量的合作关系,提出了公共文化服务政社合作供给模式,并按照供给主体划分为市场型、志愿型和自我型三种具体供给模式。其次,分别基于三种供给模式的本土化实施阻力,提出了改进路径,为高效吸引社会力量参与公共文化服务供给,提高公共文化服务供给效率提供了理论资源。

二 实践意义

第一,本书为新时代我国有效供给公共文化服务提供了实践抓手。针对当前社会力量参与公共文化服务供给中,政府和社会力量尚未形成良性互动的局面。本书通过理论分析,指出合作是提高公共文化服务社会化供给效率的重要途径,并基于合作构建了公共文化服务政社合作供给模式,明晰了政府、社会力量在供给中的角色定位。本书指出了合作是政府和社会力量科学高效地提供公共文化服务的重要实践抓手。

第二,本书有利于明晰在国家治理体系和治理能力现代化大背景下,公共文化服务多主体供给过程中的政府职能。在当前职能转变的过程中,政府面对不同的公共文化服务供给模式,如何明确自身定位,实现由"划桨者"向"掌舵者"的转变,是亟待解决的问题。本书通过厘清公共文化服务社会化供给中政府与社会力量的关系,明确了供给过程中政府的角色定位和能力结构转型方向。研究结论为政府在公共文化服务供给领域加快职能转变、矫正政府失灵提供了借鉴。

第三,本书有利于引导社会力量参与公共文化服务供给。针对市场型供给模式,探究出政府进行科学补偿的临界值以及政府与私营组织稳定合作的边界条件。针对志愿型供给模式,基于云雾青春社,分析得出引导民间文艺组织持续健康发展的路径,有利于推动文化类NGO涌现,提高其独立性;针对自我型供给模式,基于"温岭社戏",探究出提高公众参与公共文化服务供给意愿的因素。研究结论有利于科学引导私营组织、文化类 NGO 和公众参与公共文化服务供给。

第四节　研究方法、内容和技术路线

一　研究方法

基于研究目的和研究对象，本书采用了文献研究法、案例分析法、博弈分析法和计算实验法进行研究。具体如下：

（1）文献研究法。文献研究法通过对现有文献资料的收集、鉴别以及整理，形成对事实的科学认知。根据选题研究需要，系统地收集了我国公共文化服务领域相关政策法规、公共文化服务供给现状、公共文化服务供给理论、合作涌现机制等方面的文献，通过二次筛选与梳理，提升了对公共文化服务社会化供给的动力、阻力等关键因素的科学认知，为本书研究提供了重要的理论与文献依据。

（2）案例分析法。案例分析法是通过分析现实状况得出客观认识的研究方法。本书选取了天津"文化惠民卡"与某县基层"送戏下乡"项目对市场型供给治理进行研究。通过分析发现，公众参与的"文化惠民卡"的效果要远优于公众未参与的"送戏下乡"的效果，由此得出，市场型供给中积极引导公众参与公共文化服务评价与反馈，有利于实现政府、私营组织和公众合作共赢的局面。

（3）博弈分析法。博弈论是一种研究具有竞争性质现象的数学方法。本书引入演化博弈论，基于政府和私营组织的利益冲突，分别构建补偿、治理演化博弈模型，研究市场型供给模式中，政府补偿机制决策边界和合作治理机制，推动提升市场型供给模式的实施效率。通过构建公共产品博弈模型，对志愿型和自我型供给模式进行了研究，为引导民间文艺组织科学发展，提高公众自愿参与公共文化服务供给提供了参考路径。

（4）计算实验法。计算实验法是通过计算模拟进行情境再现，进而揭示事物内在规律的一种研究方法。本书通过总结公众自愿参与公共文化服务供给的一般流程，提炼出可能影响合作涌现的关键要素，并基于不同要素构建公共产品博弈模型，最终借助计算机模拟公众合作涌现的演化过程。结合模拟结果，分析不同关键变量对公众合作涌现的影响。

二　研究内容

本书以公共文化服务为研究对象，研究社会力量有限参与公共文化服务供给的治理策略，具体可分为九章。

第一章为绪论。具体阐述了本书的研究背景、研究意义、研究方法、研究内容、技术路线和主要创新点。

第二章为相关理论与文献综述，即第二章内容。首先，明晰了公共文化、公共文化服务、社会力量、"Д形悖论"、去中心化以及合作的基本概念。其次，对研究涉及的基础理论进行梳理，包括公共产品理论、多中心治理理论、合作治理理论、社会偏好理论、演化博弈论以及计算实验。最后，对社会力量参与公共文化服务供给研究进展、公共文化服务多元供给的宏观治理政策研究以及公共产品博弈中合作涌现研究进展进行总结概述。

第三章为公共文化服务供给现状分析。首先，论述了我国公共文化服务供给模式的历史沿革。其次，对当前我国公共文化服务的政策地位、财政投入、发展成效及供给困境进行具体阐述。最后，基于公共文化服务供给困境，指出了社会力量参与公共文化服务供给的紧迫性。

第四章为公共文化服务政社合作供给模式构建与分析。包括以下几点主要内容。一是论述了构建公共文化服务政社合作供给模式的动因。二是从供给主体、合作关系内涵、供给主体角色定位对公共文化服务政社合作供给模式进行阐释，并基于供给主体，将其具体划分为市场型、志愿型和自我型供给模式。三是对上述三种供给模式的本土化实施阻力进行分析。

第五章为市场型供给模式的补偿与治理机制研究。首先结合政府和私营组织特征，找出阻碍合作供给效率提升的关键因素。其次通过演化博弈分析，探究公共文化服务供给中补偿机制以及治理机制改进路径，进而提升合作持续性和稳定性。这部分内容为政府高效吸引私营组织参与公共文化服务供给，抑制私营组织机会主义行为，维护公共文化服务的公共价值提供了路径参考。

第六章为志愿型供给模式的民间文艺组织引导研究。主要依据云雾青春社的形成与发展经验，基于云雾青春社的核心活动"云林春晚"，构建公共产品博弈模型，探究不同要素对民间文艺组织持续稳定运行的影响。这部分研究结论为政府科学引导民间文艺组织发展，促进我国文化类 NGO 涌现，提高文化类 NGO 独立性提供理论参考。

第七章为自我型供给模式的公众合作涌现研究。一方面，从博弈的行动要素出发，运用公共产品博弈模型，分析了不同捐赠方式对自我型供给中公众合作涌现的影响，得出了引导公众多元化捐赠可以促进合作涌现的结论。另一方面，从博弈的信息要素出发，运用公共产品博弈模型，分析了信息传播特征对自我型供给中公众合作涌现的影响。这部分研究结论为引导公众自愿参与公共文化服务供给，实现公共文化服务共建共享，提供了决策依据。

第八章为政策建议。主要基于前文研究结论，有针对性地提出促进公共文化服务政社合作供给模式有效实施的政策建议。

第九章为研究结论与展望。主要概括了本书的研究结论、存在的不足以及今后工作方向。

三 技术路线

本书的技术路线如图 1-3 所示。

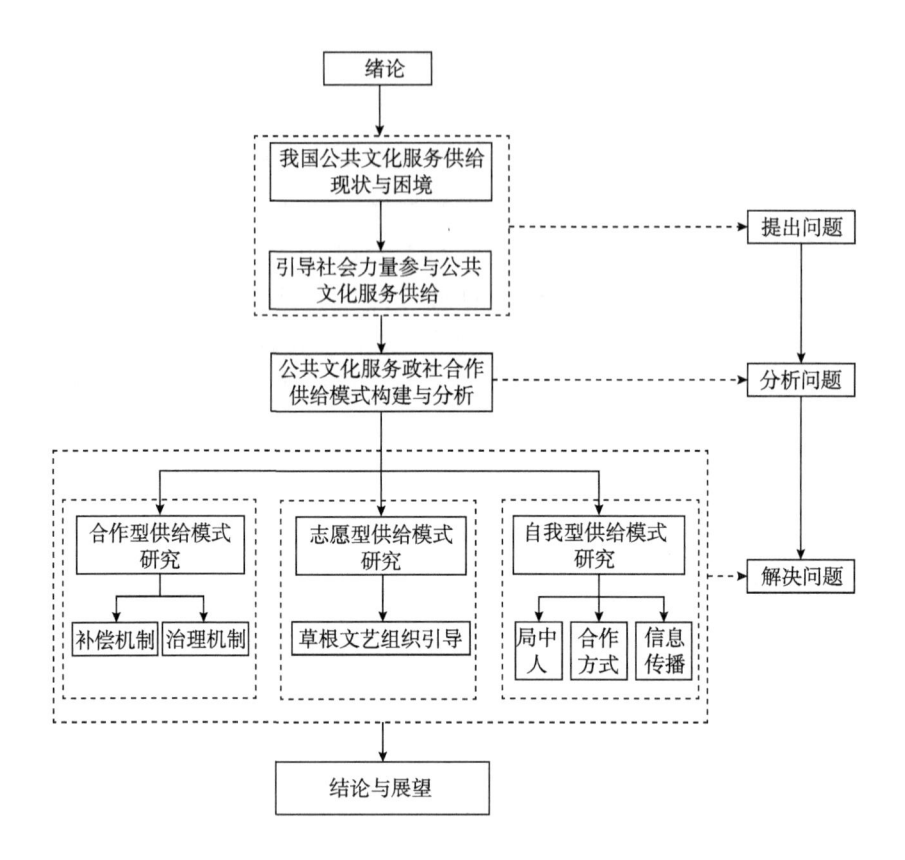

图 1-3 本书的技术路线

第五节 本书的创新点

本书的创新点主要包括以下几个方面。

第一，基于合作理念构建了新时代社会力量参与公共文化服务供给理论框架。本书从政府和社会关系视角出发，对社会力量参与公共文化服务供给问题进行了系统性研究。首先基于合作重塑政府与社会力量之间的关系，构建了公共文化服务政社合作供给模式，并依据供给主体将模式分为市场型、志愿型和自我型。其次分别对市场型、志愿型和自我型供给模式进行研究，以破除各供给模式的本土化实施阻力。

第二，构建了公共文化服务供给政府补偿机制决策模型。本书针对 PPP 引导模式下公共文化服务设施项目供给的补偿问题，提出了收益补偿和亏损补偿两种补偿机制，并通过构建演化博弈模型，分析政府与私营组织决策演化过程，求解出政府最优补偿机制决策临界值，为政府进行补偿机制决策提供了理论参考。

第三，探究了实现公共文化服务供给合作治理的关键因素和动力机制。本书基于合作治理理论，构建了公共文化服务市场型供给中政府与私营组织的演化博弈模型，通过对系统演化稳定策略的求解与分析，得出政府和私营组织实现持续稳定合作供给的边界条件，为提升公共文化服务供给效率提供了改进路径；通过案例分析，指出引入市场机制和公众监督有利于促进多方共赢。本书研究结果有利于推动公共文化服务合作治理理论的构建。

第四，提出了促进公共文化服务供给中公众合作涌现的重要因素。本书依托浙江地区传统公共文化活动"温岭社戏"，提炼出基层公众自愿参与公共文化服务供给的一般决策流程，基于博弈的局中人要素、行动要素和信息要素，分别构建公共产品博弈模型，并运用计算实验方法对各模型进行数值模拟，结合模拟结果分析了闲言碎语者、不同捐赠方式、信息传播特征对自我型供给中公众合作涌现的影响，为引导公众自愿参与公共文化服务供给提供了决策参考。

第二章　相关理论与文献综述

第一节　主要概念

一　公共文化

公共文化是指由政府主导、全民参与形成的，以满足社会共同需要的一种文化形态，与一般文化不同，公共文化具有全民参与和非营利的性质。

公共文化具有共享性、仪式性、差异性和建构性等特征。[①] 共享性是指公共文化能够为社会成员共同分享，使成员形成相似的认知、价值观和行为方式。共享性直接来源于文化的公共性，这种公共性具体表现为一定的人群共同拥有这一文化。仪式性是指公共文化在形态上具有仪式性。仪式活动是公共文化空间重要组成部分，蕴含着相对稳定的文化机制，为信念、价值和观念的延续提供了重要保障。差异性是指不同公共文化在动态演进中留下的独特时空印迹，具体表现为形态、空间和社会分层三种差异。形态差异是指公共文化在文化内涵、活动内容、组织形式等方面呈现多样化；空间差异是指公共文化具有地域空间特征，如不同地区的人群往往拥有不同的风俗习惯；社会分层差异是指社会分层和阶级分化对公共文化的形态和内容造成的差别。建构性是指公共文化是社会空间建构的结构要素，社会成员通过公共文化完成其身份认同，形成以公共文化为表征的社会共同体。

---

① 荣跃明：《公共文化的概念、形态和特征》，《毛泽东邓小平理论研究》2011 年第 3 期。

二 公共文化服务

（一）公共文化服务缘起

第二次世界大战结束前，政府尚未涉及现代意义上的公共文化服务等社会性公共服务供给，维护性和经济性公共服务仍是政府提供公共服务的主要内容。第二次世界大战结束后，随着经济和社会的发展，人们物质生活水平得到一定提升，部分政府开始加大对公共文化建设的投入。1959年，历史上首个中央文化管理机关"法国文化部"的成立，推动了政府公共文化管理的广泛开展。20世纪80年代后，随着公众对基本文化权益诉求日趋上升，文化在国家发展中地位不断提高，各国政府更加重视对公共文化的建设，同时公共文化管理逐渐由管制型转向公共文化服务型。[1]

（二）公共文化服务概念

关于公共文化服务的概念，现有学者分别基于经济学和公共文化权益视角进行了大量研究。本书借鉴《公共文化服务保障法》的定义，即公共文化服务是指由政府主导、社会力量参与，以满足公民基本文化需求为主要目的而提供的公共文化设施、文化产品、文化活动以及其他相关服务。

《公共文化服务保障法》同时定义公共文化服务设施是指用于公共文化服务的建筑物、场地和设备，主要包括图书馆、博物馆、文化馆（站）、美术馆、科技馆、纪念馆、体育场馆、工人文化宫、青少年宫、妇女儿童活动中心、老年人活动中心、乡镇（街道）和村（社区）基层综合性文化服务中心、农家（职工）书屋、公共阅报栏（屏）、广播电视播出传输覆盖设施、公共数字文化服务点等。

三 社会力量

人们对"社会"的内涵有不同的理解。汉语中"社会"一词最早出现在《旧唐书·玄宗本记》中的"村闾社会"，表示百姓为了祭

---

[1] 王鹤云：《我国公共文化服务政策研究》，博士学位论文，中国艺术研究院，2014年，第13—17页。

祀而聚集到一起，与现今"社会"的含义完全不同①，而现在使用的"社会"与英文"society"的内涵一致。

马克思之前，西方社会学家对社会定义大体分为社会唯实派和社会唯名派。社会唯实派认为社会不仅是个体的集合，还是客观存在的实体。社会唯名派认为社会只是代表具有相同特征的许多人的名称，即它只是一个空洞的名称，只有人才是真实的存在。②虽然这两个学派对"社会"的解释有合理之处，但仍未触其本质，对"社会"本质的揭示是由马克思完成的。马克思指出，社会是人们相互交往的产物，是全部社会关系的总和，即社会是由单个个人组成的，但并不是简单相加而是人与人之间关系的总和。社会的本质是生产关系，他指出，生产关系的总和构成了所谓社会，并构成了具有不同特征的社会。

基于马克思主义的社会观，将社会力量定义为能够参与、作用于社会发展的基本单元，包括自然人、法人。多中心治理结构强调，在处理公共事务领域，除了政府，市场、社会与公众也应参与其中。③基于此，本书涉及的参与公共文化服务供给的社会力量具体是指私营组织、文化类NGO（非政府组织）和公众。

新时代社会力量的地位与计划经济时期有很大的不同，具体包括以下几方面：第一，计划经济时期，政府是唯一决策主体，而新时代社会力量也可以成为决策主体。第二，计划经济时期，社会力量的诉求难以得到有效表达和实现，新时代社会力量的诉求拥有表达和实现渠道。第三，计划经济时期，政府与社会力量是纵向的命令关系，而新时代政府与社会力量逐渐转为横向的合作协商关系。

四 "人形悖论"

萨瓦斯将公共服务供给解构为安排（提供）和生产两部分。服务安排者指派服务生产者给消费者，指派消费者给服务生产者或者选择服务的生产者，服务安排者通常是政府。服务生产者直接组织生产，

---

① 吴增基、吴鹏森、苏振芳主编：《现代社会学》，上海人民出版社2014年版，第46页。
② 李春花：《技术与社会问题研究》，辽宁师范大学出版社2005年版，第40页。
③ 俞可平主编：《治理与善治》，社会科学文献出版社2000年版，第3页。

或者直接向消费者提供服务。

依据萨瓦斯的安排和生产分离思想,本书中"人形悖论"主要是指公共文化服务生产过程中,出现了政府与社会力量呈现"中心—边缘"结构与多主体平等共治理念不匹配的现象:政府仍位于顶端权威中心,其与社会力量呈现形似"人"字的结构(见图2-1),而非"去中心化"的平等共治结构。①②

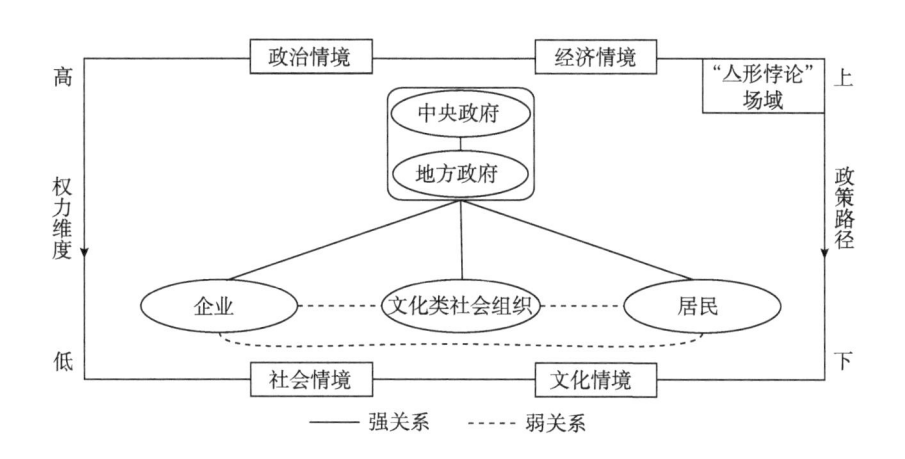

图2-1 公共文化服务供给"人形悖论"结构

五 去中心化

本书中"去中心化"主要是指在公共文化服务生产过程中,政府与企业、文化类社会组织、公众呈现的一种结构形态,在"去中心化"结构中生产主体之间维持着平等状态,各主体具有较高的独立性和自主性,主体之间不存在依附或从属关系。"去中心化"结构与"中心—边缘"结构相对,在"中心—边缘"结构中存在一个中心主体,中心主体可以依托权力支配处于边缘的主体,中心主体与边缘主体之间呈现不平等状态,边缘主体总是依附于中心主体而存在。

---

① 傅才武、王文德:《农村文化惠民工程的"弱参与"及其改革策略——来自全国21省282个行政村的调查》,《中国图书馆学报》2020年第5期。

② 张康之:《合作的社会及其治理》,上海人民出版社2014年版,第73页。

六 合作

《现代汉语词典》将合作定义为"互相配合做某事或共同完成某项任务"。"合作"的英文"cooperation"是"co"(共同)和"operation"(行动)的合成词,即共同行动。尼斯贝特从社会学的视角认为,合作是"为了实现特定目标而采取的联合或协调性行为"。罗尔斯从政治学的角度总结了合作的三点特征:一是合作区别于协作,如依靠中央权威的指令进行的协调活动。二是合作由公认的规则与程序指导,并且合作者认可这些规则与程序。三是合作包含了公平的合作条件。诺瓦克在《超级合作者》中认为,合作是指"原先的竞争对手决定开始互相帮助"。[①]

结合上述观点,将合作定义为个体或群体之间,为实现共同目标而取得的联合行动。按照侧重点不同,可将本书涉及的合作从竞争角度分为非竞争性合作和竞争性合作,其中竞争是指相互作用的各方不惜牺牲他方利益,最大限度地获得自身利益的行为过程。

非竞争性合作是指合作各方在非对抗状态下,通过形成平等的、"去中心化"的结构关系,实现互利共赢的目标的行为。主要强调为了实现共同目标,合作各方追求构建平等的、"去中心化"的结构关系。比如政府与社会力量共同参与供给公共文化服务,不合作双方也不会处于竞争状态,双方为了实现互利互惠的共同目标,才构建了平等的、"去中心化"的合作关系。本书公共文化服务供给中政府、私营组织、文化类 NGO 和公众这四类供给主体之间的合作,更偏向于非竞争性合作。

竞争性合作是指使各方由竞争状态转为合作状态的行为。重点强调如果各方不合作,就会处于竞争状态,合作消除了各方间的竞争关系。比如,破解"囚徒困境""公地悲剧"等困境的合作。本书公共文化服务志愿型和自我型供给模式中,公众合作涌现现象中的合作,更偏向于竞争性合作。

---

① [美]马丁·诺瓦克、罗杰·海菲尔德:《超级合作者》,龙志勇、魏薇译,浙江人民出版社 2013 年版,第 5 页。

第二节 相关理论

一 公共产品理论

（一）公共产品的定义

公共产品是与私人产品相对应的概念，1954年，美国经济学家萨缪尔森在《公共支出的纯理论》中将公共产品定义为，每个人对这种产品的消费不会导致其他人对该产品消费的减少。[1] 非竞争性和非排他性是公共产品的最典型特征。非竞争性是指任何一个消费者的使用都不能减少该产品对其他消费者的供应。非排他性是任何一个消费者的使用都不能将其他消费者排除在外。萨缪尔森关于公共产品的定义成为学术界公认的经典定义。

（二）公共产品的分类

按照竞争性和排他性维度可以将社会产品分为私人产品和公共产品[2]，其中公共产品又可以进一步划分为纯公共产品和准公共产品。从表2-1中可以看出，当产品同时具备竞争性和排他性时则为私人产品。当产品同时具备非竞争性和非排他性则为纯公共产品。介于两者之间的产品，则被称为准公共产品。其中，只具备竞争性而不具备排他性的准公共产品被称为公共资源，比如水资源、公共草场等。只具备排他性而不具备竞争性的准公共产品被称为俱乐部产品，比如图书馆、有线电视等。

表2-1 社会产品的类型划分

		排他性	
		有	无
竞争性	有	私人产品	公共资源
	无	俱乐部产品	纯公共产品

---

[1] Samuelson P A, "The pure theory of public expenditure", *Review of Economics & Statistics*, Vol. 36, No. 4, 1954, pp. 387-389.

[2] 王高玲主编：《公共事业管理专业导论》，东南大学出版社2014年版，第33页。

(三) 公共产品供给中的市场失灵、政府失灵和志愿失灵

1. 市场失灵

"市场失灵"是由美国经济学家亨利·汉斯曼首先提出的，是基于社会需求满足问题而产生的理论。亚当·斯密"看不见的手"从理论上论证了，市场是提供社会产品与服务的最佳场所。① 但是在某些情形下，依然会出现市场并不能提供某些社会产品与服务，或者以一种不利于社会生产的方式进行供给的现象，这就是"市场失灵"。

公共产品供给中的"市场失灵"是指公共产品的排他性导致市场不能对这类产品进行供给的现象。奥尔森在其著作《集体行动的逻辑：公共利益与团体理论》中提出了"搭便车"理论，具体是指在消费非排他性的产品时，消费者通常会选择消费而不付费。公共产品的非排他性特征，使消费者的"搭便车"行为在公共产品供给领域非常普遍。"搭便车"会造成公共产品的成本无法得到补偿，而制造排他性的成本通常非常高昂，所以，非排他性最终会造成公共产品供给不足的"市场失灵"现象出现。

2. 政府失灵

当出现"市场失灵"，"看不见的手"不能高效配置资源时，通常需要借助政府"看得见的手"进行干预。为应对"市场失灵"，政府在供给公共产品时，通常会借助强制性的税收克服公共产品的非排他性，弥补供给成本，最终解决"搭便车"难题。但是在公共产品供给中，政府的垄断供给同样也会造成"政府失灵"的困境，具体表现为以下几个方面：一是由于政府的垄断供给缺乏有效竞争，导致定价机制不健全，进而造成信息不对称下消费者无法获得充分竞争后的价格。二是政府的垄断经营会导致政府的低效率，最终影响公共产品的质量。三是垄断供给下，政府作为唯一供给主体，同时也是资金的唯一来源，会导致其公共财政负担日益加重。

3. 志愿失灵

"志愿失灵"是由萨拉蒙最先提出的。它是NGO发展中存在的问

---

① [英] 亚当·斯密：《国富论》，郭大力、王亚南译，上海三联书店2009年版，第42页。

题，具体是指个人或集体在其志愿活动运作过程中出现问题，导致志愿活动无法正常进行的现象。公共产品供给领域同样存在"志愿失灵"现象，主要由NGO自身的缺陷引起，具体包括以下几点：一是慈善不足。表现为NGO开支与能筹集到的资金存在缺口。NGO的资金来源主要包括社会捐赠、收费和政府资助。社会捐赠属于自愿行为，收费不符合其宗旨，因此主要靠政府资助，但是随着政府职能转变，它们的资助意愿越来越低。二是NGO的业余性。NGO通常组织非专业的志愿者进行活动，因此举办活动的效率和效果较低。三是NGO决策的独断性。NGO中经济资源掌握者往往拥有较大权力，做决策通常不需要征求多数同意，也不需要对公众负责。四是可能被环境同化。作为制度环境的产物，为追求高效管理目标，NGO可能会模仿成功的政府组织或市场组织，导致其出现官僚化和组织目标发生转移。

二 多中心治理理论

多中心治理理论是以奥斯特罗姆夫妇为核心的一批学者提出的一种公共管理理论。该理论以自主治理为基础，允许多个形式上相互独立的决策中心并存，通过竞争和协作给予公民提供更好的公共服务。与传统公共行政理论相比，多中心治理理论具有以下优点：一是公民选择多样性。多中心治理结构中，每个人都能够同时在几个行政单位中保存公民身份，获得有效服务，享受一种和"消费者权益"类似但更多的权利。二是减少"搭便车"行为。多中心治理理论下，多中心治理结构以及"多层级政府安排"具有权力分散和交叉管辖的特征，进而可以大幅度减少集体行动中的"搭便车"行为，实现公共利益的持续发展。三是决策的民主性和有效性。多中心治理强调，微观个体决策以集体决策为基础，而集体决策需要尊重大多数的意见，同时吸收和鼓励基层组织和公民参与，进而大大提升了其决策的民主性。针对时效性强的基层民生问题，多中心治理能够有效利用地方性的知识和信息进行决策，比由高层政府自上而下层层推进的决策，具有更高的有效性。总的来说，多中心治理理论运用制度分析、公共经济、社会资本、博弈论等知识分析公共事务，为从微观视角分析宏观公共管理问题提供了新的思路。[1]

三 合作治理理论

20世纪80年代，以英国为首的西方国家开展了一系列政府改革运动，随后区别于传统公共行政典范的新公共管理理论出现。新公共管理理论中公共管理主体不再只是政府，更多非政府组织也被纳入其中。新公共管理理论同时主张政府应当是负责制定公共政策的"掌舵者"，而不是负责公共服务提供和组织的"划桨者"。随着新公共管理理论的不断发展，善治等治理理论应运而生，此后合作治理逐渐成为公共管理领域的"显学"。[2]

合作治理作为一个流行术语，已被广泛地应用于社会治理、跨域治理、府际关系协同等领域[3][4][5][6]，但是合作治理理论尚处于理论体系架构阶段，其作为一种"低范式领域"（Low-paradigm Field），在系统构成、动力机制、运行逻辑等方面还存在很大分歧。张康之认为，经过工业社会的发展，人类进入了后工业化进程，为适应后工业化的要求，人类需要构建全新的合作治理模式。他指出，合作治理要求治理主体"基于特定的互惠性目标"，并在自主、平等的基础上开展合作，因而是一种真正的共同治理。[7] 敬乂嘉认为，面对纷繁复杂的社会经济环境的变化，合作治理成为中国政府解决一系列公共与社会问题的新型手段。他将合作治理定义为，为实现公共目标，在公共、非营利以及私人部门内部或跨部门之间进行的权力与自由裁量权

---

[1] 王兴伦：《多中心治理：一种新的公共管理理论》，《江苏行政学院学报》2005年第1期。

[2] 姜庆志：《面向新型城镇化的县域合作治理绩效影响机制研究》，博士学位论文，华中师范大学，2015年，第9—11页。

[3] 潘心纲：《地方政府公共服务合作治理研究》，博士学位论文，武汉大学，2013年，第1—9页。

[4] 王薇、邱成梅、李燕凌：《流域水污染府际合作治理机制研究——基于"黄浦江浮猪事件"的跟踪调查》，《中国行政管理》2014年第11期。

[5] 史传林：《政府与社会组织合作治理的绩效评价探讨》，《中国行政管理》2015年第5期。

[6] 汪锦军：《合作治理的构建：政府与社会良性互动的生成机制》，《政治学研究》2015年第4期。

[7] 张康之：《合作治理是社会治理变革的归宿》，《社会科学研究》2012年第3期。

的共享。① 多纳休（Donahue）等认为，合作治理是依据共享裁量的原则将公共部门和私营部门的能力整合起来的力量倍增器。合作治理的关键在于裁量权如何被共享。他们将裁量权划分为生产裁量权、收益裁量权和偏好裁量权，并指出生产裁量权是公私合作的核心，收益与偏好裁量权为投机主义提供了破坏合作收益的机会②。艾默生（Emerson）等认为，合作治理是为实现公共目标，人们有建设性地参与跨公共部门，跨不同层级政府，跨公共、私人、公民团体的公共政策制定和管理过程与结构。③

虽然学者对合作治理的定义不尽相同，总的来说，对其内涵与外延的认识上达成了以下共识。

一是合作治理强调公共事务治理主体的多元化。以亚当·斯密为代表的古典自由主义者认为，通过市场调节可以实现公共事务治理，维护公共利益。然而，由于市场在公共产品供给、限制垄断等方面存在"市场失灵"的问题，很长一段时间，公共事务都由政府进行治理。但是随后的实践证明，市场和政府都无法单独对公共事务进行治理，在此背景下作为社会自治主体的 NGO 开始加入公共事务治理。现今，随着公共事务日趋复杂、公共事务治理不断演进，人们发现政府、私营组织、NGO、公众应通过彼此合作共同治理公共事务，合作治理在此基础上应运而生。显然，在治理主体上，合作治理批判了非此即彼的二分法，强调治理主体的多元化。

二是合作治理瓦解了政府与社会力量的"中心—边缘结构"，实现了对政府的"去中心化"，多元治理主体间形成了平等的地位。④合作治理理念，区别于传统政府管理中，政府通过权力对社会组织和公众进行自上而下的管理。在合作治理中，政府和社会力量都有自主

---

① 敬义嘉：《合作治理：历史与现实的路径》，《南京社会科学》2015 年第 5 期。
② ［美］约翰·D. 多纳休、理查德·J. 泽克豪泽：《合作：激变时代的合作治理》，徐维译，中国政法大学出版社 2015 年版，第 20 页。
③ Emerson K, Nabatchi T, Balogh S, "An integrative framework for collaborative governance", *Journal of Public Administration Research and Theory*, Vol. 22, No. 1, 2012, pp. 1-29.
④ Taylor P D, Jonker L B, "Evolutionary stable strategies and game dynamics", *Mathematical Biosciences*, Vol. 40, No. 1-2, 1978, pp. 145-146.

决策性,都被赋予维持秩序、协调经济社会发展的职责。政府与社会力量之间是呈现地位平等的"去中心化"结构。

三是合作治理以共识为导向,是一个以共识为导向的决策过程,目的在于追求一个使更多利益相关者满意的集体决策。合作治理主体之间,并不存在不平等的"依赖"关系,而是在各方共识的基础之上,通过资源分享和优势互补,追求实现使利益相关者满意的帕累托最优局面。

四　社会偏好理论

20世纪90年代以来,为解释经济学实验中的非自利行为,社会偏好理论应运而生。不同于自利人假设,社会偏好理论认为人们追求最大化的偏好既包括自理偏好也包括社会偏好。[1][2][3] 社会偏好是人性利他性的反映,具体包括利他偏好、差异厌恶偏好和互惠偏好三种偏好。[4] 利他偏好认为,个体的效用函数中他人利益与自身利益正相关;差异厌恶偏好认为,个体处于不公平地位时存在效用损失,且处于劣势不公平地位的损失大于处于优势不公平地位的损失;互惠偏好认为,尽管需要付出一定成本,人们仍会以善报善,以恶惩恶。社会偏好理论通过将公平、利他、互惠、不平等厌恶等社会性因素引入效用函数,解释了超越自利人假设的公平、信任和合作等问题,为决策者合理干预微观个体行为、完善政策制度提供了理论支撑。当前社会偏好理论已被广泛应用于激励机制、企业制度改革、集体行动等领域。

五　博弈论

(一) 演化博弈论

演化博弈论是一种基于有限理性的博弈理论,主要解决不同条件下具体的学习过程以及学习调整过程中均衡的稳定性。有限理性博弈中,全部的局中人通常难以都采用完全理性博弈的均衡策略,需要通

---

[1] 王云、张昀彬:《社会偏好理论:争议与未来发展》,《学术月刊》2021年第6期。
[2] 龚天平:《论社会偏好理论的人性假设》,《江苏社会科学》2022年第5期。
[3] 陈叶烽、叶航、汪丁丁:《超越经济人的社会偏好理论:一个基于实验经济学的综述》,《南开经济研究》2012年第1期。
[4] 陈叶烽、叶航、汪丁丁:《超越经济人的社会偏好理论:一个基于实验经济学的综述》,《南开经济研究》2012年第1期。

过不断的调整和改进追寻均衡状态。复制动态方程和演化稳定策略（ESS）是演化博弈论的两个核心概念。

复制动态是指学习速度较慢的成员组成的大群体随机配对的反复博弈及策略调整的动态机制。复制动态方程适用于大群体中策略调整，Taylor 和 Jonker 提出了单群体复制动态方程如式（2-1）所示：

$$\frac{dx_i(t)}{dt}=x_i[f(s_i, x)-f(x, x)] \tag{2-1}$$

其中，x_i 为时刻 t 时，选择纯策略 i 的成员比例，s_i 为纯策略，$f(s_i, x)$ 为成员 i 选择策略 s_i 的期望适应度，$f(x, x)$ 为群体成员平均期望适应度。

然而，现实中经常出现交互的成员来自不同的群体，于是 Selten 提出了基于多群体复制动态方程：

$$\frac{dx_i^j(t)}{dt}=x_i^j[f(s_i^j, x)-f(x^i, x^{-j})] \tag{2-2}$$

其中，$j(=1, 2, 3, \cdots, n)$ 为 n 个群体中的第 j 个群体，x_i^j 为第 j 个群体中选择纯策略 i 的成员比例，x^{-j} 为某一时刻，第 j 个群体之外的群体的状态，$f(s_i^j, x)$ 为第 j 个群体中选择第 i 个纯策略 s_i^j 且混合群体状态为 x 时个体的期望适应度，$f(x^i, x^{-j})$ 为混合群体的平均期望适应度。[1]

单群体对称情形下的 ESS 是由 Simth 和 Price[2] 提出的，具体定义如下：

如果 $x \in A$，对于 $\forall y \in A$，$y \neq x$，则存在一个 $\overline{\varepsilon}_y \in (0, 1)$，对于任意 $\varepsilon \in (0, \overline{\varepsilon}_y)$，不等式 $u[x, \varepsilon y+(1-\varepsilon)x]>u[y, \varepsilon y+(1-\varepsilon)x]$ 恒成立，则 x 为 ESS。

其中，A 为群体成员的策略集合，y 为突变策略，$\overline{\varepsilon}_y(>0)$ 为入侵界限，是一个与 y 相关的常数，u 为群体成员可获得的期望收益。

---

[1] Selten R, "A note on evolutionarily stable strategies in asymmetric animal conflicts", *Journal of Theoretical Biology*, Vol. 84, No. 1, 1980, pp. 93-101.

[2] Smith J M, Price G R, "The logic of animal conflicts", *Nature*, No. 246, 1973, pp. 15-18.

Selten 提出了两群体非对称情形下的 ESS，若策略 $s = (s_1, s_2)$ 满足：第一，对于 $\forall s' \in S \times S$ 且 $s \neq s'$，有 $f(s, s) \geq f(s, s')$；第二，如果 $f(s, s) = f(s, s')$，有 $f(s, s') \geq f(s', s')$；则策略 $s = (s_1, s_2)$ 为 ESS。[1]

通过上述定义可知，在每一个突变策略都存在一个正的入侵壁垒的情形下，如果选择突变策略的收益小于原有策略的收益，那么原有策略就可以称为演化稳定策略。由此可见，演化稳定策略可以抵抗外部突变策略的入侵，保持系统的演化稳定。

（二）公共产品博弈

公共产品的非排他性特征，将导致理性的消费者采取"搭便车"行为，即消费产品时选择不付费。若社会力量供给公共产品，非排他性将会造成"入不敷出"的结果，显然理性的社会力量不会选择成为公共产品的供给者。因此，通常都由政府担任公共产品的供给者，通过强制性的税收补偿供给成本。

但是现实社会中，依然存在由公众自愿供给公共产品的情形，如民间春晚、慈善捐赠、希望工程等。这表明在"市场失灵"的情形下，政府并不一定是公共产品的唯一供给主体。这些公众自愿供给的情形，为人们研究非政府供给公共产品、破解公共产品供给短缺、缓解政府财政压力等困境奠定了现实基础。公共产品博弈模型则是研究公共产品供给中公众合作涌现的理论工具。

通常公共产品博弈的局中人，包括合作者和背叛者。合作者是指使用公共产品的捐赠者，背叛者是指使用公共产品的非捐赠者。合作者向"公共池"进行捐赠，背叛者不捐赠却能享受收益。公共产品博弈模型可以表述为：N 人参加实验，每人自愿捐赠 c，捐赠总额被乘以一个协同因子 $r(>0)$ 后，再被平均分配给每个人，参与人 i 的支付 p_i 可以用公式（2-3）表示：

$$p_i = \frac{1}{n} \times r \sum_{i=1}^{n} c_i - c_i \tag{2-3}$$

---

[1] Selten R, "A note on evolutionarily stable strategies in asymmetric animal conflicts", *Journal of Theoretical Biology*, Vol. 84, No. 1, 1980, pp. 93-101.

显然如果参与人 i 是理性的，他会选择"搭便车"即不捐赠，因为这种情况下，即使捐赠额 $c_i=0$，他依然可以获得收益。公共产品博弈模型描述的实验场景与公共产品"搭便车"困境一致。因此，众多学者在公共产品博弈模型中引入不同的个体策略更新机制，研究"搭便车"困境中的合作涌现机理。

演化博弈和公共产品博弈都是研究非关联个体中的合作现象的理论框架。但是从局中人数量角度看，演化博弈侧重于研究两两个体间的合作，而公共产品博弈则侧重于研究群体博弈。因此，本书运用演化博弈分析公共文化服务市场型供给中个体决策机制；运用公共产品博弈分析公共文化服务志愿型和自我型供给中群体决策机制。

基于公共产品博弈模型的合作涌现研究框架，主要包括以下几个步骤：

一是构建社会网络。基于人类社会空间分布结构特征，构建社会网络如图2-2所示，社会网络中节点表示博弈个体，连接线表示博弈个体互为邻居。在图2-2中（a）是平均邻居数为4的社会网络结构，（b）是平均邻居数为6的社会网络结构。从图中都可以看出，每个节点的邻居数并不等于平均邻居数，而是或多或少，这与现实生活中居民的空间结构分布一致。

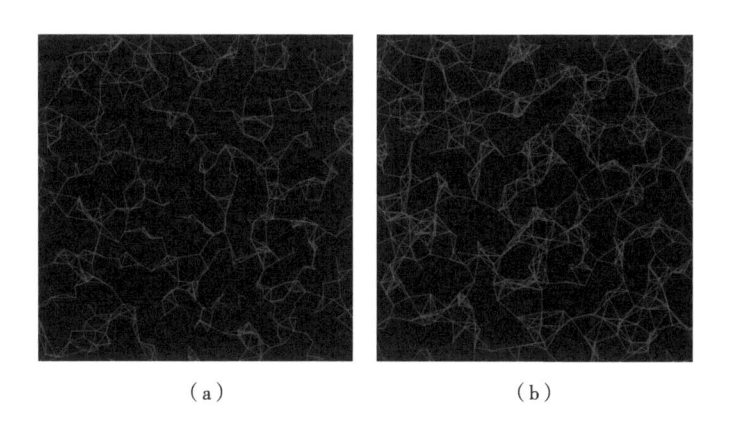

（a）　　　　　　　　（b）

图2-2　社会网络结构

二是识别可能影响合作涌现的关键要素。公共产品博弈模型中，可以将公众合作涌现理解为群体博弈中个体通过不断的行为互动、策略更新，最终形成集体合作的群体行为。因此，可以从博弈的视角，结合公共产品供给实践，识别出可能影响个体合作行为产生的关键要素。

三是基于关键要素构建公共产品博弈模型。主要包括两个方面内容：一方面描述影响个体决策的具体要素，主要是对要素量化和更新流程的阐述；另一方面描述个体策略更新规则，主要是对导入关键要素后，个体决策过程的阐述。

四是通过计算实验方法模拟合作涌现。通过编写程序，运用计算实验方法对公共产品博弈模型进行数值模拟，形成实验结果。

五是分析结果，得出结论。结合对公共产品博弈模型的数值模拟结果，分析得出关键要素对公众合作涌现的具体影响。

六是依据结论设计机制。依据实验结论，设计相应的机制，促进公共产品供给中合作涌现。

六 计算实验

社会系统是一个复杂巨系统[1][2][3]，其复杂性主要源于以下几个方面：一是复杂的人类行为。社会中人做决策时，同时受到内在特征、交互对象和外部环境影响，是综合决策后的结果。同时，人的行为是动态的，人会通过学习、模仿，不断改变行为适应所处的外部社会环境。因此，这就造成了社会中人类行为的复杂性。二是复杂的社会结构。人类社会是一个将人、信息、物等不同要素通过动态规则联系起来的整体。各要素之间形成多种多样的网状结构，并随着社会变化而不断演化，进而导致社会结构具有复杂性。三是复杂的要素间的关联。社会系统中各要素之间的各式各样关联方式和不同的因果关系，会使要素间的关联呈现复杂性。四是复杂的环境。通常社会系统演化

---

[1] 盛昭瀚、张维：《管理科学研究中的计算实验方法》，《管理科学学报》2011年第5期。
[2] 王飞跃：《计算实验方法与复杂系统行为分析和决策评估》，《系统仿真学报》2004年第5期。
[3] 张维等：《计算实验金融研究》，科学出版社2010年版，第5页。

过程中，内部和外部环境的变化可能会使系统产生复杂的行为。

计算实验是近些年出现的用于探究复杂社会系统的方法。它是以综合集成方法论为指导，融合计算技术、复杂系统理论和演化理论等，通过计算机再现管理活动的基本场景、微观主体的行为特点及关联，并基于此得出管理复杂性和演化规律的研究方法。计算实验是在计算仿真的基础上发展而来的，但是它又不同于计算仿真。计算仿真，通常是将现实社会作为唯一的标准，并通过一系列参数设置，追求还原真实的现实社会。而计算实验，则是以发现社会系统演化规律为目的，将模拟也当成一种"现实"社会，模拟是现实社会的一种可能替代形式。[1]

计算实验主要以多主体代理模型（Agent-based-modeling）、元胞自动机为研究载体。计算实验研究流程一般包括以下几个方面：一是确定研究的问题。主要包括确定研究对象、研究对象的特征、研究目的和研究视角等问题。二是对研究进行基本假设。主要依据研究目的，对外部环境和主体行为规则等进行构建，这是计算实验的研究基础。三是构建计算实验模型。计算实验模型的构建关键在于表达方式，而不在于抽象程度等其他方面。四是实现计算实验。主要包括提供计算实验所需的软件和硬件环境、设定实验边界条件、编写算法、实验结果可视化等方面。计算实验的实现，必须基于研究问题涉及的相关理论，否则实验结果没有意义。五是实验结果评估。即对计算实验的研究方案和研究结果设立评估标准，以决定是否采纳研究结果。

第三节　文献综述

一　社会力量参与公共文化服务供给研究进展

伴随经济社会的发展，人民群众公共文化服务需求日趋多样化，

---

[1]　王飞跃：《人工社会、计算实验、平行系统——关于复杂社会经济系统计算研究的讨论》，《复杂系统与复杂性科学》2004年第4期。

政府单独供给已无法保障人民群众基本文化权益。在政府积极引导下，社会力量为我国公共文化服务供给注入了全新动力。社会力量参与公共文化服务供给实践在各地陆续展开，与此同时理论上的研究成果也不断涌现。通过文献收集、梳理与总结，本书将社会力量参与公共文化服务供给的理论研究分为宏观层面研究和微观层面研究两部分。

宏观层面研究主要包括对社会力量参与供给的必要性、参与主体、供给体系等的研究。

在社会力量参与必要性方面，吴建中通过分析发达国家公共文化服务供给的经验，并结合对公共文化服务社会化供给本质的探讨，指出社会力量参与公共文化服务供给是必然趋势。[1] 支娟以图书馆服务为例，分析指出社会力量参与图书馆服务供给有助于推进政府职能转变、提高资源配置效率、丰富服务内容等，因此建议引导社会力量参与图书馆服务供给。[2] 王子舟指出，社会力量参与图书馆事业建设，有利于为政府提供优质的合作资源、实现双方优势互补，并能更好地体现图书馆的公共性、公益性和服务性，因此他强调引导社会力量参与图书馆供给的必要性。[3]

在参与主体方面，马艳霞将公共文化服务民间参与主体分为公民、社会团体、NGO 和企业，并分别就各自特征逐一进行分析。[4] 胡志平等探究了企业为城市社区公共文化服务精准供给的问题，提出企业应遵循社区赋能逻辑、社区资本逻辑、社区共同体逻辑并通过社区化机制精准匹配社区需求。[5] 李琳等结合 2008—2015 年的政策，指出文化非营利组织是推动构建现代公共文化服务体系的重要力量，但是

---

[1] 吴建中：《社会力量办公共文化是大趋势》，《图书馆论坛》2016 年第 8 期。
[2] 支娟：《政府向社会力量购买图书馆服务发展探析》，《图书馆》2015 年第 7 期。
[3] 王子舟：《伟大的力量来自于哪里——解读社会力量办馆助馆》，《中国图书馆学报》2010 年第 3 期。
[4] 马艳霞：《公共文化服务体系构建中民间参与的主体、方式和内容》，《图书情报工作》2015 年第 12 期。
[5] 胡志平、许小贞：《城市社区公共文化服务供给何以精准：社会企业视角》，《中共中央党校（国家行政学院）学报》2021 年第 6 期。

存在体制机制不健全、管理混乱、地方分布不均衡等问题。[①] 刘文俭结合我国公共文化服务供给实践指出，公众参与公共文化服务供给仍存在参与意识较低和参与能力有待加强等问题。[②]

在供给体系方面，学者持续结合我国实践探究多元主体供给模式。罗云川等基于网络治理理论，提出当前我国公共文化服务供给正在由政府单一供给向多元化主体供给体系转变，在体系治理方面应当从科层制治理向网络治理转型。[③] 张赞梅指出，政府单一供给存在固有天然弊端，基于"N市"供给实践，结合多中心理论，提出应建立公共文化服务政府、市场、社会"多中心"协同供给体系、构建"多中心"治理的决策和监督机制等措施建议。[④] 吴理财等指出，我国社会力量参与公共文化服务供给仍存在行政观念较强、自身力量薄弱、政府监管和服务缺失等问题，并通过借鉴西方国家经验提出以文化治理理念引导社会力量参与供给。[⑤] 陈世香等指出，随着农民工文化服务需求意识和需求结构的不断变化，公共文化服务供给低效能问题凸显，基于实证调查，借鉴"服务三角"模型构建了以需求为导向的农民工公共文化服务供给机制。[⑥]

微观层面研究，主要集中在对不同供给模式的研究，包括政府购买、公私合作（PPP）和公众参与供给。

政府购买研究中，学者重点关注政府购买的原因、缺陷和改进策略。针对政府购买背景，周永红等指出传统图书馆公共服务供给缺陷和公共服务供给模式改革政策推动产生了政府购买模式，随后结合国

---

① 李琳、解学芳：《文化非营利组织发展的政策演进：2008—2015年》，《重庆社会科学》2017年第4期。

② 刘文俭：《公民参与公共文化服务体系建设对策研究》，《行政论坛》2010年第3期。

③ 罗云川、阮平南：《公共文化服务网络治理：主体、关系与模式》，《图书馆建设》2016年第1期。

④ 张赞梅：《公共文化服务"多中心"治理研究——基于"N市"实践的分析》，《图书馆》2014年第6期。

⑤ 吴理财、贾晓芬、刘磊：《以文化治理理念引导社会力量参与公共文化服务》，《江西师范大学学报》（哲学社会科学版）2015年第6期。

⑥ 陈世香、赵雪：《农民工公共文化服务供给机制研究：基于"服务三角"模型的建构》，《行政论坛》2017年第2期。

内外政府向社会力量购买图书馆公共服务实践，探讨了政府购买改革路径，提出要强化政府治理作用，持续保证图书馆公共服务职能，完善政府购买的管理机制。① 易斌等基于公共图书服务的政府购买实践，阐述了政府购买的概念及构成要素，并从政府承担、定向委托、合同管理、评估兑现环节出发，纳入政府、企业、社会组织、居民分析政府购买模式，进一步阐述了政府购买图书馆运营服务对象、承接者、购买方式、监督评价机制等未来发展趋势。② 胡艳蕾等将政府购买公共文化服务分为合同制与非合同制两种模式，非合同制模式的主体多元化、文化组织的独立性、管理机制的规则化、供给机制的弹性化等优势使其更适合难以精准量化的公共文化服务的供给，但是非合同制模式同样存在供给碎片化、政策缺乏可续性、忽视公共价值等风险，为此他们建议应不断完善非合同制政府购买的政策法规、培育文化类社会组织、构建管理主体协调机制、建立政府购买绩效评估机制等以实现政府购买非合同制治理模式的本土化发展。③

公私合作研究中，针对政府和私营组织合作，王余生以孝感市"楚剧展演"项目为分析案例，指出单一政府供给存在自利倾向的目标漂移、供给成本过高、供给效率低下、供给可持续性存疑等困境，政企合作市场化供给既可消除政府单一供给的低效率等现象，也可调动私人供给的积极性，增加文化供给。此外，他还从供给主体重构、供给方式替代、供给手段转变和供给动力叠加方面，分析了单一政府供给向市场化供给转变所包含的内在机理。④ 林敏娟等认为，政企合作供给工具差异使政企关系呈现新特征，他们从政企互动中分析了政府和企业各自扮演的角色和作用，提出"国民合办""国办民助"

---

① 周永红、陈思：《政府购买图书馆公共服务的背景及实践探索》，《图书情报知识》2015年第2期。

② 易斌、郭华、易艳：《政府购买公共图书馆运营服务的内涵、模式及其发展趋向》，《图书馆》2016年第1期。

③ 胡艳蕾、陈通、高海虹：《我国政府购买公共文化服务的"非合同制"治理》，《中国行政管理》2016年第1期。

④ 王余生：《从"政府供给"到"市场供给"——孝感市公共文化服务"楚剧展演"项目供给机制个案分析》，《湖北社会科学》2017年第5期。

"国助民办""国有民营"四种政企合作形态,并从供给特殊性、目标原则、过程管理和主体建设提出了构建稳定合作关系的策略。[①]

针对政府与 NGO 的合作,李少惠等指出服务型政府构建背景下文化类 NGO 开始参与公共文化服务供给,基于市场失灵、政府失灵、善治和服务型政府理论分析了文化类 NGO 参与公共文化服务供给的理论基础,并从外部路径、内部路径和双向路径阐述文化类 NGO 参与公共文化服务供给路径。[②] 施国权结合文化类 NGO 参与图书馆公共服务供给实践认为,文化类 NGO 参与供给可以缓解供需不匹配的矛盾、弥补政府供给的不足,并提出政府参与模式、资源动员模式、项目合作模式、志愿服务模式、社区自助模式等创新供给模式,此外,他还指出受民间性质、规模、运用方式、资金筹集、资源动员能力等限制,文化类 NGO 参与供给存在边界和限度。[③]

公众参与供给研究中,李兵园等认为公共文化服务政府供给模式存在着"养人"不"养事"的弊端,市场供给模式则在平等性方面存在失灵风险,进而主张公众不应仅局限于决策者、监督者和校对者的角色范围,可以直接参与公共文化服务供给,同时认为公众参与供给应遵循自主供给原则以及引入协商民主程序、服务监督制度和供给的绩效评估制度。[④] 张志胜针对农村公共文化服务供给模式困境,从社会资本理论视角探讨了村民自主供给的优势和可行性。他认为,村民自主供给通过自主决策可以有效地缓解供需失衡矛盾,以及农村自组织为成员相互监督和问责提供可行性,但是村民自主供给也存在"集体行动困境"和可持续性低的问题,可以借助信任、规范和互惠等农村社会资本使村民克服上述自主供给困境、构建可行路径。[⑤] 屠

---

① 林敏娟、贾思远:《公共文化服务供给中的政企关系构建》,《深圳大学学报》(人文社会科学版)2013 年第 1 期。
② 李少惠、穆朝晖:《非政府组织参与西部农村公共文化产品供给的路径分析》,《四川师范大学学报》(社会科学版)2010 年第 5 期。
③ 施国权:《社会组织参与图书馆公共服务的模式与限度》,《图书馆杂志》2012 年第 8 期。
④ 李兵园、唐鸣:《村民参与公共文化服务供给:角色、空间与路径》,《社会科学家》2016 年第 5 期。
⑤ 张志胜:《农村公共文化服务的农民自主供给》,《科学社会主义》2016 年第 5 期。

淑敏认为，公众参与公共文化服务供给是公民文化权利的体现和公众发展性公共文化需求的重要内容，以杭州图书馆为例，提出公众参与图书馆供给的实现途径包括完善预告制度保障公众知情权、搭建公众文化成果展示平台、拓展公众互相学习和教育途径、利用新媒体完善公众表达和回应机制等。[1]

二 公共文化服务多元供给的宏观治理政策研究

20世纪90年代治理理论开始兴起，进一步拓展了"新公共管理运动"后政府的改革视角，强调政府、市场、社会组织和公众以多中心方式平等参与公共事务管理。为顺应治理理论，西方学者对公共文化服务供给治理进行了有益研究，以期通过科学治理，实现多中心制度安排。萨瓦斯指出，政府应当为向公众提供服务的文化机构、表演艺术团体和艺术家，提供资金、税后优惠、低息贷款等补助，因为这些服务使公众普遍受益。[2] Duquette利用美国国税局（IRS）的非营利性组织纳税申报数据，研究发现较其他行业艺术机构的捐赠收入受税收成本变动的影响较小。[3] Martina研究表明，税收激励政策下，大型、中型、小型公司会选择资助不同类型的公共文化服务。[4] 多纳休和泽克豪泽则从权力分配视角出发，研究表明共享裁量权可以促进多主体参与公共文化服务供给，探讨了针对不同类型公共服务的裁量权分配方式。[5] Barnes研究发现，相较捐赠利益和慈善行为（philanthropic behavior），社会责任和家庭收入对捐赠水平影响更明显。[6]

---

[1] 屠淑敏：《公众参与公共图书馆服务的探索与实践——基于杭州图书馆案例的思考》，《图书馆建设》2015年第8期。

[2] [美] E. S. 萨瓦斯：《民营化与公私部门的伙伴关系》，周志忍等译，中国人民大学出版社2017年版，第51—56页。

[3] Duquette N J, "Do tax incentives affect charitable contributions? Evidence from public charities' reported revenues", *Journal of Public Economics*, No. 137, 2016, pp. 51-69.

[4] Martina G, "Strategies and determinants of corporate support to the arts: Insights from the Italian context", *European Management Journal*, Vol. 38, No. 2, 2020, pp. 308-318.

[5] [美] 约翰·D. 多纳休、理查德·J. 泽克豪泽：《合作：激变时代的合作治理》，徐维译，中国政法大学出版社2015年版，第20页。

[6] Barnes M L, "'Music to our ears': understanding why Canadians donate to arts and cultural organizations", *International Journal of Nonprofit and Voluntary Sector Marketing*, Vol. 16, No. 1, 2011, pp. 115-126.

受不同国情影响，我国情境下的公共文化服务供给治理强调在坚持政府主导的前提下，实现政府、企业、文化类社会组织和居民共同参与公共文化事务，实现合作共治。我国公共文化治理理论是经历了文化管控、文化管理两个阶段，直至党的十八届三中全会提出"国家治理体系和治理能力现代化"后才正式形成和发展起来的。为构建起适应新时代发展的公共文化服务供给机制，学术界从治理政策层面进行了大量探索性研究：陈通等以嘉兴市"文化有约"为研究对象，探究了"互联网+"背景下如何实现合作供给中政府与公众控制权的分享机制。[①] 吴正泓等提出了市场式和行政式两种补偿机制吸引社会资本参与，并分析两种机制下政府和社会资本的策略选择过程，为制定科学治理路径提供理论参考。[②] 陈庚等结合我国社会力量参与公共文化服务的困境，提出应从理念、政策法规、激励机制等方面完善治理体系。[③] 苏福等从公共图书馆服务社会化的现实要求和政策法规导向入手，阐述其理论依据，并提出优化多主体供给治理路径的视角。[④] 罗云川等从"动力—定位—保障"三个维度出发，分析了公共文化服务网络治理机制，以促进多元主体合作供给、规避合作风险。[⑤] 吴理财等借鉴西方发达国家的实践经验，提出本土化的文化治理理念，以实现多元供给公共文化服务。[⑥] 李少惠等运用扎根理论研究社会场域、社区场域和家庭场域中居民参与公共文化服务的行动逻辑，并提出应

[①] 陈通、夏红梅、侯光辉：《合作平台、控制权共享和公共数字文化服务提供——以嘉兴市"文化有约"为例》，《东北大学学报》（社会科学版）2019年第6期。

[②] 吴正泓、陈通：《公共文化服务设施补偿机制的演化博弈分析》，《华东经济管理》2016年第11期。

[③] 陈庚、崔宛：《社会力量参与公共文化服务的实践、困境及因应策略》，《学习与实践》2017年第11期。

[④] 苏福、柯平：《公共图书馆服务社会化的探索与实践研究》，《图书馆论坛》2017年第9期。

[⑤] 罗云川、阮平南：《"动力—行为—保障"视阈下的公共文化服务网络治理机制》，《图书馆论坛》2016年第5期。

[⑥] 吴理财、贾晓芬、刘磊：《以文化治理理念引导社会力量参与公共文化服务》，《江西师范大学学报》（哲学社会科学版）2015年第6期。

重点培育良性的公共文化服务供给内生治理体系。① 陆和建等以合肥市三家社会化管理的社会文化中心为案例，分析了社会力量参与社区文化服务的路径、实施理念和成效，并提出了社区文化服务供给的治理策略。②

三 公共产品博弈中合作涌现研究进展

自然界和人类社会中的合作涌现是生物学和社会科学领域关注的一项重要课题。博弈论是研究合作涌现的有力工具。演化博弈论为非关联两两个体间的合作行为研究提供了分析框架，如两人博弈的"囚徒困境"模型、"雪堆博弈"模型等。公共产品博弈则为群体中的合作涌现研究提供了有效的理论框架。公共产品博弈模型描述的群体博弈中，个体无论是否合作，都可以获得平均收益，这与公共产品供给"搭便车"难题完美匹配。因此，大量学者基于公共产品博弈模型，通过引入不同个体策略更新机制，探究合作涌现机制，破解公共产品的"公地悲剧"难题。

基于公共产品博弈模型，学者通过计算实验方法或情景实验证实了一些机制可以促进自然界和人类社会中合作涌现，主要包括以下机制：一是奖励机制。Szolnoki 等通过公共产品博弈实验，论证了奖励合作行为，有利于促进合作涌现，通过进一步比较，他们指出适度奖励要比高额奖励更有利于合作行为的产生。③ Zhang 等构建了一个利益共享奖励模型，通过数学分析，指出在边界条件内，奖励能够促进合作涌现。④ 二是惩罚机制。Helbing 等通过向公共产品博弈中引入惩罚机制，研究证明虽然惩罚需要成本，但是惩罚机制依然可以促进合作行为的扩散。惩罚者实施惩罚后，会使一些不愿承担惩罚成本的人

---

① 李少惠、赵军义：《农村居民公共文化服务弱参与的行动逻辑——基于经典扎根理论的探索性研究》，《图书与情报》2019 年第 4 期。

② 陆和建、姜丰伟：《社会力量参与基层文化服务建设研究——基于社区文化中心的社会化管理实践》，《国家图书馆学刊》2017 年第 5 期。

③ Szolnoki A, Perc M, "Reward and cooperation in the spatial public goods game", *EPL*, Vol. 92, No. 3, 2010, p. 38003.

④ Zhang C, Chen Z, "The public goods game with a new form of shared reward", *Journal of Statistical Mechanics Theory & Experiment*, Vol. 10, No. 10, 2016, p. 103201.

获得了别人惩罚后的收益,这就导致了惩罚的二次"搭便车"问题。[1] 针对惩罚的二次"搭便车"问题,Ozono 等提出了"领导者支持机制",该机制下领导者可自由实施惩罚,惩罚金额来自他的支持者。通过计算实验模拟,他们指出"领导者支持机制"可以有效遏制惩罚二次"搭便车"行为,使惩罚促进合作生成。[2] 三是声誉机制。Mcintosh 等通过情境实验,将声誉机制引入信贷市场,通过实验结果分析发现,声誉可以促进合作涌现。[3] Hauert 通过计算实验模拟论证了声誉机制可以解释公共产品博弈中合作的产生。[4] 四是一致性机制。一致性机制可以理解为从众心理,即人们希望自己的策略与大多数策略保持一致,不愿站在大多数人的对立面。Szolnoki 等通过公共产品博弈实验,指出一致性机制有利于促进人类社会中合作涌现。[5] 五是宽容机制。Zhang 等基于不同情景通过构建一系列公共产品博弈模型,论证了宽容机制有利于促进人类社会和自然界中合作行为的产生。[6] 除上述机制外,学习机制、满意度机制、亲缘选择机制等都被证明可以促进合作涌现。

除一些个体之间的交互机制,大量学者通过研究发现,群体属性和外部环境等因素同样可以促进合作涌现。一是群体多样化。如 Pena 去除了群体规模为一般常数的假设,通过简森不等式的运用并结合计

---

[1] Helbing D, Szolnoki A, Perc M, et al, "Punish, but not too hard: how costly punishment spreads in the spatial public goods game", *New Journal of Physics*, Vol. 12, No. 8, 2010, p. 083005.

[2] Ozono H, Jin N, Watabe M, et al, "Solving the second-order free rider problem in a public goods game: an experiment using a leader support system", *Sci Rep*, No. 6, 2016, p. 38349.

[3] Mcintosh C, Sadoulet E, Buck S, et al, "Reputation in a public goods game: taking the design of credit bureaus to the lab", *Journal of Economic Behavior & Organization*, Vol. 95, No. 4, 2013, pp. 270-285.

[4] Hauert C, "Replicator dynamics of reward & reputation in public goods games", *Journal of Theoretical Biology*, Vol. 267, No. 1, 2010, pp. 22-28.

[5] Szolnoki A, Perc M, "Conformity enhances network reciprocity in evolutionary social dilemmas", *Journal of the Royal Society Interface*, No. 12, 2015, p. 20141299.

[6] Zhang H, "Moderate tolerance promotes tag-mediated cooperation in spatial Prisoner's dilemma game", *Physica A Statistical Mechanics & Its Applications*, No. 424, 2015, pp. 52-61.

算实验方法研究得出,群体合作水平不仅取决于群体平均大小,还取决于群体大小的方差分布。[1] 二是群体成员异质。如 Grujić 等研究发现,群体成员为对合作所持的乐观或悲观等信念,会对合作水平和捐赠总额产生影响。[2] 三是空间结构。如 Nowak 和 May 通过研究"囚徒困境"悖论中的合作行为发现,空间结构有利于提升群体合作水平。[3]

四 文献评述

本书主要基于社会力量参与公共文化服务供给、公共文化服务多元供给的宏观治理政策研究和公共产品博弈中合作涌现研究三个视角对文献进行了梳理。

通过对社会力量参与公共文化服务供给研究进行整理,发现当前研究主要分为两部分:宏观层面的研究和微观层面的研究。对宏观层面的研究,现有文献主要集中在社会力量参与公共文化服务供给的必要性、社会力量的优势和劣势以及供给体系等方面。对微观层面的研究,现有文献主要集中在对政府购买、公私合作供给以及公众参与供给的困境及优化路径。当前已有文献,为本书展开研究提供了丰富的理论资源,开阔了研究视野。但是已有研究也存在一些不足:一是鲜见对吸引私营组织参与公共文化服务供给补偿机制的定量研究。二是受利益最大化驱动,私营组织存在采取机会主义行为的倾向,当前缺少对公共文化服务供给中私营组织治理机制的定量研究。三是研究如何引导民间文艺组织科学发展的文献不多。四是现有文献多阐述公众参与的必要性与现实困境,但是对如何引导公众自愿参与公共文化服务供给缺乏深入研究。

通过对公共文化服务多元供给的宏观治理政策研究文献进行梳理,发现国外学者基于经济激励、权力分配、社会责任等视角研究了

---

[1] Pena J, "Group-size diversity in public goods games". *Evolution*, Vol. 66, No. 3, 2012, pp. 623-636.

[2] Grujić J, Cuesta J A, Sánchez A, "On the coexistence of cooperators, defectors and conditional cooperators in the multiplayer iterated Prisoner's Dilemma", *Journal of Theoretical Biology*, No. 300, 2012, pp. 299-308.

[3] Nowak M A, May R M, "Evolutionary games and spatial chaos", *Nature*, Vol. 359, No. 6398, 1992, pp. 826-829.

公共文化的治理路径，以促进社会力量参与公共文化服务，实现多元供给。国内学者主要依托公共文化服务现实案例，多从社会力量引导机制、合作体系完善等视角提出了促进政府、企业、文化类社会组织和公众形成多元供给格局的政策建议。但是当前治理政策多从自上而下视角设计，容易导致宏观治理政策执行"最后一公里"问题突出、"悬浮化"。一系列问题仍待解决，如受政绩逻辑影响，基层政府只关心数量而忽视质量会滋生企业机会主义行为；受管理体制机制、政策法规等因素限制，文化类社会组织承接能力不足；受技术能力、资源制约，居民无法被动地对下沉的中央权力做出有效回应等。因此，现有治理结构下，尚需从我国国情出发设计本土化微观治理策略，以厘清多元供给主体间关系，进而提升公共文化服务多元供给水平。

通过对公共产品博弈中合作涌现研究文献进行梳理，发现公共产品博弈是公共产品供给"公地悲剧"困境的有效分析工具。学者基于计算实验方法和情境实验论证了奖励机制、惩罚机制、声誉机制、容忍机制等不同机制对自然界和人类社会中合作涌现的积极作用。现有对公共产品博弈中合作涌现的研究，已在生物学、金融、农业等领域得到了广泛应用。因此，本书将运用现有研究成果，探究促进公共产品服务供给中公众合作涌现的关键因素，为引导民间文艺组织科学发展以及提高公众自愿参与公共文化服务供给积极性提供改进路径。

本章小结

本章首先对公共文化服务、社会力量和合作等基本概念进行界定，其次详细阐述了本书涉及的基础理论，包括公共产品理论、合作治理理论、博弈论和计算实验，最后从社会力量参与公共文化服务供给、公共文化服务多元供给的宏观治理政策研究和公共产品博弈中合作涌现三个视角出发，对现有文献进行梳理和评述。本章的研究为下文研究内容的展开奠定了基础。

第三章 公共文化服务供给现状分析

本章首先回顾了我国公共文化服务供给模式的历史沿革，然后分别对公共文化服务的政策地位和财政投入、发展成效以及供给困境进行梳理和详细论述，最后结合当前我国公共文化服务供给困境，提出了引导社会力量参与公共文化服务供给的紧迫性问题。

第一节 我国公共文化服务供给模式的历史沿革

我国公共文化服务供给模式以改革开放为界，可分为计划经济时期供给模式和转型期供给模式。在供给主体上经历了公共文化服务由单一政府供给逐渐向多元主体供给转变，在政府职能上经历了政府由"生产者"逐渐向"安排者"的转变。总的来说，公共文化服务供给模式的转变是顺应国家政治经济制度的发展、满足人民群众日益增长的精神文化需求的必然选择。

一 计划经济时期公共文化服务供给模式

新中国成立后，我国实行高度集中的计划经济体制，文化体制呈现自上而下的垂直领导格局，从中央延伸到地方。[1] 1949年9月，中央设立了"政务院文化教育委员会"负责对公共文化和教育等活动进行统筹管理。而在地方上，不再设立文化主管单位，只设立文化和教

---

[1] 孔进：《公共文化服务供给：政府的作用》，博士学位论文，山东大学，2010年，第54—58页。

育厅（局）。1950年，《关于设立、调整中央和地方国家机关及有关事项的通知》（以下简称《通知》）的颁布，结束了"政务府院文化教育委员会"这一部门。《通知》提出了设立专门的文化管理部门，明确了文化行政机构的具体职责，并将其列入政府机构序列，实现了文化和教育分离。此后，我国在中央设立了文化部，在省、市、县级单位设立文化厅（局），地方文化厅（局）隶属于文化部。自此，我国从中央到地方逐层设立了文化主管行政机构，而文化部通过行政隶属关系管理全国文化工作。

在计划经济体制下，政府掌握着全部的社会资源，并通过行政手段进行统一调配，民间社会组织和个人禁止参与任何文化供给活动。[①] 政府是公共文化服务的唯一供给主体，文化事业单位严格按照政府计划进行文化生产。由于当时文化活动的主要功能是传播主流意识形态，因此，国家对公共文化活动实行高度管制，所有的文化活动都必须由主管机构进行严格审查。这种自上而下的科层体制严重压抑了文化工作者的积极性，大大地降低了文化生产效率。总的来说，计划经济时期，我国公共文化服务呈现政府单一供给模式，社会力量未参与公共文化服务供给中。

二 转型期公共文化服务供给模式

改革开放后，我国在公共文化服务供给领域，厘清了政府与市场、政府主管部门与直属单位的关系。伴随市场化改革的深入，市场也逐渐代替计划成为资源配置的主要方式。与之相对应，政府也逐步由公共文化服务的直接管理者转变为间接管理者。在此背景下，1978年，我国文化事业单位开始效仿国家经济体制改革经验实施改革，主要改革措施包括推行企业化管理、承包经营责任制等内容。这些改革，一方面缓解了文化事业单位的财务压力，另一方面提高了公共文化服务供给效率。与此同时，我国开始对文化事业单位实施"双轨制"改革，引导和鼓励文化事业单位通过市场经营增加资金来源、提

---

① 廖青虎：《公共文化服务设施供给的创新模式及其融资优化路径》，博士学位论文，天津大学，2014年，第26—27页。

升单位活力。随着政府一系列财税政策的支持和市场化经营，一部分文化事业单位实行了市场化改革。文化事业单位一系列改革提高了公共文化服务供给水平，同时也为引导社会力量参与公共文化服务供给提供了实践支持。

1996年，《关于进一步完善文化经济政策的若干规定》，拓宽了文化事业资金来源，进一步完善了适应社会主义市场经济的文化事业资金筹集机制。

2002年，党的十六大报告明确指出"发展文化事业和文化产业"。

2005年，党的十六届五中全会首次提出要构建公共文化服务体系。

2006年，《国家"十一五"时期文化发展规划纲要》明确指出"支持民办公益性文化机构的发展……积极引导社会力量提供公共文化服务"。

2015年，《关于加快构建现代公共文化服务体系的意见》指出"引入市场机制，激发各类社会主体参与公共文化服务的积极性"。

同年，《关于做好政府向社会力量购买公共文化服务工作意见的通知》，再次提出加快政府职能转变，推进政府向社会力量购买公共文化服务。

2018年，《关于在文化领域推广政府和社会资本合作模式的指导意见》，为进一步引导社会资本参与公共文化服务供给提供政策支持。

在转型期，随着职能的转变，政府角色逐渐由"办文化"向"管文化"转换。社会力量开始参与公共文化服务供给，供给主体呈现多元化趋势，公共文化服务供给效率提升。但是，由于"路径依赖"产生的"锁定效用"，政府依然被认为是唯一供给主体，因此实践中公共文化服务社会化供给程度不高。

第二节 公共文化服务的政策地位和财政投入

一 公共文化服务的政策地位

随着人民群众物质生活水平日益增长，"文化软实力"概念的提出，公共文化服务在我国国家建设中的地位不断提升。尤其是21世纪后，《公共文化服务保障法》等政策法规的推出，更是将公共文化服务建设提升到了新的战略高度。以下是对2000年后，关于公共文化服务相关政策法规的梳理。

2002年，党的十六大报告指出"国家支持和保障文化公益事业，并鼓励它们增强自身发展活力"。

2006年，中央发布《国民"十一五"时期文化发展规划纲要》，要求"形成实用、便捷、高效的公共文化服务网络"。

2007年，中办、国办联合下发《关于加强公共文化服务体系建设的若干意见》，明确了公共文化服务体系建设的指导思想和具体任务。

2011年，党的十七届六中全会通过的《中共中央关于深化公共文化体制改革推动社会主义文化大发展大繁荣若干重大问题的决定》，提出了建设社会主义文化强国的长期战略目标。

2013年，党的十八届三中全会做出《中共中央关于全面深化改革若干重大问题的决定》，明确提出构建现代公共文化服务体系。

2015年，中办、国办联合下发《关于加快构建现代公共文化服务体系的意见》，对加快构建现代公共文化服务体系，促进基本公共文化服务标准化、均等化，保障人民群众基本文化权益做出了全面部署。

同年，国办转发《关于做好政府向社会力量购买公共文化服务工作的意见》对政府向社会力量购买公共文化服务的指导思想、基本原则和工作目标。

2016年，全国人大常委会发布《公共文化服务保障法》，构筑了我国公共文化服务基本法律制度体系的框架，实现了公共文化服务由"行政性维护"向"法律保障"的转变。

二 公共文化服务的财政投入

（一）公共文化服务总体财政投入

新中国成立以来，我国对公共文化建设一直予以财政支持。21世纪以后，国家对公共文化服务的财政投入水平更是呈现大幅度增长态势。"九五"计划期间,中央对地方文化项目的财政投入仅为 0.55 亿元,"十五"计划期间已经增长为 8.11 亿元,增长幅度达到了 13.75 倍,发展到"十三五"时期,仅 2017 年,全年中央对地方文化项目资助金额就达到了 49.33 亿元,比整个"十五"计划期间中央对地方文化项目财政投入总和的 6 倍还要多。[①] 除中央对地方文化项目的补助专项资金外,我国对文化系统主办单位的经费总投入也呈现逐年增长态势,全国文化事业费从 1995 年的 33.39 亿元增长到 2021 年的 1132.88 亿元,增长幅度达到 32.93 倍,如图 3-1 所示。与此同时,全国人均文化事业费也在不断增长,图 3-2 列出了 2010—2021 年我国人均文化事业费以及增速的具体情况,从图中可以看出,除 2020 年、2021 年受新冠疫情冲击影响外,2010 年之后我国人均文化事业费,每年都以超过 8% 的速度增长。

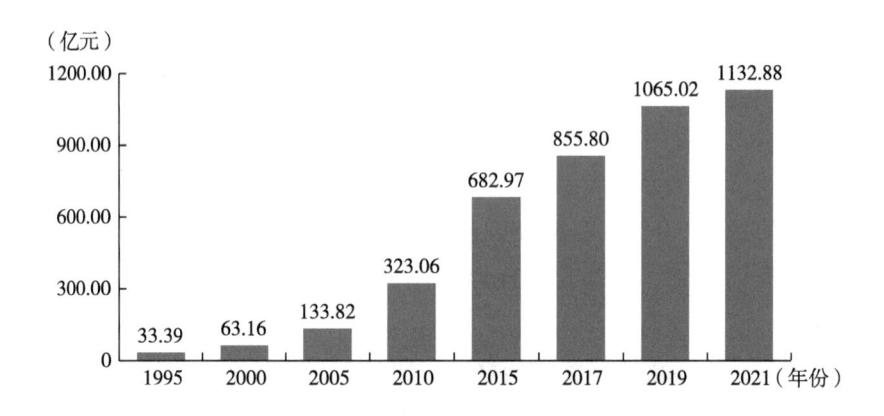

图 3-1 1995—2021 年我国公共文化事业费用

当前我国中央对地方文化项目补助资金,主要通过免费开放文化馆、图书馆、博物馆和乡镇综合文化站,保护非物质文化遗产,建设公共数字文化等公共文化服务项目落实,因此,中央对地方文化项目

---

① 赵颖:《我国文化事业财政投入研究》,博士学位论文,东北财经大学,2013 年,第 70—86 页。

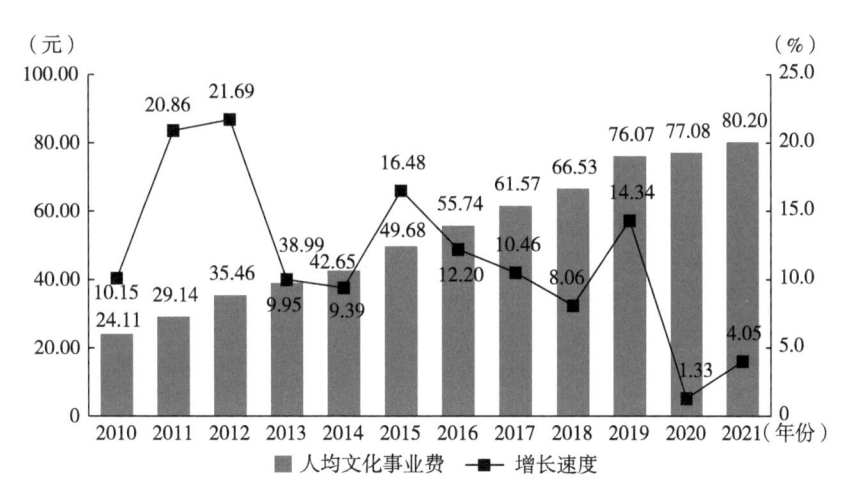

图 3-2　2010—2021 年我国人均文化事业费及增速

补助资金属于对公共文化服务的财政投入范围。文化事业费是区域内各级财政对文化系统主办单位的经费投入总和，主要包括文艺团体、文化站、图书馆、博物馆、纪念馆等文化事业单位的财政拨款和文化部门下属企业的财政补贴。由此可见，文化事业费主要是用来提供公共文化服务的财政投入，因此，文化事业费的具体情况可以总体反映出我国公共文化服务的财政投入水平。从中央对地方文化项目补助资金和全国文化事业费具体变化情况，可以看出我国对公共文化服务供给的财政保障越来越重视，公共文化服务财政投入水平不断提高，有利于加快构建现代公共文化服务体系。

虽然，我国公共文化服务财政投入总量不断提高，但是其占财政总支出的比重仍然很低。2013 年，时任文化部部长就曾指出"各级政府对于文化建设的投入，在政府财政支出中的比例还很低"，当前这种局面仍未得到有效改善。图 3-3 显示了 1987—2020 年全国文化事业费占财政支出比重的具体情况，从图中可以看出 1997—2001 年我国文化事业费占比出现过大幅下滑从 0.5% 跌至 0.38%，随后 2001—2015 年全国文化事业占比基本维持在 0.3%—0.4%[①]，2015 年

---

① 汪勇杰：《社会力量参与公共文化服务的合作涌现与政府引导》，博士学位论文，天津大学，2017 年，第 31—32 页。

后全国文化事业占比逐年提升，2021年达到0.46%。

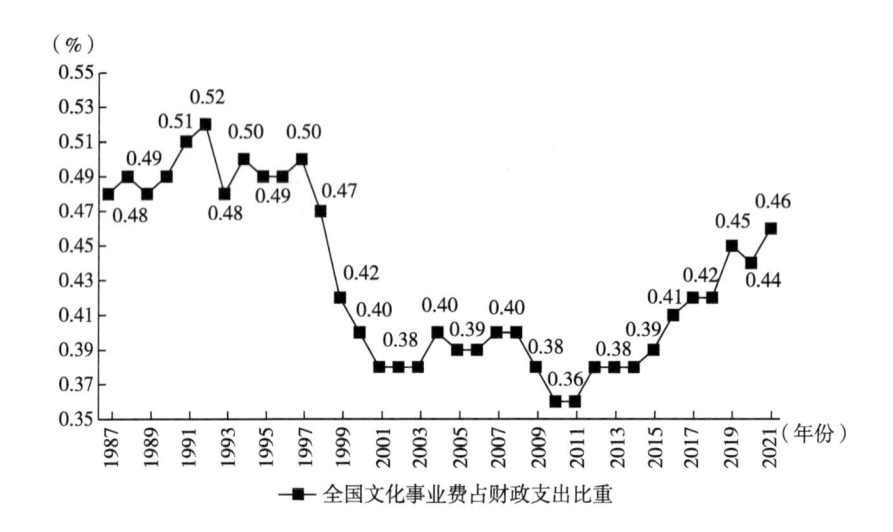

图3-3　1987—2021年全国文化事业费占财政支出比重

（二）公共文化服务城乡和区域财政投入

表3-1列出了文化事业费在城乡和区域分布的具体情况。下文将结合表中内容，按照城乡和区域分布，分别对全国文化事业费分布进行具体分析。

表3-1　　　　　　城乡和区域文化事业费分布情况

项目		2000年	2005年	2010年	2015年	2019年	2020年	2021年
总量（亿元）	全国	63.2	133.8	323.1	686.0	928.3	1088.3	1132.9
	县以上	46.3	98.1	206.7	352.8	425.0	501.0	506.4
	县及县以下	16.9	35.7	116.4	330.1	503.4	587.3	626.5
	东部地区	28.9	64.4	143.4	287.9	416.2	491.6	526.4
	中部地区	15.1	30.6	78.7	164.3	232.7	269.8	283.4
	西部地区	13.7	27.6	85.8	193.9	242.9	301.6	292.6

续表

项目		2000年	2005年	2010年	2015年	2019年	2020年	2021年
所占比重（%）	县以上	73.4	73.3	64.0	51.7	45.8	46.0	44.7
	县及县以下	26.7	26.7	36.0	48.3	54.2	54.0	55.3
	东部地区	45.7	48.1	44.4	42.1	44.8	45.1	46.5
	中部地区	23.8	22.9	24.3	24.1	25.1	24.8	25.0
	西部地区	21.7	20.6	26.6	28.4	26.2	27.7	25.8

资料来源：《2021年文化旅游发展统计公报》。

按照城乡分布来看，在总量上，2021年县以上、县及县以下的文化事业费相较于2000年分别增长了9.9倍和36.1倍。县及县以下文化事业费增长速度明显快于县以上文化事业费，2021年县以上、县及县以下文化事业费分别为506.4亿元和626.5亿元，县及县以下领先县以上文化事业费达120.1亿元。在比重上，2000年以后，县以上文化事业费占全国文化事业费比重连年出现下降；相反，县及县以下文化事业费占全国文化事业费比重连续出现上升。2000年县以上文化事业费所占比重高达73.4%，2021年城乡文化事业费所占比重相差不大，分别为44.7%和55.3%。从2016年开始，县及县以下文化事业费从总量和比重上全面超过县以上。而2016年也是正式提出《关于加快构建现代公共文化服务体系的意见》（以下简称《意见》）的次年，由此可见，《意见》提出后我国城乡公共文化服务财政投入情况悄然发生变化，县及县以下公共文化服务财政保障地位明显提升。

按照区域分布来看，在总量上，2021年东部、中部、西部文化事业费相比于2000年分别增长了17.2倍、17.8倍和20.4倍，达到了526.4亿元、283.4亿元和292.6亿元。虽然增速最慢，但是东部地区文化事业费总额要远高于中部和西部地区，中部、西部地区总额水平比较接近。在比重上，2000年以来，东部地区始终维持在45%上下，中部、西部地区基本维持为25%上下，东部地区文化事业费占全国文化事业费比重要远高于中部、西部地区。虽然2010年后，西部地区文化事业费所占比重出现一定增长并保持在25%以上，但是与东部地区相比仍然有较大差距。

第三节 公共文化服务发展成效

新时代，围绕"五位一体"总体布局和"四个全面"战略布局，我国公共文化服务发展成效显著，人民群众的基本文化权益保障水平得到了提高，文化获得感明显提升，为推动构建现代公共文化服务体系，建设社会主义文化强国奠定了扎实的基础。

一 艺术演出发展迅速

近些年，我国艺术演出发展迅速，为构建现代公共文化服务体系提供了动力，主要体现在以下几方面：一是总体规模不断扩大。如图3-4所示，受新冠疫情冲击2020年、2021年艺术团体演出受到一定影响，但2011—2021年我国艺术团体演出场次和国内演出观众人次总体呈现稳步增长态势，分别从154.72万场、7.46亿人次增长到232.53万场、9.28亿人次。二是赴农村演出规模增长明显、比重高。2012年全国艺术团体赴农村演出场次和服务观众为81.2万场、5.21亿人次，

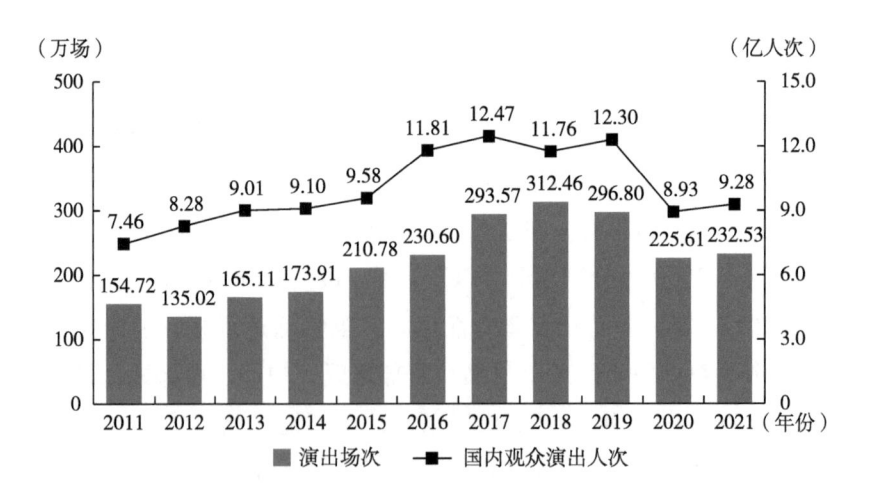

图3-4 2011—2021年我国艺术团体演出基本情况

到2019年已经达到171.27万场、7.68亿人次，规模得到大幅增长。更重要的是，2012—2017年赴农村演出场次占总演出场次比重始终保持在60%以上的高水平，分别为61.1%、63.7%、65.6%、66.0%、65.7%和62.8%。2018年、2019年虽有所回落，但依然分别保持在57.2%和57.7%。三是政府惠民政策卓有成效。近几年，天津、河北、陕西等地政府都开始发放"文化惠民卡"，通过票价补贴方式，极大地促进了人民群众观看文艺演出的热情，使人们享受到了惠民演出。

二 公共图书馆服务水平稳步增长

作为人们查阅文献、阅读书籍等学习活动的重要场所，公共图书馆服务在现代公共文化服务体系中具有重要地位。近些年，我国公共图书馆服务得到了大力发展，主要体现在以下几个方面。

一是规模增长明显和从业人员专业水平较高。2021年，我国公共图书馆总计3215个，比2011年增加263个；公共图书馆实际使用面积为1914.24万平方米，比2011年增长92.4%；图书总藏量为12.62亿册，比2011年增长80.8%；可供阅读座席数为134.42万个，比2011年增长97.4%；可用阅读的电子终端为13.94万台，比2011年增长50.5%；全国公共图书馆从业人员总数为59301人，其中，7413人具有高级职称，占总人数的12.5%，18979人具有中级职称，占总人数的32.0%。由此可见，我国公共图书馆规模得到了显著增长，从业人员专业化水平较高，有利于更好地提供公共图书馆服务。

二是人均资源水平不断提高。2021年全国每万人公共图书馆建筑面积为135.5平方米，比2011年增加了61.7平方米；人均图书藏量为0.89册，比2011年增加了0.42册；从图3-5中可以看出，2011—2021年上述两项指标每年都保持稳定增长。此外，2021年我国人均购书费为1.57元，比2011年增加0.65元，增幅达到了70.7%。

三是公众阅读积极性不断提高。从图3-6中可以发现，2011—2021年我国公共图书馆总流通人次和书刊文献外借册次呈现稳步增长，分别从2011年的3.74亿人次、2.85亿册次增长到2021年的

图 3-5　2011—2021 年公共图书馆人均资源情况

7.46 亿人次、5.87 亿册次。此外，2021 年全国公共图书馆举办活动 202568 次，参加人次达 11892.49 万，分别比 2020 年增长了 34.4% 和 28.2%。

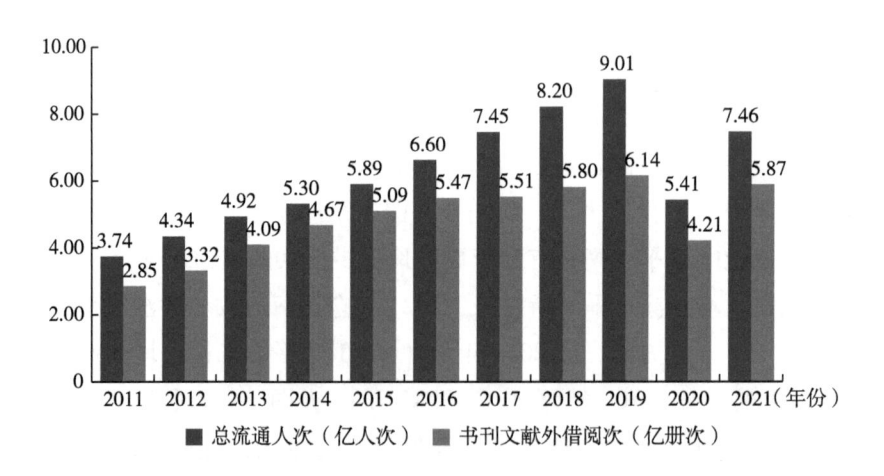

图 3-6　2011—2021 年公共图书馆总流通人次及书刊文献借阅情况

三　群众文化机构规模不断扩大

群众文化机构主要包括文化站、文化馆等开展基层文化活动的重要场所，群众文化机构建设是现代公共文化服务体系的重要工程。

2021年，全国群众文化机构数量达43531个，其中乡镇综合文化站的数量为32524个；全国群众文化机构从业人员总数达190007人，其中具有高级职称和中级职称的人员分别占总人数的4.0%和9.4%；全国共组织开展展览、公益讲座等各类文化活动252.17万场次，服务8.33亿人次，比2020年分别增长30.9%和47.9%。此外，我国人均文化设施资源在稳步增加，从图3-7中可以看出，2011—2021年我国每万人群众文化设施建筑面积从221.23平方米增长到了352.13平方米，每年都保持稳定增长。

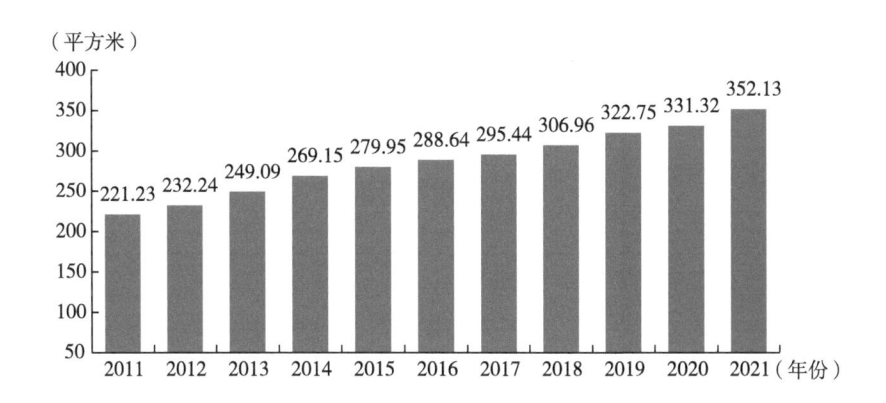

图3-7 2011—2021年全国每万人群众文化设施建筑面积

四 博物馆基本实现全部免费开放

博物馆对公众了解自然和人类文化具有非常重要的作用，国家始终高度重视对博物馆的建设。从表3-2中可知，2021年博物馆数量达5772个，文物藏品数达4664.83万件/套，实现接待观众数达7.49亿人次，虽然受新冠疫情冲击，但仍比2012年分别增长了88.1%、101.2%和32.8%。2008年以来，我国开始推动博物馆免费开放，下发了《关于全国博物馆、纪念馆免费开放的通知》，并且中央财政对博物馆免费开放给予专项资金补助。2021年，我国免费开放的博物馆数量已经从2008年的502个增长到了5605个，占全国博物馆总数的90%以上，除文物建筑和遗址类博物馆外，符合条件的博物馆基本全部实现免费开放。博物馆的免费开放政策极大地推动了博物馆事业的发展，扩大了受益人群，丰富了人民群众的文化生活。

表 3-2　　　　　　　　博物馆各项指标具体情况

年份	博物馆数量（个）	文物藏品数（万件/套）	接待观众数（亿人次）
2012	3069	2318.07	5.64
2013	3476	2719.16	6.38
2014	3658	2929.97	7.18
2015	3852	3044.14	7.81
2016	4109	3329.36	8.51
2017	4721	3662.31	9.72
2018	4918	3754.07	10.44
2019	5132	3954.83	11.22
2020	5452	4319.09	5.27
2021	5772	4664.83	7.49

资料来源：根据政府部门公开资料整理。

第四节　公共文化服务供给困境

我国提出构建现代公共文化服务体系后，在国家政策和财政的支持下，公共文化服务内容不断丰富，公共文化服务设施建设步伐不断加快，公共文化服务效能显著提高，人民群众的文化获得感得到了增强。但是，当前我国公共文化服务供给领域仍存在一些突出问题，使人民群众日益增长的精神文化需求不断地得到有效满足。

一　地方政府财政压力大

我国公共文化服务供给的资金主要来源于中央与地方的财政拨款。尤其是分税制改革后，财政收入向中央集中，但是财政支出向地方政府倾斜,因此造成了地方政府财权和事权不对等的问题。[①] 虽然中央通过转移支付制度支持地方政府,但总体上地方政府财政压力依然很大。从总量上看,如图3-8所示,2011—2021年地方政府债务规模总体呈现连年扩大的态势,从8.04万亿元增长到了30.47万亿元。从比重上看,2011—2021年,地方政府债务总量占GDP比重从16.47%增长到了26.51%。2021年我国地方政府债务率高达26.51%,远超美国地方政府13%—16%的负债率限制。地方政府债务高企,是2015年习近平总书记提出的供给侧结构性改革中涉及的主要问题之一,为此我国推行了"去杠杆"的改革任务,以降低经济发展的系统性风险。2017年7月,中央政治局会议明确提出,要"积极稳妥化解累积的地方政府债务风险,有效规范地方政府举债融资,坚决遏制隐性债务增量"。新时代,我国经济增长将由高速转为中高速,同时伴随新一轮减税降费政策的实施,地方政府的财政收入难免会受到冲击,进而可能会使地方政府在公共文化服务供给领域的财政支出压力加大。

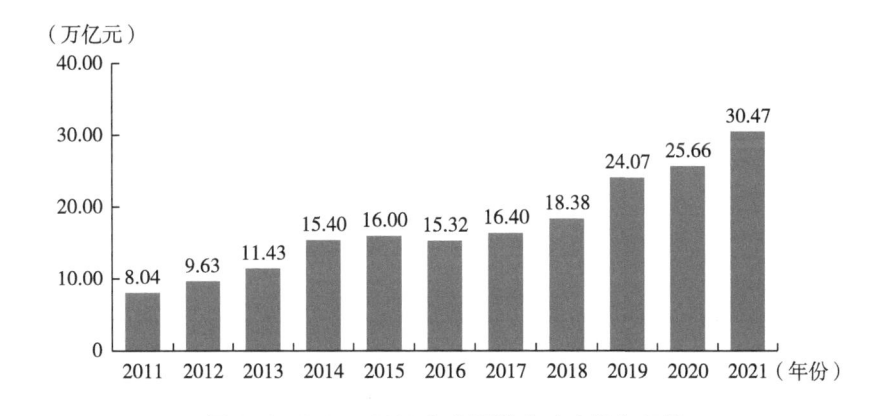

图3-8 2011—2021年全国地方政府债务规模

二 公共文化服务发展不平衡

我国公共文化服务发展不平衡,主要体现在两个方面:一方面,

---

① 安彦林:《财政分权对政府公共文化服务供给水平与区域差异的影响研究》,博士学位论文,山东大学,2017年,第45—50页。

城乡发展不平衡；另一方面，区域发展不平衡。

城乡发展不平衡。虽然，2016 年我国县及县以下文化事业费正式超过县以上文化事业费，达到 399.68 亿元，占全国文化事业费总额比重达 51.9%，并且 2021 年依然在上升。但是由于我国长期采取城乡二元结构体制，城乡之间经济社会发展水平差距较大，城乡之间对公共文化建设的重视程度也存在一定差距，因此，总体上我国城乡公共文化服务水平依然存在不小差距。从表 3-3 中可以看出，2019 年虽然我国县及县以下文化服务设施数量已经超过县以上的数量，但是在人员配备和政府补贴方面，依然存在明显差距。从人员配备上看，县及县以下平均每个机构专业技术人员数量方面，公共文化馆为 7.57 人、群众文化机构为 1.52 人、博物馆为 4.61 人，而县以上的数量分别为 46.28 人、25.33 人、16.88 人。通过对比可以发现，县及县以下的公共文化服务人力资源水平要明显低于县以上的人力资源水平。从政府补贴上看，县及县以下公共文化服务设施政府补贴，公共图书馆为 77.71 亿元，群众文化机构为 241.05 亿元，博物馆为 99.65 亿元，县以上公共文化服务设施分别为 105.84 亿元、40.63 亿元、176.97 亿元，从中可以看出，县及县以下群众文化机构的政府补贴领先县以上，但县及县以下公共图书馆和博物馆的政府补贴均低于县以上的政府补贴。

表 3-3　　　　2019 年我国城乡公共文化服务设施数量、从业人员及财政补贴情况

项目	公共图书馆		群众文化机构		博物馆	
	县以上	县及县以下	县以上	县及县以下	县以上	县及县以下
机构数（个）	419	2777	390	43683	1277	3855
平均专业技术人员数（人）	46.28	7.57	25.33	1.52	16.88	4.61
政府补贴（亿元）	105.84	77.71	40.63	241.05	176.97	99.65

资料来源：根据《中国文化文物和旅游统计年鉴（2020）》整理。

区域发展不平衡。2021年，东部地区文化事业费为526.36亿元，所占全国文化事业费总额比重达46.5%；中部地区文化事业费为283.38亿元，所占比重为25.0%；西部地区文化事业费为292.62亿元，所占比重为25.8%。由此可见，东部地区文化事业费总量和比重都明显高于中部、西部地区。除了文化事业费外，我国东部、中部、西部地区公共文化服务人均资源也不平衡，如表3-4所示，2019年我国人均公共图书馆藏量东中西部地区分别为1.22册/件、0.60册/件、0.68册/件；平均每万人公共图书馆建筑面积东部、中部、西部地区分别为160.01平方米、113.25平方米、132.70平方米；每万人群众文化设施建筑面积东部、中部、西部地区分别为415.96平方米、228.40平方米、380.40平方米。因此，总的来说，我国公共文化服务发展呈现区域不平衡的局面，东部地区要优于中西部地区。

表3-4　2019年我国公共图书馆和群众文化设施人均资源情况

项目	东部	中部	西部
人均公共图书馆藏量（册/件）	1.22	0.60	0.68
每万人公共图书馆建筑面积（平方米）	160.01	113.25	132.70
每万人群众文化设施建筑面积（平方米）	415.96	228.40	380.40

资料来源：根据《中国文化文物统计年鉴（2020）》整理。

三　公共文化服务供需不匹配

构建现代公共文化服务体系是保障人民群众基本文化权益的重要途径，公共文化服务具有共享性，因此，在供给过程中，就必须从人民群众的基本文化需求出发，以需求为导向，形成"自下而上"的供给路径。但是，在实践过程中，地方政府存在追求政绩的观念，导致公共文化服务供给依然主要呈现自上而下的逻辑，进而供给实践中出现了"重视硬件设施、轻视软件服务"的现象。很多地方公共文化服务设施完备，但是由于服务内容单一、宣传普及不到位，公众参与程度低。

2022年1月14日至2月14日南京市政府在全市范围就"南京市

公共文化服务情况"进行问卷调查,调查结果显示89.4%的参与者所居住街道社区附近有公共文化服务场馆,但70.6%的参与者表示偶尔或从未到访过公共文化服务场馆。关于南京市公共文化服务存在的主要问题的调研结果显示,61.2%的参与者认为南京市公共文化服务设施建设比较薄弱、利用率低;48.2%的参与者认为公共文化服务场所、设施距离较远;42.4%的参与者认为文化活动内容较为单调、形式较为单一;近60%的参与者建议应该完善多元投入机制,优化公共文化服务资源配置,丰富文化产品供给,提高基层公共文化服务质量。[1]除南京市外,现有文献也指出,其他省份的很多乡镇文化站等基层文化机构陷入公共资源投入不断增加、绩效却持续下滑的"效率困境"。[2]

公共文化服务供需不匹配,严重降低了公共文化服务效能,导致人民群众公共文化需求无法得到满足,同时也造成了大量资源浪费的现象。因此,如何通过一系列体制机制的改善,以人民群众的文化需求为导向,形成"自下而上"的供给模式,丰富公共文化服务供给内容,有效地对接群众文化需求,提高公共文化服务供需匹配度,是当前公共文化服务供给领域亟待解决的问题。

四 公共文化服务覆盖面窄

当前我国公共文化服务覆盖面依然较窄,公众无法便捷地享受到均等的服务,具体表现为以下几个方面:

一是公共文化服务设施数量不足。一方面,与发达国家相比我国公共文化服务设施数量依然不足。从表3-5中可以看出,2021年,我国公共图书馆数量为3215个,排在美国、德国以及日本之后,同期美国达到了9057个,我国仅为其35%。另一方面,不及宗教活动场所的数量。公共文化服务设施是维护文化安全的关键阵地,是关乎

---

[1] 南京市人民政府:《南京市公共文化服务情况调查报告》,南京市人民政府网站,2022年2月22日,http://www.nanjing.gov.cn/hdjl/zjdc/wsdc/dcbg/202202/t20220222_3299967.html。

[2] 刘宇、何小芹:《农村公共文化服务的"效率困境"问题剖析——基于乡镇文化站的考察》,《地域研究与开发》2022年第2期。

国家稳定的政治问题。2021年我国宗教活动场所达14.4万处,而全国"三馆一站"数量仅为5.2万所。① 因此无论是与国外发达国家相比,还是与国内宗教活动场所相比,我国公共文化服务数量都明显不足。

二是公共文化服务设施空间布局问题突出。当前我国公共文化服务设施"体系化"程度低,经常出现"设施孤岛"问题,覆盖能力亟待提升。我国虽然可以做到每个县乡都有公共文化服务设施,但让每个居民都能够便捷地享受公共文化服务仍有难度。从表3-5中可以看出,我国公共图书馆覆盖能力远远低于主要发达国家。2021年我国每百万人拥有公共图书馆数量为2.28个,仅为美国的约1/12。造成空间布局不合理的主要原因在于,公共文化服务设施建设中,过于注重单体设施的建设效果,而忽视了设施之间的互通互联。

表3-5　　2021年全球主要国家公共图书馆数量及覆盖能力

国家	人口（亿）	数量（个）	每百万人拥有数（个）
美国	3.32	9057	27.28
英国	0.67	3842	57.34
德国	0.83	8155	98.25
澳大利亚	0.26	1690	65
日本	1.26	3316	26.32
中国	14.12	3215	2.28

资料来源：根据公开资料整理。

三是公共文化服务资源未得到有效整合。当前我国有很多公共文化服务资源未能通过整合实现对外开放,很多系统内部的文化服务设施仅仅服务于内部人员,与群众脱钩,严重限制了受众群体的属性。例如,工青妇科教系统内有6800所服务设施,超过了全国公共图书馆和文化馆数量总和,但纳入公共文化服务体系中的数量占比较少,

---

① 杨娜：《截至2021年底全国共有公共图书馆3215个博物馆6183个》,海峡之声,2022年8月18日,http://weixin.vos.com.cn/kuaiping/2022-08/18/cms205027article.shtml.

因此这些设施很难服务于普通群众，甚至可能会造成一定程度的资源浪费。

第五节　困境应对

为应对公共文化服务供给困境，我国政府积极引导社会力量参与公共文化服务供给[1][2][3]，其紧迫性主要体现在以下几个方面。

一是多元化资金供应主体。公共文化服务作为公共产品，其供给资金来源主要是政府的财政支持。随着物质生活水平的不断提高，人民群众精神文化需求也开始迅速增长。在当前财税体系下，这将增加地方政府在公共文化服务领域的财政压力。引导社会力量参与，能够促进公共文化服务资金供应主体多元化，丰富公共文化建设资金来源渠道，尤其是营利性市场主体的加入，有利于大幅度缓解地方政府的财政压力。

二是缩小地区间发展差距。在政府单一财政支持下，经济发展水平的差异是造成各地区公共文化服务发展不平衡的主要原因。因此，政府通过相关优惠政策，积极引导社会资本突破地域间的藩篱，流向公共文化建设相对落后地区，有利于提升当地公共文化服务效能，平衡地区间公共文化服务发展水平。

三是优化供给机制。社会力量的参与有利于实现"自下而上"的供给机制。一方面，企业等市场主体参与公共文化服务供给，有利于发挥市场竞争机制和资源配置作用，通过市场将公众的有效需求自下而上地传导给生产者，进而提供有效供给。另一方面，文化类NGO是非营利性的公益组织，公众则是最终的需求者，因此，他们参与公

---

[1] 李国新：《对我国现代公共文化服务体系建设的思考》，《克拉玛依学刊》2016年第4期。

[2] 李国新：《现代公共文化服务体系建设与公共图书馆发展——〈关于加快构建现代公共文化服务体系的意见〉解析》，《中国图书馆学报》2015年第3期。

[3] 李国新：《强化公共文化服务政府责任的思考》，《图书馆杂志》2016年第4期。

共文化服务供给实践，会按照"自下而上"的逻辑，提供与实际需求相符合的有效供给。

四是扩大公共文化服务覆盖面。首先，社会力量的参与能够增加公共文化服务设施数量，扩大供给规模；其次，社会力量依靠专业的设计能力，有助于提升公共文化服务设施空间布局的合理性。此外，社会力量依托市场化运作，可以使系统内公共文化服务资源对外开放、面向大众，进而实现对资源的有效整合。

尽管我国在宏观层面提出了引导社会力量参与公共文化服务供给，但是由于对政府与社会力量关系界定不清，实践中政府和社会力量未能形成良性互动，"自上而下"供给、"政府包办"等现象依然普遍存在。因此，在强调引导社会力量参与公共文化服务供给紧迫性的同时，应当从政府与社会力量关系出发，基于各自特征构建新时代社会力量参与公共文化服务供给新模式，突破政府与社会力量之间的"中心—边缘结构"，真正实现政府和社会力量平等合作供给，进而激发社会力量的潜在优势，形成"自下而上"的供给机制，最终提升公共文化服务效能，推动构建现代公共文化服务体系。

本章小结

本章首先对我国公共文化服务供给模式的历史沿革进行回顾，总结了计划经济时期和转型期，政府与社会力量在公共文化服务供给中的关系；其次对公共文化服务的政策地位和财政投入进行了梳理，阐述了公共文化服务领域的相关政策法规，以及财政投入发展趋势与现状；再次从艺术演出、公共图书馆、群众文化机构和博物馆等领域，通过资料收集与整理论述了近些年我国公共文化服务发展成效；复次对当前我国公共文化服务供给困境进行了叙述，主要包括以下几个方面：地方政府财政压力大、发展不平衡、供需不匹配和覆盖面窄；最后基于当前供给困境，指出引导社会力量参与公共文化服务供给的紧迫性。

第四章 公共文化服务政社合作供给模式构建与分析

上一章，对公共文化服务供给现状进行了详细论述，并结合当前公共文化服务的供给困境，指出引导社会力量参与公共文化服务供给的紧迫性。虽然，国家出台了一系列引导和规范社会力量参与公共文化服务供给的政策法规，但是，公共文化服务社会化供给实践中，政府与社会力量并未形成良性互动。这就要求构建社会力量参与公共文化服务供给的全新模式，推动双方优势互补，进而实现解决供给困境的宏观目标。基于此，本章首先阐述了构建公共文化服务政社合作供给模式的动因；其次对公共文化服务政社合作供给模式进行阐释，明确政府与社会力量的角色定位，并基于供给主体将其划分为市场型、志愿型和自我型三种具体供给模式；最后结合对上述三种供给模式本土化实施阻力的分析，指出下文重点研究的问题。

第一节 公共文化服务政社合作供给模式的构建动因

引导社会力量参与公共文化服务供给，为我国提供了一条破解公共文化服务供给困境的路径。但是，随着公共文化服务社会化供给实践不断推进，政府和社会力量并未在实践中形成良性互动，具体表现在以下两个方面。

一方面，"自上而下"供给普遍存在。政府购买是当前我国社会力量参与公共文化服务供给的主要模式，国家相继出台了一系列配套政策，如《关于做好政府向社会力量购买公共文化服务工作的实施意见》《政府向社会力量购买公共文化服务指导性目录》等。政府购买虽然在招投标流程中，引入了一定的竞争机制，但是公共文化服务的生产过程依然受"自上而下"的逻辑主导，政府购买模式下社会力量在生产过程中严重缺乏自主性。具体表现为：实践中政府通过契约向社会力量提出生产服务的具体内容、形式等细节要求，社会力量按照合同完成政府安排的生产任务即可，不存在识别有效需求的动力，对提供的服务是否满足公众文化需求并不关心，供给内容完全由政府指定。这种"自上而下"逻辑的存在，会严重抑制社会力量的创造性和积极性，进而大大地降低供给的有效性。例如傅才武等通过在全国21省282个行政村对基层"文化惠民工程"调研发现，政府花大力气投入建设的农家书屋难以引起农村居民的兴趣，书屋使用率普遍较低。乡镇文化站也同样如此，尽管财政投入不断加大，但到站观众人数却在减少。他们调研还发现，21.84%的村民因手机、电脑的使用，认为没有必要参与农村电影放映、农家书屋等文化惠民工程；31.68%的村民对戏剧不感兴趣而未参与送戏下乡工程。[①]

另一方面，"政府包办"频繁发生。公众是公共文化服务的需求者，构建现代公共文化服务体系就是要保障公众基本文化权益，公众对公共文化服务的满意度是衡量服务效能的标准。引导公众参与，有利于公共文化服务供给实现从"需求侧"到"供给侧"的自我良性循环，提高公共文化服务供需匹配度。例如，公众通过评价反馈，将需求侧的诉求传导至供给侧，可以推动优化公共文化服务内容，使其更贴近公众实际需求。然而，当前尤其在基层农村地区的供给实践中，政府往往不顾公众需求，越位成了基层公众的"代言人"，一手包办了公共文化服务供给。"政府包办"行为将严重打压公众参与公共文化服务供给的积极性，弱化其主体意识，最终使公共文化服务项目丧失公共性，完全演变成"形象工程""政绩工程"。陈建通过实

---

① 傅才武、刘倩：《农村公共文化服务供需失衡背后的体制溯源——以文化惠民工程为中心的调查》，《山东大学学报》（哲学社会科学版）2020年第1期。

地调研发现，D县将农民文体公园建设在村庄边缘地带，导致无人问津，公园建设忽略了村民实际需求，带有明显"承包制"色彩。①

从上述内容可以看出，虽然政府积极引导社会力量参与公共文化服务供给，但是在社会化供给实践中，依然存在"自上而下"供给和"政府包办"等不足。而造成上述不足的重要原因在于，供给中社会力量与政府的关系不对等，政府始终处于中心地位，而社会力量处于边缘地位。建立在"中心—边缘结构"基础上的协作供给形式，自然会压抑社会参与主体的能动性，导致市场机制和社会机制在供给过程中缺失。因此，要解决当前社会力量参与公共文化服务供给中存在的问题，就必须要弱化供给主体间的"中心—边缘结构"，构建基于"去中心化"结构的政社合作供给模式。合作供给中平等、互惠的氛围，有利于提升社会力量主体意识，释放社会力量的能动作用，进而真正实现通过引导社会力量参与解决我国公共文化服务供给实践中的困境。

第二节　公共文化服务政社合作供给模式阐释

一　模式的供给主体

新时代公共文化服务供给主体主要包括政府、私营组织、文化类NGO和公众，其中将私营组织、文化类NGO和公众统称为社会力量。下文将对各供给主体的定义、特征进行具体阐述。

（一）政府

当前政府是我国公共文化服务最重要的供给主体。关于政府的定义有广义与狭义之分，广义的政府一般泛指一切国家政权机关，具体包括立法机构、司法机构、行政机构以及其他一切公共机关。狭义的政府是指一个国家的中央和地方行政机关。②本书涉及的政府是指广

---

① 陈建：《超越结构性失灵：农村公共文化服务供给侧改革研究》，《图书馆建设》2017年第9期。

② 徐平华：《政府与市场：看得见的手与看不见的手》，新华出版社2014年版，第9页。

义的政府。因此，使用财政性资金的事业单位也属于政府。

一般而言政府具有以下特征：第一，公共性，即政府是公共需要的产物，必须以体现公共利益为行为目标。第二，合法性，即政府权力来源合法，行为体现成员共同意志。第三，强制性，即政府在行为方式上具有强制服从的权威性。第四，非营利性，即政府不以营利为目的。

公共产品的非排他性和非竞争性，导致私人部门供给时出现"市场失灵"，因此在公共选择理论之前，经济学主流观点认为政府是公共产品的唯一供给主体。政府在供给公共产品时，可以通过强制性税收解决公众的"搭便车"行为。同时，政府的公共性特征，也有利于保障公共产品的公共价值。但是，经过一系列的供给实践人们发现，政府垄断供给同样会产生定价机制不健全、低效率和财政负担加大等"政府失灵"现象。

《公共文化服务保障法》中指出，公共文化服务是由"政府主导……相关服务"。政府主导在公共文化服务供给中，并不意味着供给主体的唯一性，而是指供给中政府在维护公共利益等方面发挥主导作用。我国涉及公共文化服务供给的政府主管部门主要包括文化和旅游部、中宣部、财政部、体育总局、国家文物局、工业和信息化部等。

(二) 私营组织

关于私营组织，并没有统一的定义，本书中私营组织是指以营利为目的的市场主体，主要包括企业。私营组织主要具备以下几点特征：一是经济性，不同于政府和 NGO，私营组织是以经济活动为中心，旨在不断提高经济效益。二是市场性，私营组织是市场主体，其所有经济活动都围绕市场展开。三是独立性，私营组织是在法律和经济上的独立组织。

私营组织参与公共文化服务供给具有以下优势：第一，私营组织通过公共文化服务市场化供给，可以提升供需匹配度。第二，私营组织的资本投入，能够缓解地方政府财政压力。第三，私营组织强大的生产能力，有助于实现公共文化服务专业化生产、提升服务效能。

私营组织参与公共文化服务供给同样具有以下劣势：一方面，公共文化服务的低营利性，会使私营组织参与供给积极性不高。另一方面，经济利益最大化的导向，可能会使私营组织产生机会主义行为，导致公共文化服务供给效率降低、公共价值偏离。

（三）文化类NGO

NGO（Non-Governmental Organizations）即非政府组织，最初出现在1945年签订的联合国宪章条款中。1952年联合国经社理事会将NGO定义为："凡不是依照政府间协议设立的国际组织都可视为NGO"，随后经过多年的发展与内涵演变，NGO逐渐被使用在各种场合。本书中NGO主要是指以追求公共利益为目标，具有非营利性、非政府性、志愿性和自治性的公益组织。NGO可以被理解为区别于第一部门（政府）和第二部门（私营组织）的第三部门，也可以视为NPO（Non-Profit Organizations）。NGO一般包括社会团体、民办非企业单位和基金会。NGO一个最显著的特点就是公益性，即行为活动不以营利为目的，而是为了实现公共利益。[1] 因此，独立于政府和私营组织之外的文化类NGO，在公共文化服务供给过程中，既可以弥补"政府失灵"的低效率，又可以弥补"市场失灵"的供给不足。

文化类NGO是指一种区别于政府和私营组织的，具有非营利性、非政府性、志愿性和自治性的，提供公共文化服务的公益组织，主要包括文化类社会团体、文化类民办非企业单位和文化类基金会。文化类NGO在政府文件中，也被称为"文化类社会组织""文化非营利组织"等。当前我国文化类NGO多以民间文艺组织形式存在。它们是区别于政府和私营组织的，具有非营利性、非政府性、志愿性和自治性等特征，提供公共文化服务，但是又不具备登记条件的民间公益组织。[2]

虽然近年来我国文化类社会团体、民办非企业单位和基金会数量不断增长，但专业性文化类NGO整体规模仍然较小，且不少文化类

---

[1] 亢犁、杨宇霞主编：《地方政府管理》，西南师范大学出版社2015年版，第111页。
[2] 王名、陶传进：《中国民间组织的现状与相关政策建议》，《中国行政管理》2004年第1期。

NGO 由政府主导成立，而非自下而上自发成立，所以独立性较低。因此，如何培育专业性和独立性高的文化类 NGO 是我国文化类 NGO 发展面临的主要问题。

另外，在与政府关系方面，公共文化服务生产环节中，文化类 NGO 与政府是平等合作关系，双方并不存在依附关系；在公共文化服务安排环节中，除协商合作外，文化类 NGO 需要接受政府的监督与管理，以保证其运营符合法律法规、不偏离主流价值形态、不损害公共利益等。

（四）公众

"公众"一词被广泛应用在社会科学、法学等领域。公共关系学认为，公众是公共关系的客体存在，与社会组织共同构成公共关系的客体，是与特定社会组织具有关联的个人、组织或群体的总称。[1] 新公共管理理论主张引入市场机制改变政府在公共服务供给领域的主导地位，将政府工作人员定位为承担相应责任的"企业经理或管理人员"，而将社会公众定位为通过纳税行为享受政府服务的"顾客"。[2][3][4] 法学中的公众通常指具有共同利益基础、共同兴趣爱好或对某些社会问题有共同关注的社会大众或群体。[5]

综合上述定义，本书中公众是指区别于政府、私营组织和 NGO 的公民个体或群体。公众具有以下特征：第一，消费者属性，即公众是公共文化服务的最终消费者。公共文化服务供给的主要目的，就是为满足公众的精神文化需求，因此公众是为公共文化服务的消费者。第二，社会群体性，即公众是与特定社会组织具有关联的个人或群体的总称。如果将公众比喻成"海洋"，则社会组织就可以比作"海面

---

[1] 周朝霞主编：《公共关系实务》，北京邮电大学出版社 2014 年版，第 35 页。
[2] 包国宪、孙加献：《政府绩效评价中的"顾客导向"探析》，《中国行政管理》2006 年第 1 期。
[3] 吕维霞：《论公众对政府公共服务质量的感知与评价》，《华东经济管理》2010 年第 9 期。
[4] 夏志强、李静：《公共服务的新理念：从"服务顾客"到"创造顾客"》，《社会科学研究》2013 年第 6 期。
[5] 汪全胜：《法律绩效评估的"公众参与"模式探讨》，《法制与社会发展》2008 年第 6 期。

掀起的浪花"。

公众参与公共文化服务供给，一是可以通过自我供给的形式，满足自身文化需求，实现共建共享。二是通过反馈机制，将基本公共文化需求传递给供给者，进而提升公共文化服务供给的有效性。三是公众自筹资金也可以分担地方政府财政压力。但是，由于公众盈利能力较弱，因而在自我供给实践中资金筹集能力一般。此外，公共文化服务的非排他性特征，使公众可以不付出任何成本就可以享受服务，这可能会导致公众参与供给的积极性不高。

二　基本模式

当前公共文化服务供给模式中，政府与社会力量通常呈现支配与被支配的关系，社会力量自主性受到严重压抑，参与供给积极性不高，严重影响供给效率。因此，本书基于合作构建了公共文化服务政社合作供给模式，其基本模式指政府、企业、文化类 NGO 和公众等供给主体，以政府财政资金、企业资金和公众资金为资金来源，通过平等协商的方式，向社会公众合作供给公共文化服务的模式。

图 4-1 描述了公共文化服务政社合作供给基本模式。从图中可以看出，在供给主体方面，政府、企业、文化类 NGO 和公众都可以成为供给主体；在资金来源方面，供给资金来源于政府财政资金、企业经营资金、公众文化消费及捐赠资金等；在政策制定方面，政府依然处于主导地位，是政策的制定者。在决策方式方面，政府与社会力量等供给主体平等协商供给决策，相互独立、地位平等；在监督主体方

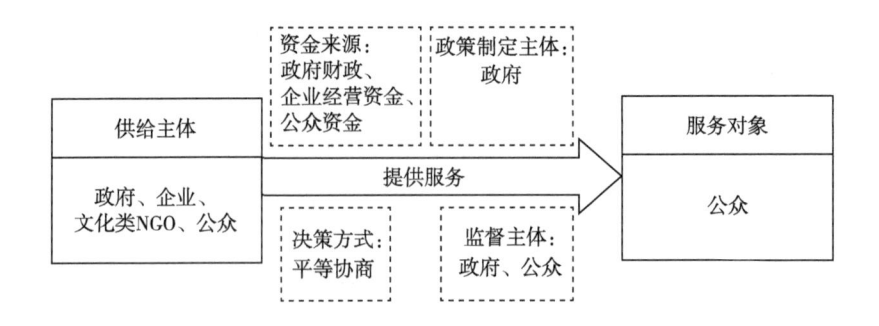

图 4-1　公共文化服务政社合作供给基本模式

面,政府和公众都在公共文化服务供给过程中担任监督者;在服务对象方面,公共文化服务的受众为公众。

三 模式释义

公共文化服务政社合作供给模式本质上是政府和社会力量的合作形式,主要强调社会化供给中政府与社会力量形成合作关系,消除政府来自集权的权威,解除政府和社会力量的依附和依赖关系,形成平等、互惠的良好合作氛围。最终,通过合作供给,促进政府由"划桨者"向"掌舵者"转变,激发社会力量在供给过程中的自主性,使政府和社会力量在社会化供给中形成良性互动,最终提升公共文化服务效能。下文将基于政府和社会力量之间合作关系的内涵,进一步阐述公共文化服务政社合作供给模式。

张康之在《合作的社会及其治理》中指出,如果社会治理的制度设计与安排,只关注竞争行为,总是考虑如何利用竞争行为,那么社会治理者就会以竞争方式产生,社会资源配置也会以竞争性思维实现……至于决定人完整性的其他生活内容将会受到忽视和压抑。当前我们正处在一个多元化、个性化的后工业化时代,高度不确定性和复杂性正在重塑人们的行为模式,竞争—协作的模式正在丧失合理性,合作模式正在生成。合作行为模式的最大特征就是提供了一种不以强制外在统治和管理为前提的自由秩序,合作中的权威是客观力量得到内化的结果,而不是来自集权,合作瓦解了行为主体间的"中心—边缘结构",实现了"去中心化",合作主体之间处于消除依赖的平等地位。[①]

依据上述观点,公共文化服务政社合作供给模式中政府与社会力量合作关系的内涵是指政府与社会力量之间能够实现平等、互惠的供给,主体之间并不存在依附和依赖的不对等关系,结构上实现了"去中心化"。此外,合作供给与政府主导并不矛盾,供给中政府主导主要体现为维护公共利益等保障作用,这属于客观权威的体现,并不是来自集权的权威。因此,基于政府与社会力量的关系,可以将社会力

---

① 张康之:《合作的社会及其治理》,上海人民出版社2014年版,第73页。

量参与公共文化服务供给分为非合作供给和合作供给两种供给样态。

在非合作供给样态中，政府处于中心地位，社会力量处于边缘地位，政府与社会力量呈现"中心—边缘结构"，如图4-2所示。社会力量参与公共文化服务供给不是以合作形式展开，而是以协作形式进行。例如，政府购买服务，即为非合作供给样态，因为社会参与主体并不投资，其生产经营权完全来自政府，如果供给过程产生收益，则社会参与主体不具有享受分配的权利。此外，政府通过契约对公共文化服务的内容、形式等一系列细节要求进行规范，社会参与主体只需要按契约生产即可，在生产过程中不具备自主性。政府与社会力量的非合作关系，会严重抑制社会力量发挥自身优势，公共文化服务供给依然以自上而下的方式展开，公共文化服务效能无法得到有效提升。

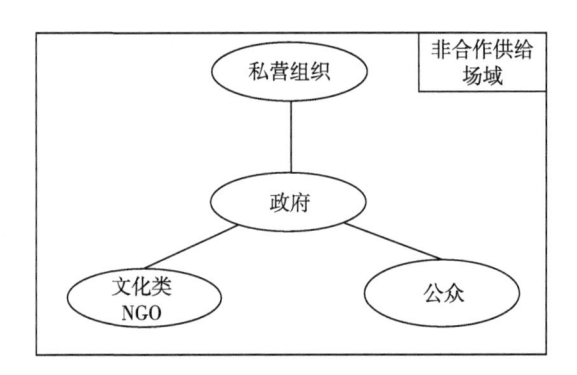

图 4-2 公共文化服务非合作供给中主体关系结构

在合作供给样态中，政府和社会力量处于平等地位，呈现"去中心化"结构，如图4-3所示。政府和社会力量是以合作形式对公共文化服务进行供给。例如，狭义的PPP，即属于合作供给样态，供给过程中政府和私营组织同时进行投资，私营组织享受收益分配权利。在生产过程中，私营组织具有自主性，可以实现根据公众需求提供多样化的公共文化服务。而政府在生产过程中作用，更多的是体现在制定负面清单，以及保障生产过程及产出符合政策法规。政府与社会力量的合作关系，能够有效地发挥社会力量的供给优势，弥补政府垄断供

第四章　公共文化服务政社合作供给模式构建与分析 ｜ 73

给的不足，改善公共文化服务供需匹配度，提升公共文化服务效能。

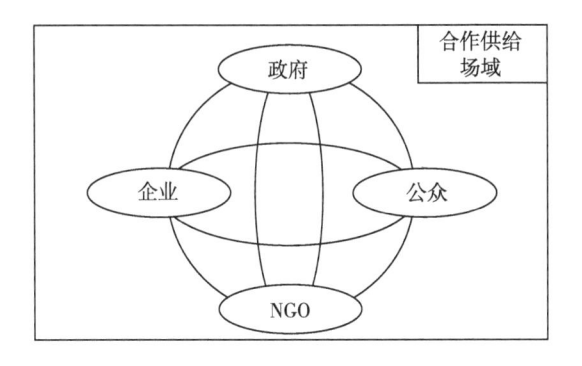

图 4-3　公共文化服务合作供给中主体关系结构

通过对图 4-2 和图 4-3 的对比，可以清晰地看出非合作供给和合作供给样态中主体关系结构的差异。显然，本书中公共文化服务政社合作供给模式为合作供给样态，供给模式中各主体的结构关系与图 4-3 内容一致。

四　模式中主体角色定位

（一）政府的角色定位

公共文化服务政社合作供给模式中，政府角色由"划桨者"向"掌舵者"转换，主要表现为：

一是政策法规的制定者。供给实践中，政府通过制定政策法规明确政府、社会力量各自的权利和义务，建立供给主体的参与机制，确定公共文化服务质量评价标准等。

二是公共文化服务的监督者。在公共文化服务的安排、生产过程中，政府对社会力量的行为予以监督，对公共文化服务数量和质量进行评估，以应对社会力量的机会主义行为，维护社会利益。

三是资金提供者。由于公共文化服务的低盈利性，政府依然是资金的主要提供者，通过各种形式的政府补贴，满足公共文化服务供给的资金需求。

新时代公共文化服务政社合作供给模式中，政府的主导地位依然存在，但是主要表现在政策法规制定与监管等维持公共利益的领域，这里的主导地位并不意味着不平等，因为它来源于客观权威，而不是来自集权，是为了维持公众的基本文化权益，政府与社会力量之间并不存在依赖关系。

（二）社会力量的角色定位

公共文化服务政社合作供给模式中，社会力量的角色变化在于实现了向"合作者"的全面转变，与政府之间不存在依赖关系，在生产中具有自主性。在供给实践中，社会力量角色主要包括以下几个方面。

一是公共文化服务的生产者。社会力量尤其是私营组织，可以利用自身专业优势，实现公共文化服务专业化生产。生产过程中，社会力量具有自主性，自主决定生产内容，政府不直接干涉，而是通过制定"负面清单"确定内容边界以保证生产的公共文化服务符合公共利益。生产的自主性是社会力量实现平等合作供给的重要标志。

二是资金提供者。社会力量可以通过自筹资金满足公共文化服务供给中的资金需求。尤其是具有强大筹资能力的私营组织，可通过资金投入，获取一定的收益分享权，一旦借助市场化运营成功，既可以增加经济收益，又可以缓解政府的财政压力。

三是公共文化服务的监督者，主要是指公众。供给实践中，公众的主体意识将大大提高，诉求反馈机制得以健全，进而使公众可以真正实现对公共文化服务的监督，最终促进公共文化服务效能提升。

五 模式分类与对比

（一）模式分类

通过上文分析可知，本书提出的公共文化服务政社合作供给模式的核心特征在于，供给中政府与社会力量形成了合作关系。基于供给主体，并结合合作中社会力量的目的，将公共文化服务政社合作供给模式分为市场型、志愿型和自我型三种具体供给模式。

市场型供给模式是指由政府或私营组织发起的，政府和私营组织为主要决策者，通过市场机制合作提供公共文化服务的供给模式，其中私营组织以营利为目的，生产主体包括政府、私营组织、文化类

NGO 和公众。

志愿型供给模式是指由政府或文化类 NGO 发起的，政府和文化类 NGO 为主要决策者，通过社会机制合作提供公共文化服务的供给模式，其中文化类 NGO 以志愿为公众提供公共文化服务为目的，生产主体包括政府、文化类 NGO。

自我型供给模式是指由公众发起的，政府和公众为主要决策者，通过社会机制合作提供公共文化服务的供给模式，其中公众以实现自我服务为目的，生产主体包括政府、私营组织、文化类 NGO 和公众。

上述三种合作供给模式中，合作体现为公共文化服务安排和生产过程中，政府与社会力量地位平等，不存在依附和依赖关系，各方可对提供产品和服务的内容与数量进行协商，社会力量拥有生产的自主性。

(二) 基于能力维度的模式对比

下面基于能力维度对三种供给模式进行比较分析。所谓能力维度，主要体现为社会力量解决当前公共文化服务供给困境的潜在能力，包括筹资能力即潜在提供资金的能力，以及匹配能力即提供的公共文化服务满足需求的能力。

在筹资能力方面，市场型供给模式的社会发起主体私营组织具有高盈利能力，因而筹资能力最高。志愿型供给模式的社会发起主体文化类 NGO 可以通过政府扶持、社会捐赠等方式募集资金，筹资能力次之。自我型供给模式的社会发起主体公众只能通过自愿捐赠的方式筹集资金，因此筹资能力最低。

在匹配能力方面，三种供给模式都具有较高的供需匹配能力。市场型供给模式中，私营组织可以借助市场机制挖掘出公众的基本文化需求，并且高效地提供满足公众需求的公共文化服务。志愿型供给模式和自我型供给模式中，文化类 NGO 和公众可以通过社会机制发现有效需求，并分别通过文化类 NGO 志愿供给和公众自我供给的方式，提供与需求匹配的公共文化服务。图 4-4 显示了市场型、志愿型和自我型三种供给模式的筹资能力和匹配能力。

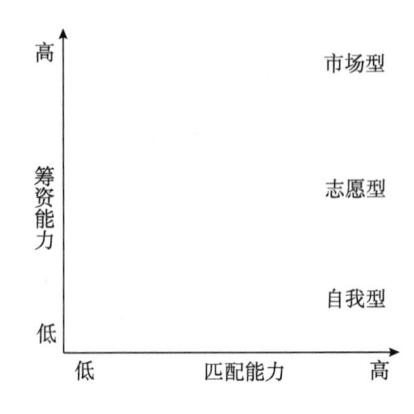

图 4-4　市场型、志愿型和自我型供给模式的筹资与匹配能力

第三节　公共文化服务政社合作供给模式实施阻力分析

一　供给模式的本土化实施阻力

通过前文分析可知，市场型、志愿型和自我型三种公共文化服务供给模式，具备解决当前我国公共文化服务供给困境的潜力，但在我国国情下同样也可能分别面临以下本土化实施阻力。

市场型供给模式的实施阻力，主要表现为两个方面：一是私营组织参与积极性不高。公共文化服务具有非排他性，可以使消费者免费享受服务而不付费，同时制造排他成本通常非常高昂，所以使供给公共文化服务很难盈利，进而导致营利性的私营组织参与积极性不高，这也是为何公共文化服务主要依靠政府供给的重要原因。表 4-1 列出了 2019 年我国主要公共文化服务设施的收入来源情况。从表中可以看出，2019 年全国公共图书馆、文化馆（站）、美术馆、博物馆的总收入分别为 191.20 亿元、299.86 亿元、34.28 亿元、337.73 亿元，其中财政拨款占总收入比重分别高达 96.00%、93.94%、57.91%、81.91%，社会性收入占总收入比重分别仅为 4.00%、6.06%、

42.09%、18.09%。通过财政拨款和社会性收入占总收入比重的对比,可以发现,私营组织参与公共文化服务供给积极性较低。二是私营组织存在机会主义倾向。政府和私营组织合作供给公共文化服务时,彼此存在一定委托代理关系,通常政府为委托方,私营组织为代理方。一方面,由于对专业知识和能力的熟悉,私营组织在公共文化服务生产中一般都处于信息优势地位,而政府处于信息劣势地位。另一方面,供给中双方追求利益不同,政府追求社会利益最大化,而私营组织追求经济利益最大化。因此,由于信息不对称和目标利益不一致的存在,作为代理方的私营组织会采取机会主义行为。

表 4-1　　2019 年全国主要公共文化服务设施收入来源情况

项目	总收入（亿元）	财政拨款（亿元）	占比（％）	社会性收入（亿元）	占比（％）
公共图书馆	191.20	183.55	96.00	7.65	4.00
文化馆（站）	299.86	281.68	93.94	18.18	6.06
美术馆	34.28	19.85	57.91	14.43	42.09
博物馆	337.73	276.62	81.91	61.11	18.09

资料来源：根据《中国文化文物统计年鉴（2020）》整理。

志愿型供给模式的实施阻力,主要表现为：一是我国文化类 NGO 规模较小。尽管 2017 年我国已有 8700 多家馆办文艺团队、30 多万支群众业余文艺团队,以及众多自发文艺组织,但是真正符合登记管理部门登记标准的规范化文化类 NGO 数量依然较少。文化类 NGO 规模较小,会阻碍公共文化服务多元主体供给局面形成,影响现代公共文化服务体系构建速度。二是我国不少文化类 NGO 独立性较低。当前我国许多文化类 NGO 由政府主导建立,而非自下而上自发成立。如文联、作协等直接由政府组建,对外文化交流协会则由政府相关部门组建,文化系统内部的各类研究会则在党政倡导下组建。政府主导建立的文化类 NGO 通常独立性较低、缺乏自主管理权利[1][2][3]，进而导致政府和文化类 NGO 合作供给本质上缺乏必要的监督和竞争机制，最终降低公共文化服务效能。

自我型供给模式的实施阻力，主要表现为公众参与积极性不高。公共文化服务具有非排他性，而奥尔森的"搭便车"理论指出，在消费非排他性的产品时，消费者通常会选择消费而不付费。因此，在公共文化服务自我型供给中，非排他性很可能会导致部分公众选择"搭便车"行为。"搭便车"能够增加"搭便车者"的经济利益，但同时却给参与供给的合作者造成不公平，"搭便车"行为的长期存在必然会降低公众参与供给的积极性，最终导致公共文化服务自我型供给陷入"集体困境"。

现实的实施阻力导致市场型、志愿型和自我型供给模式存在不足，主要包括社会力量参与不足、经济效率低和公共价值偏离。社会力量参与不足指社会力量参与程度低，导致供给再次走向政府垄断供给。经济效率低是指公共文化服务产出与投入比值低。公共价值偏离表现为提供的公共文化服务仅仅为了增值和盈利，而不是为了满足公众的基本文化需求。表4-2 列出了由实施阻力导致的三种供给模式产生的不足。市场型供给模式由于私营组织参与积极性不高，所以会导致其参与程度低。此外，私营组织为实现自身利益最大化而采取的机会主义行为，会降低公共文化服务的供给经济效率和社会效益。志愿型供给模式中，文化类 NGO 规模较小，会使其参与公共文化服务供给程度低。文化类 NGO 独立性较低的特征，会使志愿型供给的本质仍为政府垄断供给，因此会产生垄断供给的低经济效率现象。自我型供给模式中，公众参与积极性低会造成公众参与程度低，可能导致无法筹集到供给所需要的足够资源，进而无法实现供给。

---

[1] 范明林：《非政府组织与政府的互动关系——基于法团主义和市民社会视角的比较个案研究》，《社会学研究》2010 年第 3 期。
[2] 刘学侠：《我国非政府组织的发展路径》，《中国行政管理》2009 年第 4 期。
[3] 汪莉：《非政府组织发展困境的制度性因素分析及制度重构》，《中国行政管理》2009 年第 2 期。

表 4-2　市场型、志愿型和自我型供给模式可能存在的不足

		不足		
		社会力量参与不足	经济效率低	公共价值偏离
供给模式	市场型	是	是	是
	志愿型	是	是	—
	自我型	是	—	—

二　破除实施阻力的选择

前文从政府和社会力量的合作关系出发，提出了公共文化服务政社合作供给模式，并将其划分为市场型、志愿型和自我型三种具体模式。此后，结合供给主体和公共文化服务的特征，指出上述供给模式可能面临的实施阻力。因此，下面主要对破解市场型、志愿型和自我型供给模式实施阻力的有效途径进行具体分析。

市场型供给模式的实施阻力包括私营组织参与积极性低和机会主义倾向。一方面，私营组织参与积极性低主要由于公共文化服务的低盈利性。政府可以通过财政补贴、定向资助和税收优惠等补偿措施提升项目盈利水平，进而提高私营组织参与的积极性。另一方面，私营组织的机会主义倾向则主要来自政府追求社会利益最大化与私营组织追求经济利益最大化之间的矛盾。哈维茨的激励相容理论指出，在市场经济中，每个理性人都有自利一面，个人会在自利规则下行动。倘若有一种制度使追求个人利益最大化的行为与实现企业利益最大化目标一致，则这种制度为"激励相容"的。激励相容理论可以解决个人与企业之间的矛盾冲突，使个人行为符合企业利益，有效实现两者目标一致化。根据激励相容理论，通过制定合理的治理机制，引导私营组织行为符合社会利益最大化的目标，可以有效抑制私营组织的机会主义行为。比如，对于积极合作者，可以通过提供额外资源等奖励方式实施正向激励；对于消极合作者，可以通过罚款等惩罚方式实施负向激励。

志愿型供给模式的实施阻力主要包括我国文化类 NGO 规模较小和不少文化类 NGO 独立性较低。针对文化类 NGO 规模较小的问题，

政府应积极培育文化类 NGO，孵化出一批符合登记标准、专业性高的文化类 NGO。实践中，我国政府已经采取了相关政策，支持培育文化类 NGO。如党的十八届三中全会《中共中央关于全面深化改革若干重大问题的决定》明确提出"培育文化非营利组织"，《关于加快构建现代公共文化服务体系的意见》指出要"培育和规范文化类社会组织"，《公共文化服务保障法》规定"国家倡导和鼓励公民、法人和其他组织参与文化志愿服务"。在政策支持下，我国出现了一批如上海华爱社区管理服务中心等专业化程度高的文化类 NGO。针对部分文化类 NGO 独立性较低的问题。一方面，对现有文化类 NGO 应加快转变政府职能，使文化类 NGO 与行政机构脱钩。如为促进行业协会和商会的规范发展，国家还出台了《行业协会商会与行政机关脱钩总体方案》等文件。另一方面，在培育文化类 NGO 时，应避免政府通过自上而下的方式直接组建，而是应当选择通过自下而上的方式培育文化类 NGO。当前我国有数量众多的民间文艺组织，它们都是通过自下而上的方式由群众自发成立的，虽然它们暂时不符合登记条件，但是通过科学引导助其发展壮大，则有利于为培育出独立性高的文化类 NGO 奠定坚实基础。最终，推动破除志愿型供给模式的实施阻力。

自我型供给模式的实施阻力为公众参与积极性不高。依据奥尔森的"搭便车"理论，公共文化服务的非排他性会使公众更愿意选择免费享受服务不付出成本，长此以往，公共文化服务自我型供给模式必然会因为资源筹集不足而难以持续。当前我国公共文化服务供给实践中，政府依然为主要供给者，这也从侧面印证了公众参与积极性低会成为自我型供给模式的现实实施阻力。然而，通过资料收集与整理，本书发现尽管同样面临公共文化服务的非排他性问题，我国浙江部分农村地区的村民，却依然通过自愿捐赠的方式，成功举办了"温岭社戏""云林春晚"等基层村民自我组织的公共文化活动，其中"温岭社戏"更是拥有久远的历史。上述这些成功的基层公共文化活动，为克服公众的"搭便车"行为、普及自我型供给模式提供了现实基础。因此，本书认为通过对上述成功案例中公众自愿合作机理的研究，可以有效地破除公共文化服务自我型供给的实施阻力。

通过上述理论分析和实践总结可知，市场型、志愿型和自我型供给模式，虽然存在实施阻力，但是都可以通过机制设计，破解各自现实实施过程中的阻力，弥补各自可能存在的不足，进而提高供给模式的稳定性和持续性，最终解决当前我国公共文化服务供给困境。

本章小结

公共文化服务具体维护社会和政治体系稳定的正外部性，在国家发展中具有不可或缺的地位。当前公共文化服务供给存在地方政府财政压力大、发展不平衡、供需匹配度低以及覆盖面窄等困境，为应对上述困境，我国政府从宏观层面上，积极引导社会力量参与公共文化服务供给，但是微观实践效果并不理想。因此，本章基于政府和社会力量之间的合作关系，构建了公共文化服务政社合作供给模式，按照供给主体将其具体分为市场型、志愿型和自我型三种供给模式，并结合对各具体模式本土化实施阻力和破除阻力路径的分析，指出需要解决的问题。

第五章 市场型供给模式的补偿与治理机制研究

上一章分析指出新时代政府与社会力量应合作供给公共文化服务，并对市场型、志愿型和自我型供给模式的实施阻力和破除阻力的路径进行了分析。本章主要研究如何对市场型供给模式进行改进。市场型供给模式，既可以通过私营组织提供资金缓解地方政府财政压力，又可以借助市场机制均衡资源配置、提高供需匹配度。但是，市场型供给模式同样存在私营组织参与积极性低和机会主义倾向的实施阻力。因此，本章分别从补偿机制和治理机制视角出发，对市场型供给模式进行研究，以高效吸引私营组织参与供给、维护公共文化服务公共价值。

第一节 市场型供给模式发挥作用的关键因素

一 补偿机制

与人民群众日益增长的精神文化需求相比，当前我国公共文化服务供给水平仍有待提高。2016年，中央经济工作会议提出推进供给侧结构性改革，通过创造新供给提高供给体系质量和效率。为此，我国政府积极引导私营组织参与公共文化服务供给，从供给侧发力，释放居民文化需求、激发市场活力、提高服务效能，不断满足人民群众的精神文化需求。私营组织参与供给，有助于解决我国公共文化服务供给领域的困境。但是公共文化服务项目通常具有弱经济性的特点，使私营组织很难获利，因此政府需要进行适当补偿调动它们的参与积极性。

不少学者对政府与私营组织合作供给中政府补偿进行了理论研究，Ho 和 Liu、Cheah 和 Liu 将政府补偿看作一种期权，并运用实物期权理论构建了政府补偿模型。[1][2] 李明顺等基于改进的 Black-Scholes 实物期权模型研究了 PPP 项目政府补偿问题。[3] 由于公共服务项目外部环境通常复杂多变，针对这一特征 Carmen 等建立了公私合作港口项目的动态补偿模型。[4] Ho 和吴孝灵等则通过构建动态博弈模型，对政府补偿机制进行了研究。[5][6] 还有学者运用动力系统理论，构建基于三方满意的补贴模型，对动态调价和政府补贴问题进行研究。高颖等以最终用户付费的 PPP 项目为分析对象，研究政府如何通过需求补偿、运营期延长等措施改进社会资本收益。[7][8] 此外，一些学者对政府担保、收益保证及政府的风险补偿问题进行了研究。[9][10] 现有对政

---

[1] Ho S P, Liu L, "An option pricing-based model for evaluating the financial viability of privatized infrastructure projects", *Construction Management & Economics*, Vol. 20, No. 2, 2002, pp. 143-156.

[2] Cheah C Y J, Liu J, "Valuing governmental support in infrastructure projects as real options using Monte Carlo simulation", *Construction Management & Economics*, Vol. 24, No. 5, 2006, pp. 545-554.

[3] 李明顺、陈涛、滕敏：《交通基础设施 PPP 项目实物期权定价及敏感性分析》，《系统工程》2011 年第 3 期。

[4] Carmen J, Fernando O, Rahim A, "Private-public partnerships as strategic alliances: concession contracts for port infrastructures", *Transportation Research Record: Journal of the Transportation Research Board*, 2008, No. 2062, pp. 1-9.

[5] Ho S P, "Model for financial renegotiation in public-private partnership projects and its policy implications: game theoretic view", *Journal of Construction Engineering & Management*, Vol. 132, No. 7, 2006, pp. 678-688.

[6] 吴孝灵等：《基于公私博弈的 PPP 项目政府补偿机制研究》，《中国管理科学》2013 年第 S1 期。

[7] 高颖、张水波、冯卓：《不完全合约下 PPP 项目的运营期延长决策机制》，《管理科学学报》2014 年第 2 期。

[8] 高颖、张水波、冯卓：《PPP 项目运营期间需求量下降情形下的补偿机制研究》，《管理工程学报》2015 年第 2 期。

[9] Jun J, "Appraisal of combined agreements in BOT project finance: focused on minimum revenue guarantee and revenue cap agreements", *International Journal of Strategic Property Management*, Vol. 14, No. 2, 2010, pp. 139-155.

[10] Wibowo A, "Valuing guarantees in a BOT infrastructure project", *Engineering Construction & Architectural Management*, Vol. 11, No. 6, 2004, pp. 395-403.

府补偿问题的研究，主要是对理论模型创新的研究，鲜见对不同补偿机制选择的研究。由于不同项目的收益不同，同一补偿机制并不一定适用于所有项目，这就需要政府设计不同的补偿机制。不同的补偿机制不仅会对私营组织产生不同的激励效果，还决定着政府的补偿成本。所以，科学地选择补偿机制，有利于提高政府补偿效率，缓解政府财政负担。基于此，本章以公共文化服务设施项目为研究对象，运用演化博弈模型，模拟不同补偿机制下政府与私营组织的决策演化过程，研究 PPP 引导基金模式下公共文化服务设施项目供给中补偿机制决策问题，为政府建立科学的补偿机制，实现高效吸引私营组织参与供给提供理论建议。

二　治理机制

近年来，我国政府积极引导社会力量参与公共文化服务供给，以财政资金推动的委托经营和文化类 PPP 等市场型供给实践广泛展开。但受到观念和文化管理体制机制限制，政府与私营组织通过广泛合作提供公共文化服务的通道仍未打通，制约了公共文化服务效能的进一步提升。

合作治理作为一种新型的治理秩序，是对现代国家公共部门与其他部门之间关系的重大调整，为公共管理带来创新的动力和空间。汪伟全基于合作治理理论提出，为解决跨域空气污染问题，应构建政府主导、部门履职、市场协调和社会参与的治理模式。[①] 王薇等基于"黄浦江浮猪事件"的调研，分析并提出了加强构建跨域水污染合作治理机制的措施。[②] 高明等从演化博弈视角分析了大气污染治理主体的行为演化路径和稳定策略，提出地方政府间必须形成有效的合作治理联盟，才能真正地实现空气污染治理。[③] 李燕凌等认为在政府的引导下，提升消费者和生产者的参与意识，有利于化解公共危机引起的

[①] 汪伟全：《空气污染的跨域合作治理研究——以北京地区为例》，《公共管理学报》2014 年第 1 期。

[②] 王薇、邱成梅、李燕凌：《流域水污染府际合作治理机制研究——基于"黄浦江浮猪事件"的跟踪调查》，《中国行政管理》2014 年第 11 期。

[③] 高明、郭施宏、夏玲玲：《大气污染府际间合作治理联盟的达成与稳定——基于演化博弈分析》，《中国管理科学》2016 年第 8 期。

矛盾冲突。① 邹劲松基于多主体合作治理模式，剖析公共租赁房社区治理机制，并提出提升治理效率的对策。② 当前合作治理已在解决跨域事务、府际协调和社会治理等领域发挥重大作用，但在公共文化服务领域的研究尚不多见，合作治理的关键因素和动力机制仍需探索，公共文化服务合作治理理论尚待建立。在党的十八届三中全会提出推进国家治理体系和治理能力现代化的大背景下，合作治理将成为构建现代公共文化服务体系的重要途径。因此，本章将从合作治理视角出发，运用演化博弈理论，探究公共文化服务市场型供给模式治理机制，进而维护公共文化服务的公共价值，为提高我国公共文化服务供给效率和质量提供有益建议。

第二节　市场型供给模式补偿机制研究

一　PPP引导基金模式的补偿问题

（一）PPP引导基金内涵

公共文化服务设施项目通常投资大、回收期长，为减轻财政负担，发挥市场配置资源的优越性，我国政府积极引导社会资本参与建设和运营，PPP引导基金模式便是其中一项重要措施。所谓PPP引导基金，是指以财政性资金为引导，联合金融资本，以非公开方式募集社会资本，以市场化封闭运作的方式用于支持PPP项目的基金。作为一种重要的公共文化服务市场型供给模式，PPP引导基金能够通过部分财政资金撬动社会资本参与公共文化服务设施建设和运营③，因此，其合理高效的运作有助于大大缓解我国地方政府的债务负担，提高公共文化服务供给效率。当前PPP引导基金已被广泛应用于公共文化服务体系建设中，例如2017年成都市设立100亿元文化产业投资

---

① 李燕凌、苏青松、王珺：《多方博弈视角下动物疫情公共危机的社会信任修复策略》，《管理评论》2016年第8期。
② 邹劲松：《公共租赁住房社区治理机制研究》，《管理评论》2017年第3期。
③ 温来成、李慧杰：《我国PPP引导基金的发展》，《理论视野》2016年第9期。

引导基金，以推动成都文化事业发展水平进入全国第一梯队，同年北京朝阳区也设立了同等规模的引导基金，此外，河南、杭州、武汉等省市也设立了文化类 PPP 引导基金。

（二）PPP 引导基金运行机制

PPP 引导基金受到政策大力支持，并且对缓解地方政府财政压力、提高公共文化服务供给效率有积极意义。① 因此，当前 PPP 引导基金在我国的探索实践已经广泛开展。总的来说，我国 PPP 引导基金运行架构主要分为以下三类。

第一类，PPP 引导基金仅设有母基金，而没有设子基金，如图 5-1 所示。这一类 PPP 引导基金中政府作为 PPP 基金发起人，委托政府出资平台和社会资本出资人出资，其中政府是劣后级出资人，社会资本是优先级出资人。政府出资平台和社会资本出资人共同设立或委托专业机构对 PPP 基金进行运作，不设立子基金。

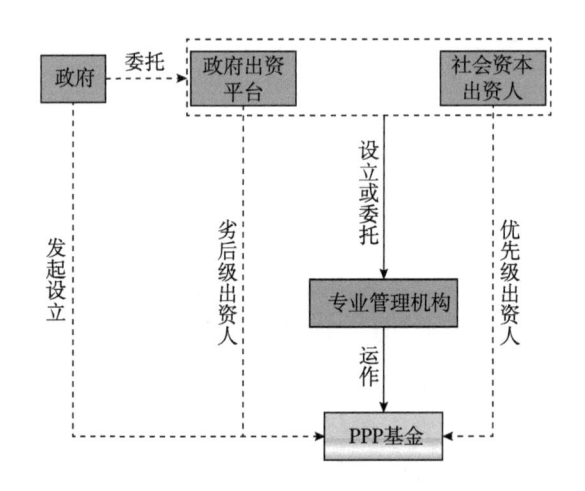

图 5-1 第一类 PPP 引导基金运行架构

第二类，PPP 引导基金既设有母基金，又设有子基金，但是子基

---

① 高雨萌等：《他山之石——PPP 投资引导基金的国际经验》，《项目管理技术》2016 年第 8 期。

金资金不仅仅来源于母基金,如图5-2所示。这类PPP引导基金通常是由省级政府发起设立PPP母基金,母基金规模一般不大,然后母基金按比例投资市、县级政府发起设立的PPP子基金,这样设置运行架构的主要目的是通过省级政府的PPP母基金对市、县级PPP子基金的投资内容进行引导。

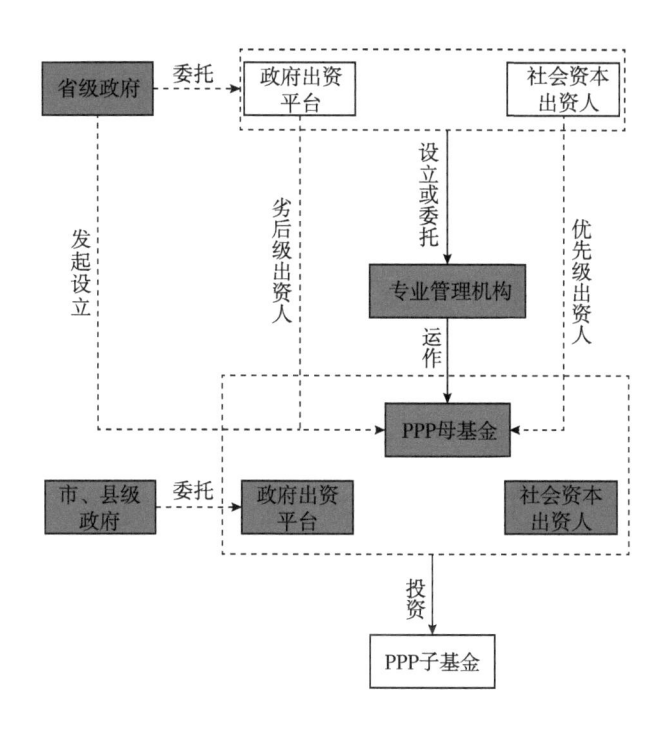

图5-2 第二类PPP引导基金运行架构

第三类,PPP引导基金既设有母基金,又设有子基金,并且子基金的资金全部来源于母基金,如图5-3所示。这类PPP引导基金的子基金完全由母基金出资,并由统一的专业管理机构进行运作,或者分别设立专业管理机构进行单独运作。

除运行架构外,我国PPP引导基金投资模式主要分为投资入股、提供融资贷款以及"投贷结合"。PPP引导基金回报模式,主要是基于出资人的等级实施收益分配。通常政府出资平台为劣后级出资人,

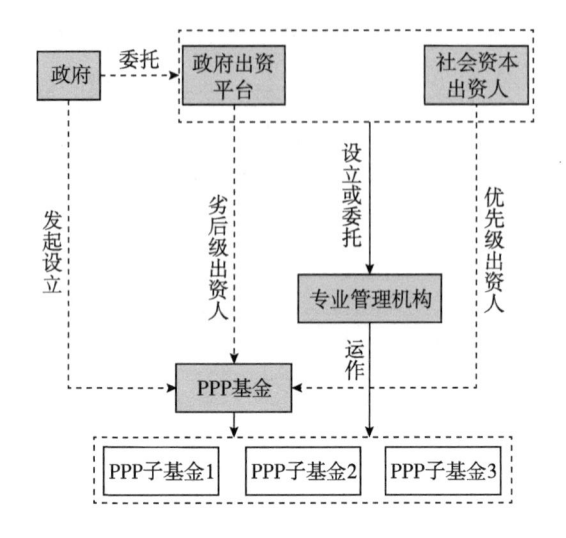

图 5-3　第三类 PPP 引导基金运行架构

社会资本出资人为优先级出资人，分配收益时，政府会采取一定的补偿机制首先保障优先级出资人的收益，因此，这种回报模式有利于提高社会资本参与供给的积极性。

（三）PPP 引导基金的补偿

PPP 引导基金是一种应用广泛的公共文化服务市场型供给模式，该模式下政府不再对公共文化服务设施项目直接投资，而是通过间接参股的方式对项目进行扶持，交由专业管理机构进行运作，并吸引社会资本的出资人私营组织对引导基金投资，以实现利用部分财政资金撬动社会资本的目的。吸引私营组织投资是 PPP 引导基金成功运营的关键前提。为解决这一问题，通常政府会对出资的私营组织实施补偿。然而，由于不同预期收益，同一补偿机制并不适用于所用项目。这就要求政府设计不同的补偿机制，不同的补偿机制又会影响其补偿成本。因此，如何科学地选择补偿机制，对缓解政府财政压力有重要意义。基于此，本章提出了亏损补偿和收益补偿两种补偿机制，并通过构建演化博弈模型，分析政府和私营组织决策演化过程，求解出政府的决策临界值，为政府科学制定补偿机制，缓解财政压力，实现高效吸引私营组织参与供给提供决策参考。

二 PPP 引导基金模式的补偿机制研究

(一) 基本假设

基于项目损益提出 PPP 引导基金模式下的两种补偿机制,分别为亏损补偿和收益补偿。亏损补偿,是指若项目盈利,政府和私营组织分别按投资比例 $1-\theta$、θ 分享收益;若项目亏损,私营组织按比例 $\alpha\theta$ ($0<\alpha<1$) 承担亏损。收益补偿,指若项目盈利,私营组织按比例 $\beta\theta$ ($\beta>1$) 分享收益;若项目亏损,政府和私营组织分别按投资比例 $1-\theta$ 和 θ 分担亏损。

针对 PPP 引导基金下公共文化服务设施项目供给中补偿机制决策问题,提出如下假设:

第一,政府 A 和私营组织 B 分别以追求自身利益最大化为目标,并且双方都是有限理性。

第二,政府的策略集为(亏损补偿,收益补偿),私营组织的策略集为(互惠主义,机会主义)。

第三,私营组织存在机会主义倾向,若私营组织采取机会主义行为,则当期结束后会被政府发现,并会对其实施惩罚以弥补政府损失,不考虑监督成本。

(二) 效用函数与模型构建

PPP 引导基金下,公共文化服务设施项目私营组织投入 I,政府投入 G,项目预期成功率为 p,其中 $p=e^{\lambda}\theta^{1-\lambda}$,$e$ 为私营组织努力程度,λ ($0<\lambda<1$) 为努力对项目成功的重要程度[①],假设私营组织运营过程中努力程度 $e=1$,因此 $p=\theta^{1-\lambda}$。预期盈利额为 $R(R>0)$,预期亏损额为 $S(S>0)$。若私营组织采取机会主义行为,将盈利变成亏损,则将会带来额外收益 E,政府则将受到等额损失;机会主义行为最终会被发现,私营组织将付出罚金 F,而政府会得到等额补偿。政府采取亏损补偿的概率为 x,采取收益补偿的概率为 $1-x$,私营组织采取互惠主义策略的概率为 y,采取机会主义的概率为 $1-y$。

---

① Pyle D H, Leland H E, "Information asymmetries, financial structure, and financial intermediation", *Social Science Electronic Publishing*, Vol. 32, No. 2, 2009, pp. 371–387.

1. 亏损补偿下的效用函数

当政府采取亏损补偿机制时，若私营组织秉承互利共赢的理念选择互惠主义策略，则政府效用为 $U_a^1 = p(1-\theta)R - (1-p)[(1-\theta)S + (1-\alpha)\theta S] - G$，此时，私营组织效用为 $U_b^1 = p\theta R - (1-p)\alpha\theta S - I$。

若私营组织选择机会主义策略，在获得额外收益的同时也受到来自政府的惩罚。政府因为私营组织的机会主义行为，导致收益下降，同时也会得到相应的补偿。此时，政府的效用 $U_a^2 = p(1-\theta)R - (1-p)[(1-\theta)S + (1-\alpha)\theta S] - G - E + F$，私营组织的效用 $U_b^2 = p\theta R - (1-p)\alpha\theta S - I + E - F$。

2. 收益补偿下的效用函数

当政府采取收益补偿时，如果私营组织秉承互利共赢的理念选择积极的互惠主义策略，则政府的效用 $U_a^3 = p[(1-\theta)R - (\beta-1)\theta R] - (1-p)(1-\theta)S - G$，此时，私营组织的效用 $U_b^3 = p\beta\theta R - (1-p)\theta S - I$。若私营组织选择机会主义策略，则政府的效用 $U_a^4 = p[(1-\theta)R - (\beta-1)\theta R] - (1-p)(1-\theta)S - G - E + F$，相应地，此时私营组织的效用 $U_b^4 = p\beta\theta R - (1-p)\theta S - I + E - F$。

表 5-1 是 PPP 引导基金下公共文化服务设施项目供给中政府和私营组织演化博弈的支付矩阵，由表 5-1 可知，政府采取亏损补偿时的适应为 $f_a^1 = yU_a^1 + (1-y)U_a^2$，采取收益补偿时的适应度为 $f_a^2 = yU_a^3 + (1-y)U_a^4$，因此，整理后可以得到政府的平均适应度为 $f_a = xf_a^1 + (1-x)f_a^2 = x[yU_a^1 + (1-y)U_a^2] + (1-x)[yU_a^3 + (1-y)U_a^4]$。同理，私营组织的平均适用度为 $f_b = yf_b^1 + (1-y)f_b^2 = y[xU_b^1 + (1-x)U_b^3] + (1-y)[xU_b^2 + (1-x)U_b^4]$。

表 5-1　　　　政府和私营组织演化博弈支付矩阵

		私营组织 B	
		互惠主义 y	机会主义 $1-y$
政府 A	亏损补偿 x	U_a^1, U_b^1	U_a^2, U_b^2
	收益补偿 $1-x$	U_a^3, U_b^3	U_a^4, U_b^4

由 Malthusian 方程可得到政府和私营组织选择策略的复制动态方程：

$$\begin{cases} \dot{x} = x(1-x)(f_a^1-f_a^2) = x(1-x)[y(U_a^1-U_a^3)+(1-y)(U_a^2-U_a^4)] \\ \dot{y} = y(1-y)(f_b^1-f_b^2) = y(1-y)[x(U_b^1-U_b^2)+(1-x)(U_b^3-U_b^4)] \end{cases}$$

命题 5-1 $(0, 0)$，$(0, 1)$，$(1, 0)$，$(1, 1)$，(x^*, y^*) 为该系统的均衡点，其中 $x^* = \dfrac{U_b^4-U_b^3}{U_b^1-U_b^2-U_b^3+U_b^4}$，$y^* = \dfrac{U_a^4-U_a^2}{U_a^1-U_a^2-U_a^3+U_a^4}$。

证明：令 $\dot{x}=0$，$\dot{y}=0$。

当 $x=0$ 时，得 $y=0$ 或 $y=1$；当 $x=1$ 时，得 $y=0$ 或 $y=1$。所以，$(0, 0)$，$(0, 1)$，$(1, 0)$，$(1, 1)$ 为系统均衡点。

当 $x \neq 0, 1$ 且 $y \neq 0, 1$ 时，得 $x^* = \dfrac{U_b^4-U_b^3}{U_b^1-U_b^2-U_b^3+U_b^4}$，$y^* = \dfrac{U_a^4-U_a^2}{U_a^1-U_a^2-U_a^3+U_a^4}$。若 $(U_a^1-U_a^3)(U_a^2-U_a^4)>0$，则 $y(U_a^1-U_a^3)+(1-y)(U_a^2-U_a^4) \neq 0$。若 $(U_b^1-U_b^2)(U_b^3-U_b^4)>0$，则 $x(U_b^1-U_b^2)+(1-x)(U_b^3-U_b^4) \neq 0$。因此只有满足 $(U_a^1-U_a^3)(U_a^2-U_a^4)<0$，$(U_b^1-U_b^2)(U_b^3-U_b^4)<0$ 时，(x^*, y^*) 为系统均衡点，命题得证。

（三）PPP 引导基金模式补偿机制演化博弈分析

命题 5-2 当 $E-F<0$ 时，若 $\dfrac{R}{S}>\dfrac{(1-p)(1-\alpha)}{p(\beta-1)}$，则（亏损补偿，互惠主义）为系统演化稳定策略，即此时选择亏损补偿有利于实现政府利益最大化；若 $\dfrac{R}{S}<\dfrac{(1-p)(1-\alpha)}{p(\beta-1)}$，则（收益补偿，互惠主义）为系统演化稳定策略，即此时选择收益补偿有利于实现政府利益最大化。

证明：由复制动态方程，计算得到 Jacobian 矩阵：

$$\begin{bmatrix} (1-2x)[y(U_a^1-U_a^3)+(1-y)(U_a^2-U_a^4)] & x(1-x)[(U_a^1-U_a^3)-(U_a^2-U_a^4)] \\ y(1-y)[(U_b^1-U_b^2)-(U_b^3-U_b^4)] & (1-2y)[x(U_b^1-U_b^2)+(1-x)(U_b^3-U_b^4)] \end{bmatrix}$$

策略组合为演化稳定策略（ESS），需满足条件 $\det J>0$，$\text{tr} J<0$。因此，由表 5-2 可知 (x^*, y^*) 不是演化稳定点。策略组合 $(1, 1)$

ESS 的条件为 $U_a^1-U_a^3>0$，$U_b^1-U_b^2>0$，展开后为 $p(\beta-1)\theta R-(1-p)(1-\alpha)\cdot\theta S>0$ 且 $E-F>0$，因为 $0<\alpha<1$，$\beta>1$，整理得，当 $\dfrac{R}{S}>\dfrac{(1-p)(1-\alpha)}{p(\beta-1)}$ 且 $E-F<0$ 时，（亏损补偿，互惠主义）为系统的 ESS。同理可得，当 $\dfrac{R}{S}<\dfrac{(1-p)(1-\alpha)}{p(\beta-1)}$ 且 $E-F<0$ 时，点（0，1）为演化稳定点，即（收益补偿，互惠主义）为 ESS。命题得证。

表 5-2　　　　　　　　均衡点处的行列式与迹

点	策略组合	detJ	trJ
(0, 0)	（收益补偿，机会主义）	$(U_a^2-U_a^4)(U_b^3-U_b^4)$	$(U_a^2-U_a^4)+(U_b^3-U_b^4)$
(0, 1)	（收益补偿，互惠主义）	$-(U_a^1-U_a^3)(U_b^3-U_b^4)$	$(U_a^1-U_a^3)-(U_b^3-U_b^4)$
(1, 0)	（亏损补偿，机会主义）	$-(U_a^2-U_a^4)(U_b^1-U_b^2)$	$-(U_a^2-U_a^4)+(U_b^1-U_b^2)$
(1, 1)	（亏损补偿，互惠主义）	$(U_a^1-U_a^3)(U_b^1-U_b^2)$	$-(U_a^1-U_a^3)-(U_b^1-U_b^2)$
(x^*, y^*)	—	$\dfrac{-(U_a^1-U_a^3)(U_a^4-U_a^2)(U_b^1-U_b^2)(U_b^4-U_b^3)}{(U_a^1-U_a^2-U_a^3+U_a^4)(U_b^1-U_b^2-U_b^3+U_b^4)}$	0

命题 5-3 当 $E-F<0$ 时，互惠主义为私营组织的占优策略；当 $E-F>0$ 时，机会主义为私营组织的占优策略。

证明： 由命题 5-2 可知，$\dfrac{R}{S}>\dfrac{(1-p)(1-\alpha)}{p(\beta-1)}$ 且 $E-F<0$ 和 $\dfrac{R}{S}<\dfrac{(1-p)(1-\alpha)}{p(\beta-1)}$ 且 $E-F<0$ 分别是（1，1）和（0，1）为演化稳定点的条件。同理得，（1，0）为 ESS 需满足 $E-F>0$ 且 $\dfrac{R}{S}>\dfrac{(1-p)(1-\alpha)}{p(\beta-1)}$；（0，0）为 ESS 的条件为 $E-F>0$ 且 $\dfrac{R}{S}<\dfrac{(1-p)(1-\alpha)}{p(\beta-1)}$。由（1，1）和（0，1）为 ESS 的条件可知，当 $E-F<0$ 时，$y=1$ 即互惠主义为私营组织的占优策略。由（1，0）和（0，0）为 ESS 的条件可知，当 $E-F>0$ 时，$y=0$ 即机会主义为私营组织的占优策略。命题得证。

命题 5-4 私营组织投资比例 θ 与政府决策临界值 $k\left(k=\dfrac{(1-p)(1-\alpha)}{p(\beta-1)}\right)$ 成反比,即私营组织投资越多,亏损补偿越容易成为政府的占优策略。

证明: 将 $p=\theta^{1-\lambda}$ 代入可知 $k=\dfrac{(1-\theta^{1-\lambda})(1-\alpha)}{\theta^{1-\lambda}(\beta-1)}$,解得 $\dfrac{\mathrm{d}k}{\mathrm{d}\theta}=\dfrac{(1-\alpha)(\lambda-1)}{(\beta-1)}\theta^{\lambda-2}$,因为 $0<\alpha<1$,$\beta>1$ 且 $0<\lambda<1$,所以 $\dfrac{\mathrm{d}k}{\mathrm{d}\theta}<0$,即 k 是关于 θ 的递减函数,私营组织投资越多,亏损补偿越易成为政府的占优策略。命题得证。

(三) 数值模拟与分析

前文针对 PPP 引导基金下公共文化服务设施项目供给中政府补偿机制决策问题,构建了政府和私营组织演化博弈决策模型,并求解出政府和私营组织演化稳定策略,为政府选择最优补偿机制提供了思路。下文通过数值模拟对上述理论结果进行验证。为新建一座文化艺术中心,湖北某地政府和私营组织分别出资 7000 万元 (I) 和 3000 万元 (G) 共同设立 PPP 引导基金,并将文化艺术中心委托给专业文化经营管理公司开发管理运作。若运行成功预期收益 (R) 为 2400 万元,若运营失败预期亏损 (S) 为 3000 万元,机会主义收益 $E=800$ 万元,惩罚金额为 $F=1000$ 万元,其他参数 $\alpha=0.6$,$\beta=1.2$,$\lambda=0.7$。

1. 预期盈亏比例对政府补偿机制决策影响

图 5-4 刻画了公共文化设施项目预期盈亏比例对政府补偿机制决策的影响。假设 $E=800$、$F=1000$ 和 $E=800$、$F=600$ 两种情况,分别取 $R=1000$、$S=4000$ 和 $R=2400$、$S=3000$ 进行数值模拟。由已知参数计算得临界值 $k=\dfrac{(1-p)(1-\alpha)}{p(\beta-1)}=0.22$,从图 5-4 可知,当 $\dfrac{R}{S}>k$ 时,(1, 1) 和 (1, 0) 为系统演化稳定点,此时 $x=1$ 表明亏损补偿为政府的最优补偿机制。当 $\dfrac{R}{S}<k$ 时,(0, 1) 和 (0, 0) 为系统演化稳定点,此时 $x=0$ 表明收益补偿为政府的最优补偿机制。此外,还可

以发现当预期盈亏比例 $\frac{R}{S}$ 保持不变时，无论 $E>F$ 还是 $E<F$，x 的值都不会改变，这表明机会主义收益和惩罚金额的大小并不会影响政府部门的决策。上述结果与命题 5-1 和命题 5-2 结论一致，表明在与私营组织合作之前，政府部门应当对公共文化服务设施项目的建设和运营进行充分评估，以尽量获取准确的预期盈利额与亏损额，这有利于政府进行科学的补偿机制决策。而私营组织的机会主义收益和对其惩罚金额的大小并不影响政府部门补偿机制的选择。

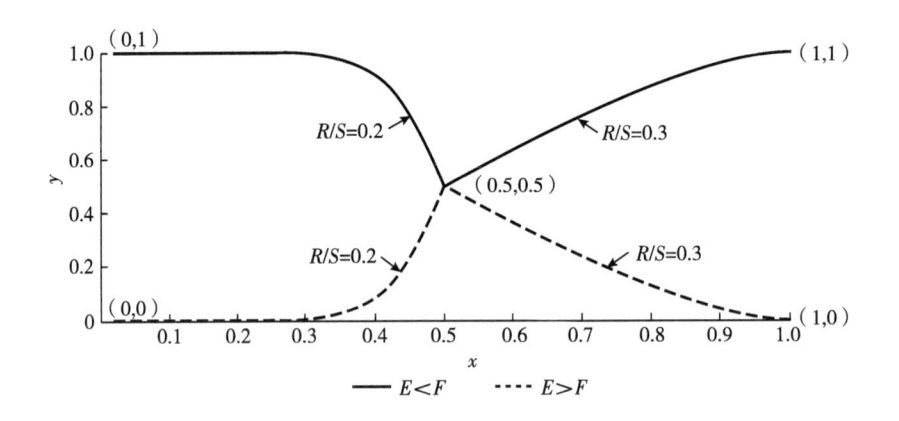

图 5-4　预期盈亏比例对政府决策影响演化

2. 惩罚力度对私营组织行为决策影响

图 5-5 描述了惩罚力度对私营组织行为决策的影响，分别取 $E=800$，$F=1000$ 和 $E=800$，$F=600$ 进行数值模拟。从图 5-5 中可以看出，当 $E<F$ 时，$y=1$ 即互惠主义策略为私营组织的占优策略。当 $E>F$ 时，$y=0$ 即机会主义策略会成为私营组织的占优策略。上述结果与命题 5-3 结论一致。该结果表明，当机会主义行为的超额收益大于惩罚金额时，逐利的私营组织就会采取机会主义策略；当机会主义行为带来的超额收益小于惩罚金额时，权衡利弊后私营组织则会选择互惠主义策略。因此，公共文化服务设施项目市场型供给实践中，政府部门应该采取严厉的事后惩罚措施，遏制补偿过程中私营组织的机会主

义行为，进而营造双方积极合作的良好氛围，实现互利共赢。

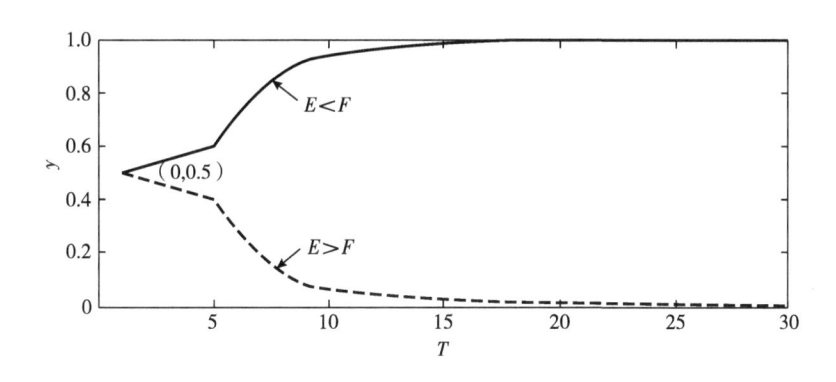

图 5-5 不同惩罚力度对私营组织行为决策影响演化

3. 私营组织投入比例对决策临界值影响

其他参数保持不变，取私营组织投入比例 $\theta \in (0, 1)$，代入临界值 $k = \dfrac{(1-\theta^{1-\lambda})(1-\alpha)}{\theta^{1-\lambda}(\beta-1)}$ 进行模拟，结果如图 5-6 所示。从图中可以看出，临界值 k 随 θ 值变大而减小，成反比关系，结果与命题 5-4 结论一致。该结果表明，若私营组织投入比例越大，则临界值就会越小，结合命题 5-2 结论可知，当其他条件不变时，预期盈亏比例 $\dfrac{R}{S}$ 就越有可能大于 k，此时政府就越倾向于选择亏损补偿。这与实际也是相符

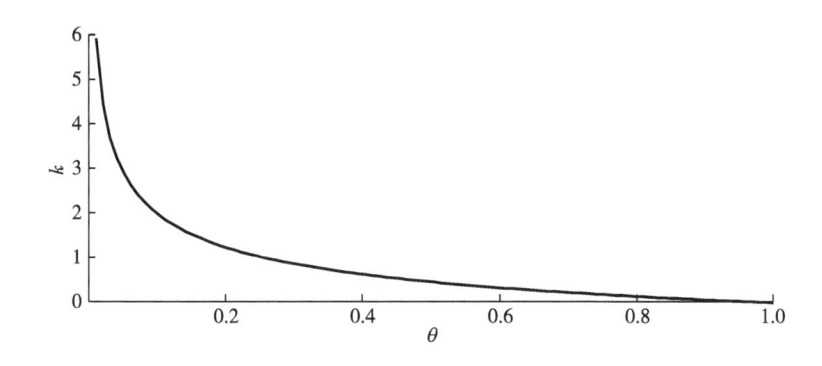

图 5-6 私营组织投入比例对政府决策临界值影响

合的。PPP引导基金中，私营组织出资比例越大，项目失败的损失就会越大，因此私营组织更愿意积极采取行动使项目达到预期目标，降低项目失败概率。由于项目失败概率小，亏损补偿机制下政府真正执行补偿的概率就会降低。所以，当私营组织投资比例越高时，政府越倾向于选择亏损补偿。

第三节　市场型供给模式治理机制研究

一　治理中存在的问题

在我国提出治理体系和治理能力现代化的大背景下，公共文化服务治理作为国家治理体系和治理能力的重要组成部分，也应当与时俱进，符合新时代的要求。治理理论强调，在公共事务管理中应改变政府单一主体的局面，形成不同社会利益主体平等、协商参与的多主体治理架构。因此，打破政府基于集权的统治性管理，形成政府与社会力量之间的平等关系，是公共文化服务治理的一项核心内容。在公共文化服务市场型供给模式中，形成多主体平等协商的关系，更有利于政府和社会力量形成良性互动，抑制私营组织中的机会主义行为。然而，当前我国公共文化服务治理实践中，政府与社会力量仍未形成平等共治的格局，主要受以下观念、体制等因素的影响。

第一，政府角色转变意识不强。一方面，在文化治理理念下，政府应该由原先的"划桨者"转变为"掌舵者"。在公共文化服务治理体系中，政府应当成为公共文化服务治理机制及政策的定制者、市场的培育和监管者、引导社会力量参与的动员者。但是现实中，仍然存在政府"一手包办"公共文化服务供给现象。[1] 另一方面，政府与社会力量平等、协商的格局仍未完全形成。实践中政府进行自上而下的行政管理现象时有发生，如政府购买服务领域，在政府行政干预下，

---

[1] 王伟杰、纪东东：《农民主体性视角下的农村公共文化产品供给研究——基于河南省七个村落的问卷调查》，《中州学刊》2013年第12期。

"体制内非竞争性"购买等现象依然十分普遍。[1] 政府角色转换不到位,严重影响了社会力量参与的积极性与生产的自主性。

第二,公众诉求表达机制不健全。治理理念下,公众是公共文化服务的消费者,更是公共文化服务治理主体之一。因此,公众应当积极地参与到公共文化服务供给评价实践中,通过自身的体验感知,对公共文化服务供给质量形成"自下而上"的反馈机制,进而推动服务效能提升。然而,当前我国公共文化服务供给质量评估,多为政府内部上级对下级的评价或第三方机构评价,作为消费者的公众却普遍缺少评价渠道。

因此,针对当前公共文化服务治理中的不足,本章引入合作治理理论,重点阐述公共文化服务市场型供给合作治理模式中,政府和私营组织的互动关系,并运用演化博弈理论,分析公众未参与监督和参与监督情形下,政府和私营组织的决策过程,为抑制市场型供给模式中私营组织的机会主义行为、维护公共文化服务和公共价值提供决策参考。

二 治理机制研究

(一)合作治理情境分析及基本假设

合作治理是介于政府治理和自治理之间的复合性治理模式,是一项以合作为核心的包容性发展策略。[2][3][4][5][6] 合作治理中政府、私营组织、NGO、公众合作共治,政府不再是公共事务的唯一管理者。政府

---

[1] 李山:《政府购买公共文化服务的现实困境与改革路径》,《湘潭大学学报》(哲学社会科学版)2014年第5期。

[2] Avoyan E, Tatenhove J V, Toonen H, "The performance of the Black Sea Commission as a collaborative governance regime", *Marine Policy*, No. 81, 2017, pp. 285-292.

[3] Gash A, "Cohering Collaborative Governance", *Journal of Public Administration Research & Theory*, Vol. 27, No. 1, 2017, pp. 213-216.

[4] 敬乂嘉:《从购买服务到合作治理——政社合作的形态与发展》,《中国行政管理》2014年第7期。

[5] Ulibarri N, Scott T A, "Linking Network Structure to Collaborative Governance", *Journal of Public Administration Research & Theory*, Vol. 27, No. 1, 2017, pp. 163-181.

[6] Scott T A, Thomas C W, "Unpacking the collaborative toolbox: why and when do public managers choose collaborative governance strategies?", *Policy Studies Journal*, Vol. 45, No. 1, pp. 191-214.

与私营组织、NGO、公众的关系不再是命令、控制,而是从等级和管理权威关系转向伙伴关系。在交互方式上,由传统的政府强制性控制方式转为多样化的柔性治理方式。合作治理为公共事务管理带来创新的动力和空间,有利于提高政府治理水平,为公众提供更有效的公共产品和服务。

公共文化服务市场型供给合作治理中,主要参与主体为政府和私营组织。双方合作时的交换资源包括运作性资源和治理性资源。运作性资源指可完全交换的具备物理形态的自有资源,一旦双方进入互动状态,则资源会相应地减少,如资金和专业技能等。治理性资源指在环境互动过程中获得的交互性状态或能力,可部分交换或共享,如公共权力和合法性等。政府和私营组织的策略集都为(合作,不合作)。当双方都选择合作时,己方会充分信任对方,不追求缔结完备合同,政府不采取监督措施,为分担风险会通过财政专项资金对项目建设和运营成本进行一定比例的补偿。私营组织积极合作,在与政府的积极互动中,能够分享到政府的治理性资源进而增加收益,双方实现利益最大化。当政府选择合作、私营组织选择不合作时,政府收益会因私营组织运行性资源投入不足而下降,私营组织因减少投入获得额外收益,但将失去因获取政府治理性资源带来的收益。当政府选择不合作而私营组织选择合作时,政府会采取监督措施,并充分谈判、追求合同完备,进而增加交易成本降低收益。私营组织会积极合作,收益保持不变,并获得部分政府的治理性资源。当双方都不合作时,政府会通过监督发现私营组织的机会主义行为,并对其进行惩罚,私营组织也将失去部分政府的治理性资源,双方收益都会下降。上述情形没有考虑公众参与,如果公众参与合作治理,将会通过监督反馈机制,实现对政府和私营组织的有效监督,影响双方收益,最终影响策略选择。根据上述公共文化服务市场型供给合作治理情境的描述,定义相关参数如下:

公共文化服务包括设施、产品、活动等内容,因此项目成本通常由建设成本和运营成本构成。[①] I_1 为公共文化服务项目的建设成本，I_2 为公共文化服务项目的运营成本，其中 I_1，$I_2 \geq 0$。

基于利益共享、风险共担原则，政府对私营组织的建设及运营风险进行成本补偿，α 为建设成本补偿系数，β 为运营成本补偿系数，政府补偿额度分别为 αI_1 和 βI_2，其中 $0 < \alpha$，$\beta < 1$。

C_1 为政府积极合作，信任私营组织，不追求完备的合同时，双方的交易成本，C_2 为政府不合作，选择监督，并追求完备合同时，双方的交易成本，C_3 为政府的监督成本。信任可以提升合作水平，降低交易成本[②③④⑤]，因此假设 $C_2 > C_1 > 0$，$C_3 > 0$。

R_1 为私营组织积极合作时，项目为政府带来的收益，包括社会收益（如提升群众满意度）和政绩收益（如完成上级指标为晋升积累的政绩）。[⑥] R_2 为私营组织不合作时政府的收益。当私营组织不合作时，其会减少运行性资源（如专业技能和服务网络等）的投入，进而降低政府收益，所以 $R_1 > R_2 > 0$。

R_3 为私营组织的基础收益。当私营组织积极合作时，在长期合作中将获得部分政府的治理性资源（如社区中合法性和权威性）[⑦]，有利于为其开展其他事务节省开支、增加收入，进而获得治理性收益 $W(>0)$。当私营组织不合作时，通过减少运作性资源投入可获得机会

---

① 魏鹏举、戴俊骋：《中国公共文化经济政策探析》，《中国行政管理》2016 年第 12 期。

② Buvik M P, Tvedt S D, "The influence of project commitment and team commitment on the relationship between trust and knowledge sharing in project teams", *Project Management Journal*, Vol. 48, No. 2, 2017, pp. 5-21.

③ Lumineau F, "How contracts influence trust and distrust", *Social Science Electronic Publishing*, Vol. 43, No. 5, 2014, pp. 1553-1577.

④ Ye H, Kankanhalli A, "Solvers' participation in crowdsourcing platforms: examining the impacts of trust, and benefit and cost factors", *Journal of Strategic Information Systems*, Vol. 26, No. 2, 2017, pp. 101-117.

⑤ 王雪青、许树生、徐志超：《项目组织中发包人风险分担对承包人行为的影响——承包人信任与被信任感的并行中介作用》，《管理评论》2017 年第 5 期。

⑥ 陈水生：《项目制的执行过程与运作逻辑——对文化惠民工程的政策学考察》，《公共行政评论》2014 年第 3 期。

⑦ 敬乂嘉：《从购买服务到合作治理——政社合作的形态与发展》，《中国行政管理》2014 年第 7 期。

主义收益 E，若政府监督，则会发现私营组织的投机行为，对其进行惩罚，金额为 F，假设 $F>E>0$。

随着民主行政纵深推进，在公民本位理念支撑下，公众参与公共事务管理诉求日益增加。[①②③④⑤⑥] 以结果为导向的公众评价结果，能够成为政府部门奖优罚劣、社会力量改进运营方式的重要依据。当公众参与治理时，公众对服务的满意度会通过监督机制，反馈到当地政府和上级政府，此时若私营组织不合作，则政府就会收到上级主管部门的惩罚 $K_1(>0)$，私营组织会受到惩罚 $K_2(>0)$，包括上级政府的绩效惩罚，若在市场机制下还会受到公众"用脚投票"的惩罚。

（二）合作治理中政府和私营组织演化博弈分析

1. 公众未参与下政府和私营组织演化博弈模型

公众未参与公共文化服务治理情形下，当双方都选择合作策略时，政府充分信任私营组织减少谈判次数，降低交易成本，按约定进行补偿，政府的效用为 $U_a^1=R_1-(\alpha I_1+\beta I_2+C_1)$。私营组织积极投入专业技术等运作性资源，分享到政府治理性资源并获得治理性收益。如政府的业务委托为私营组织的公共性进行了背书，使其取得社区信任，为开展其他项目降低成本、增加收入，私营组织效用为 $U_b^1=R_3-[(1-\alpha)I_1+(1-\beta)I_2+C_1]+W$。当政府选择合作私营组织不合作时，政府收益会因私营组织减少运作性资源投入而下降，政府效用为 $U_a^2=R_2-(\alpha I_1+\beta I_2+C_1)$，因缺乏监督政府仍会补偿，私营组织会获得投机收益，但将失去治理性收益，私营组织效用为 $U_b^2=R_3-[(1-\alpha)I_1+(1-$

---

① 曾莉、李佳源、李民政：《公共服务绩效评价中公众参与的效度研究——来自 Z 市基层警察服务的实证分析》，《管理评论》2015 年第 3 期。

② 雷宇：《慈善、"伪善"与公众评价》，《管理评论》2015 年第 3 期。

③ 龚文娟：《环境风险沟通中的公众参与和系统信任》，《社会学研究》2016 年第 3 期。

④ 侯璐璐、刘云刚：《公共设施选址的邻避效应及其公众参与模式研究——以广州市番禺区垃圾焚烧厂选址事件为例》，《城市规划学刊》2014 年第 5 期。

⑤ 王树文、文学娜、秦龙：《中国城市生活垃圾公众参与管理与政府管制互动模型构建》，《中国人口·资源与环境》2014 年第 4 期。

⑥ 张廷君：《城市公共服务政务平台公众参与行为及效果——基于福州市便民呼叫中心案例的研究》，《公共管理学报》2015 年第 2 期。

$\beta)I_2+C_1]+E$。当政府不合作私营组织合作时，为追求完备合同的谈判将增加双方交易成本，政府效用为 $U_a^3=R_1-(\alpha I_1+\beta I_2+C_2+C_3)$，私营组织效用为 $U_b^3=R_3-[(1-\alpha)I_1+(1-\beta)I_2+C_2]+W$。当政府和私营组织都不合作时，双方交易成本增加，私营组织得到投机收益失去治理性收益，同时在政府监督下会受到一定金额的惩罚，政府效用为 $U_a^4=R_2-(\alpha I_1+\beta I_2+C_2+C_3)+F$，私营组织效用为 $U_b^4=R_3-[(1-\alpha)I_1+(1-\beta)I_2+C_2]+E-F$。公众未参与公共文化服务治理情形下，政府和私营组织博弈支付矩阵如表5-3所示。

表5-3　　公众未参与下政府和私营组织演化博弈支付矩阵

		私营组织 B	
		合作	不合作
政府 A	合作	U_a^1, U_b^1	U_a^2, U_b^2
	不合作	U_a^3, U_b^3	U_a^4, U_b^4

假设政府选择合作的概率为 x，选择不合作的概率为 $1-x$。私营组织选择合作的概率为 y，选择不合作的概率为 $1-y$。整理可得双方博弈的五个均衡点分别为 $(0,0)$，$(0,1)$，$(1,0)$，$(1,1)$，(x^*, y^*)，其中 $x^*=\dfrac{E-F-W}{-F}$，$y^*=\dfrac{C_1-C_2-C_3+F}{F}$。

根据成为ESS的条件可知，当 $W>E$ 时，$(1,1)$ 为ESS，表示当私营组织积极合作的治理性收益大于投机收益时，政府和私营组织将选择积极合作策略，演化轨迹如图5-7（a）所示。当 $W<E$ 且 $C_2+C_3-C_1>F$ 时，$(1,0)$ 为演化稳定策略，表示当私营组织的治理性收益小于投机收益，且政府惩罚收入不能补偿不合作时的成本增加值时，政府会选择合作，私营组织会选择不合作，演化轨迹如图5-7（b）所示。当 $W<E$ 且 $C_2+C_3-C_1<F$ 时，系统没有演化稳定策略，处于无限循环状态，政府和私营组织没有占优策略，演化轨迹如图5-7（c）所示。演化博弈的结果表明，公众未参与合作治理情形下，因积极合作可以节省交易成本，政府最终都会选择积极合作，而私营组织

会根据治理性收益与投机收益的比较，选择合作或者不合作。

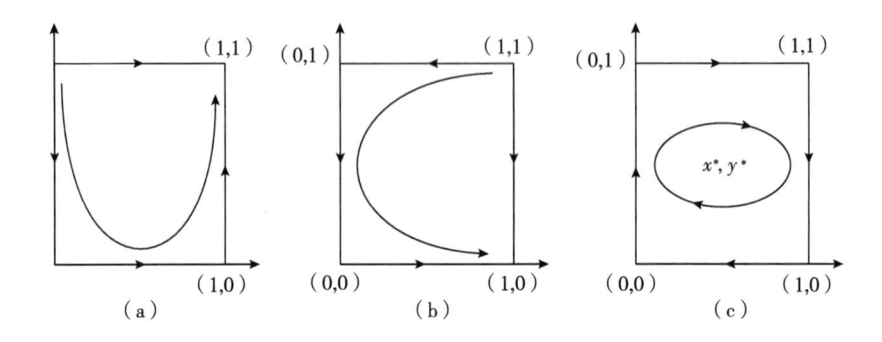

图 5-7　政府和私营组织演化博弈策略选择轨迹

2. 公众参与下政府和私营组织演化博弈模型

公众参与公共文化服务治理情形下，私营组织不积极合作会引发公众不满。对于政府，公众通过信息反馈机制，将结果反馈给上级政府，使其受到上级政府的惩罚（K_1）。对于私营组织，公众可通过市场机制采取"用脚投票"的方式减少其收入，或者通过反馈给上级政府，通过行政手段对其进行惩罚（K_2）。公众参与公共文化服务治理情形下，政府和私营组织演化博弈支付矩阵如表 5-4 所示。

表 5-4　　　　公众参与下政府和私营组织演化博弈支付矩阵

		私营组织 B	
		合作	不合作
政府 A	合作	U_a^1, U_b^1	$U_a^2-K_1$, $U_b^2-K_2$
	不合作	U_a^3, U_b^3	$U_a^4-K_1$, $U_b^4-K_2$

整理得政府和私营组织演化博弈均衡点分别为（0，0），（0，1），（1，0），（1，1），（x^*，y^*），其中，$x^* = \dfrac{E-F-W-K_2}{-F}$，$y^* = \dfrac{C_1-C_2-C_3+F}{F}$。

根据成为 ESS 的条件计算可知，当 $W>E-K_2$ 时，（1，1）为 ESS，表示私营组织的治理性收益大于投机收益与公众监督惩罚差值时，双方将选择积极合作策略。当 $W<E-K_2$ 且 $C_2+C_3-C_1>F$ 时，（1，0）为 ESS，表示私营组织的治理性收益小于投机收益与公众监督惩罚差值，且政府惩罚收入不能补偿不合作的成本增加值时，政府会合作私营组织则不合作。当 $W<E-K_2$ 且 $C_2+C_3-C_1<F$ 时，系统没有演化稳定策略，处于无限循环状态。公众参与和公众未参与情形下，演化博弈系统全局稳定点、鞍点和不稳定点保持一致，因此图 5-7 同样可以描述公众参与时，政府和私营组织演化博弈均衡策略的选择轨迹。演化博弈的结果表明，公众参与合作治理情形下，政府最终都会选择积极合作。而私营组织会根据治理性收益与投机收益减去公众监督惩罚差额的比较，选择合作或者不合作。

（三）数值模拟

公众参与和未参与公共文化服务市场型供给合作治理的情形，在当前构建现代公共文化服务体系的实践中都有发生。下面通过两个公共文化服务供给项目案例，对治理主体决策进行数值模拟，验证前文结论。

1. G 县"送戏下乡"项目

为深入实施文化惠民工程，2015 年 G 县开展送戏下乡活动，要求各乡镇每年组织送戏下乡不少于 6 场，每场演出不少于 10 个节目，演出时间不低于 90 分钟，合作文艺企业演员阵容需 20 人以上。各乡镇文化站负责辖区内演出监督与管理，县文化、广播电视与新闻出版相关部门（以下简称文广新局）将采取不定期抽查等方式对演出场次、演出时间、演出质量等情况进行监督检查，一旦发现弄虚作假就采取取消下一年度的演出任务、停拨下一年度补助经费等相应处罚。文化企业完成本年度演出任务后，需持演出情况反馈单和正式税务发票至区文广新局统一结算。G 县完成全年 150 场送戏下乡活动计划，但群众反响并不热烈，甚至出现某歌舞剧团到一个村演出时，台下仅坐十多名观众的情形，看的人索然无味，演的人也无精打采。G 县的送戏下乡活动成了脱离基层公共文化服务需求的"钓鱼工程"。根据上述描述对参数进行设置，$x=y=0.5$，$R_1=9000$，$R_2=5000$，$R_3=6000$，$\alpha=\beta=I_1=0$，$I_2=4000$，$C_1=500$，$C_2=800$，$C_3=500$，$F=1500$时，分别取 $E=1000$，$W=1500$ 和 $E=1000$，$W=500$（单位：元），对送戏下乡活动合作治理主体决策进行数值模拟，结果如图 5-8 所示。当 $W>E$ 时，x，y 最终向 1 靠近，表明（合作，合作）为乡镇文化站和文艺企业的演化稳定策略，此时双方会积极合作。当 $W<E$ 且 $C_2+C_3-C_1>F$ 时，x 向 1 靠近，y 则向 0 靠近，表明（合作，不合作）为乡镇文化站和文艺企业的演化稳定策略，此时乡镇文化站仍会积极合作，但是文艺企业会采取投机行为。结论与上文一致。

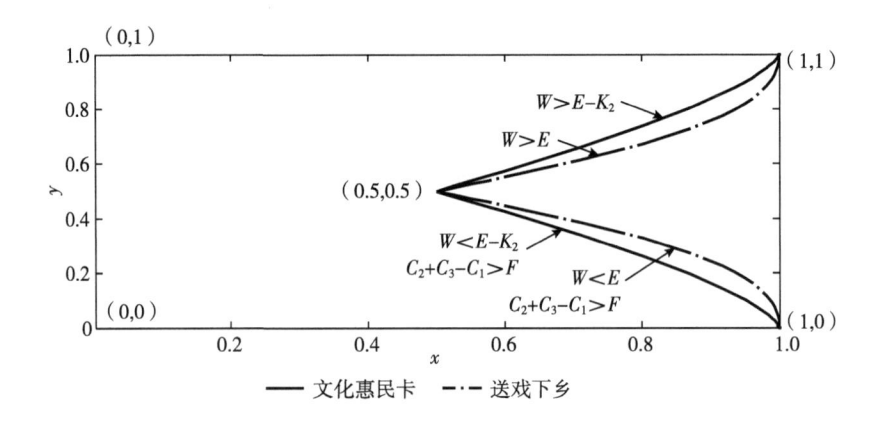

图 5-8　公共文化服务市场型供给合作治理主体决策演化

2. 天津文化惠民卡项目

天津文化惠民卡由天津北方演艺集团在天津市委宣传部、天津财政局、天津市文广新局组织指导下，联合天津市 11 家文艺院团于2015 年发行的实名制会员卡。2015 年首发 6 万张，2016 年新增发 4 万张，2018 年累计发行总量已超过 14 万张。当前，每张文化惠民卡政策是，个人充值 150 元政府补贴 350 元，充值 200 万元政府补贴400 元，可购买 38 家文艺院团折扣演出票。此外，卡内额度消费完后，可继续享受 3—9 折优惠。自天津文化惠民卡推出以来，惠民演出 7000 多场，很多演出上座率从之前的不足五成达到了 100%，惠民达220万人次。文化惠民卡不仅满足了群众文化需求，也逐渐培育起了文化消费市场。为占得市场先机，一些剧团专门成立节目评审小组确保演出质量，建立策划营销部加大宣传力度，并通过市场反馈及时调整剧目内容和演出安排。文化惠民卡的推出，也让剧团将更多精力放在节目编排和人才培养上，形成了"观众—院团—市场"的良性循环。文化惠民卡项目是对观众进行补偿，而非对演艺集团补偿。当设置 $x = y = 0.5$，$R_1 = 200$，$R_2 = 100$，$R_3 = 100$，$\alpha = \beta = I_1 = 0$，$I_2 = 60$，$C_1 = 10$，$C_2 = 15$，$C_3 = 10$，$F = 30$，$K_1 = 10$，$K_2 = 8$ 时，分别取 $E = 15$、$W = 10$ 和 $E = 15$、$W = 5$（单位：元），对治理主体决策进行数值模拟，结果如图5-8所示。从图中可以看出，当 $W > E - K_2$ 时，x，y 最终向1靠近，表明（合作，合作）为政府和文艺院团的演化稳定策略，此时双方是积极合作。当 $W < E - K_2$ 且 $C_2 + C_3 - C_1 > F$ 时，x 向1靠近，y 则向0靠近，表明（合作，不合作）为政府和文艺院团的演化稳定策略，此时政府仍会积极合作，但是文艺院团会采取投机行为。结论与上文一致。

（四）合作共赢的原因分析

上文通过演化博弈分析，推导出公共文化服务市场型供给合作治理下，政府抑制私营组织机会主义行为的决策临界值。但是，政府与私营组织实现积极合作，并不意味着公共文化服务供给的现实效果就好。由于我国公共文化服务多以项目制开展，因此，地方政府的利益诉求并不一定与公众利益诉求一致。[1][2][3][4] 具体原因主要在于项目制的内在运作逻辑冲突：一是中央主导逻辑与地方自主性逻辑的冲突。两者都是中央通过科层体系对项目形式进行管理，将构建现代公共文化服务体系的国家意志逐级传导到地方政府的文化实践活动。中央为

---

[1] 段小虎、张惠君、万行明：《政府购买公共文化服务制度安排与项目制"文化扶贫"研究》，《图书馆论坛》2016年第4期。
[2] 陈家建：《项目制与基层政府动员——对社会管理项目化运作的社会学考察》，《中国社会科学》2013年第2期。
[3] 管兵、夏瑛：《政府购买服务的制度选择及治理效果：项目制、单位制、混合制》，《管理世界》2016年第8期。
[4] 渠敬东：《项目制：一种新的国家治理体制》，《中国社会科学》2012年第5期。

方便管理规定统一的标准，压抑了地方的自主性和需求的多样性。二是迎检逻辑与服务逻辑的冲突。两者都是追求行政任务的文化实践。尤其是送戏下乡活动，基层文化站对上级命令的重视远高于创造公共价值的目标。基层文化站只关心完成上级部门规定的量化指标如演出场次、演出时间等，进而追求自身的政绩，而对演出内容和公众反响并不关心。基层文化站遵循的是应付上级的"迎检逻辑"而非服务公众的"服务逻辑"。

虽然G县送戏下乡活动和天津文化惠民卡项目都具有项目制运作的逻辑冲突：中央主导逻辑与地方自主性逻辑、迎检逻辑与服务逻辑的冲突共性。但运行结果却大相径庭，G县的送戏下乡惠民公共工程，成了脱离群众的"钓鱼工程"。而天津文化惠民卡项目却成功避免冲突，满足公众文化需求，形成政府、剧团、公众多赢的局面。通过对比分析发现，虽然上述实践中政府与私营组织都形成了积极合作的局面，但是送戏下乡缺乏公众参与，而天津文化惠民卡却成功引入了公众，形成了三方合作治理。通过对比分析，总结出公众治理缺失的原因主要包括以下两个方面：第一，政府越位评价。文化惠民卡项目中，剧团通过市场运作提供服务获取收入，公众可以采取"用脚投票"对剧团进行监督。在市场机制下，为占得市场先机，剧团能迅速发现并满足公众文化需求。送戏下乡，虽然政府也通过市场竞争机制遴选文化企业，并参考演出质量发放补贴。但是，实践中对演化内容的评价与监督都由政府管理人员"代办"，只要演出数量、演出时间、剧团人员等量化指标达标，就能得到政府补贴，公众反馈对其收益影响甚微。这就造成文化企业只会选择满足地方政府应对上级检查的要求，进而获得地方政府补贴及治理性收益，而忽视公众需求。最终导致送戏下乡实践效果差，但是政府和文化企业依然能长期合作的现象。第二，政府补贴方式不同。文化惠民卡是直接补贴公众，即将自主选择权交给公众，公众选择观看符合自身偏好的演出，淘汰不满足自身需求的演出，最终实现供给侧和需求侧的有效匹配，实现公共文化服务的优胜劣汰。送戏下乡是直接补贴文化企业，压抑了公众的自主选择权，演出节目基本由文化企业和政府决定，必然会使公共文化服务供给偏离需求。

本章小结

公共文化服务市场型供给模式，对解决新时代公共文化服务供给困境具有重要作用。但是，实施过程中也存在私营组织参与积极性不高、机会主义行为倾向的问题，所以需要通过一定的补偿和治理措施克服实施阻力。因此，本章分别对公共文化服务市场型供给模式的补偿机制和治理机制进行研究，以推动政府进行科学补偿、维护公共文化服务公共价值。

首先，通过理论分析和文献回顾提出本章具体研究的问题：一是研究 PPP 引导基金模式下，公共文化服务设施项目供给的补偿机制决策问题；二是基于合作治理理论，对市场型合作供给模式治理机制进行研究，推动实现多方共赢。

其次，针对 PPP 引导基金模式下公共文化服务设施项目供给的补偿问题，提出亏损补偿和收益补偿两种补偿机制，并通过构建演化博弈模型，求解出政府决策临界值，为提高政府补偿效率、缓解财政压力、提升私营组织参与积极性提供决策参考。

最后，针对公共文化服务市场型供给治理中，政府与社会力量关系不平等的问题，引入了合作治理理论，通过构建演化博弈模型，求解出政府和私营组织积极合作的边界条件，并结合供给实践对比分析，进一步指出形成政府、私营组织和公众合作共赢局面的参考路径。本章研究结论，一方面有利于政府通过科学补偿高效地吸引私营组织参与供给，另一方面有利于抑制私营组织机会主义行为，维护公共文化服务的公共价值。

第六章 志愿型供给模式的民间文艺组织引导研究

第五章分别从补偿机制和治理机制对市场型供给模式进行了研究。首先,本章通过分析提出志愿型供给模式研究方向,即引导民间文艺组织发展。其次,依据云雾青春社的形成与发展经验,分析民间文艺组织成功运作的关键要素。最后,基于云雾青春社的核心活动"云林春晚",构建公共产品博弈模型,探究不同要素对民间文艺组织持续稳定运行的影响。研究结论为政府科学引导民间文艺组织发展、促进我国文化类 NGO 涌现、提高文化类 NGO 独立性提供理论参考。

第一节 志愿型供给模式研究方向提出

一 我国文化类 NGO 发展不足

(一) 文化类 NGO 规模较小

自 2007 年党的十七大报告开始将 NGO 引入公共文化建设领域以来,我国文化类 NGO 进入快速发展车道,数量和地域范围都在不断扩大。中国文化及相关产业统计年鉴显示,截至 2018 年年底,全国文化类 NGO 已达到 68744 家,覆盖 31 个省份。[①] 我国文化类 NGO 得到一定程度的发展,但总体规模依然较小。从表 6-1 中可以看出,虽

---

① 国家统计局社会科技和文化产业统计司、中宣部文化体制改革和发展办公室:《中国文化及相关产业统计年鉴(2021)》,中国统计出版社 2021 年版,第 147 页。

然 2007—2018 年我国文化类 NGO 呈现逐年增长态势,但是截至 2018 年,全国文化类 NGO 占各类 NGO 比重仍未超过 9%。2018 年,文化社会团体占比最高为 11.43%,文化基金会占比只有 4.19%,民办非企业文化单位占比也仅为 5.99%。上述结果表明,当前我国文化类 NGO 规模仍然较小,还无法满足新时代公共文化服务供给需求。因此,我国仍然需要积极培育文化类 NGO,进一步扩大其规模,进而满足新时代人民群众日益增长的精神文化需求。

表 6-1　2007—2018 年全国文化类 NGO 占各类 NGO 比重情况　　单位:%

年份	文化类 NGO	文化社会团体	文化基金会	民办非企业文化单位
2007	5.78	7.87	8.58	3.21
2008	6.08	8.07	5.89	3.57
2009	6.26	8.24	6.13	3.78
2010	6.55	8.54	6.36	4.10
2011	6.81	8.81	7.04	4.33
2012	7.17	9.24	6.01	4.71
2013	7.13	9.38	6.00	4.59
2014	7.34	9.71	5.90	4.85
2015	7.53	10.03	5.41	5.05
2016	7.59	10.41	4.64	5.00
2017	7.86	10.86	4.22	5.26
2018	8.41	11.43	4.19	5.99

资料来源:根据中国文化及相关产业统计年鉴 2021 年和 2022 年数据整理。

(二) 文化类 NGO 独立性较低

除规模较小外,我国不少文化类 NGO 存在独立性较低的特点。表 6-2 中列出了 2007—2018 年,我国文化社会团体、文化基金会和民办非企业文化单位分别占文化类 NGO 总数的比例。从表中可以看出,2007—2018 年,文化社会团体比重有所下降,从 74.57% 下降至

60.86%；文化基金会比重保持较小浮动，变化不大；民办非企业文化单位比重有所上升，从24.92%上升至38.71%。但从总体上看，我国文化社会团体占文化类NGO比重仍然较高。

表6-2　2007—2018年全国文化类NGO各类别所占比例情况　　单位：%

年份	文化社会团体	文化基金会	民办非企业文化单位
2007	74.57	0.51	24.92
2008	73.77	0.37	25.86
2009	72.95	0.42	26.63
2010	71.71	0.48	27.81
2011	71.38	0.58	28.04
2012	69.92	0.51	29.57
2013	69.49	0.55	29.97
2014	67.65	0.55	31.80
2015	66.16	0.52	33.32
2016	65.61	0.48	33.90
2017	64.42	0.44	35.14
2018	60.86	0.43	38.71

资料来源：《中国文化及相关产业统计年鉴》（2021年和2022年）。

我国文化社会团体按性质可分为协会、学会、研究会、促进会、一般社团、联谊会、联盟等，其中协会占比高达51%、学会占19%、研究会占18%、剩余分类占12%。[1] 一方面，根据《社会团体登记管理条例》，我国文化社会团体受"双重管理"体制限制，其容易演变成为政府的延伸机构。另一方面，文化社会团体中比重较高的协会、学会、研究会等多由政府主导建立，如中国作家协会等直接由

---

[1] 景小勇：《文化宏观管理主体研究》，博士学位论文，中国艺术研究院，2012年，第67—75页。

政府组建，对外文化交流协会等则由政府相关部门组建，文化系统内部的各类学会、研究会则在党政倡导下组建。①政府主导建立，表明了体制内的官方支持是这些文化社会团体合法性的保障，也凸显出其"体制内"特征。通过上述分析可知，当前文化社会团体占文化类NGO比重较高，同时它们又受"双重管理"体制限制，且多由政府主导建立。因此，我国许多文化类NGO独立性较低。

二 引导民间文艺组织

借鉴清华大学王名等的研究成果，本书将民间文艺组织定义为，区别于政府和私营组织的，具有非营利性、非政府性、志愿性和自治性等特征，提供公共文化服务的，但是又不具备登记条件的民间公益组织。①

为扩大我国文化类NGO规模，并且提高其独立性，我国政府采取了以下两方面措施：一方面，在政策法规上，大力支持文化类NGO的培育工作。如党的十八届三中全会《中共中央关于全面深化改革若干重大问题的决定》明确提出"培育文化非营利组织"，《关于加快构建现代公共文化服务体系的意见》指出要"培育和规范文化类社会组织"，《公共文化服务保障法》规定"国家倡导和鼓励公民、法人和其他组织参与文化志愿服务"。在政策鼓励下，我国涌现出一批如上海华爱社区管理服务中心、无锡全中文化公司、北京悠贝亲子图书馆等独立性较高、业务承接能力较强的文化类NGO。另一方面，国家积极出台相关政策提高文化类NGO独立性。如为促进文化行业协会和商会的规范发展，中办、国办出台了《行业协会商会与行政机关脱钩总体方案》等文件。2017年文化部下发通知，其已不再担任中国文化产业促进会、中国大众音乐协会、中国硬笔书法协会等6家协会业务主管单位。截至2017年8月，我国已有27家全国性文化类行业协会、商会与民政部完成脱钩，如表6-3所示。

---

① 王名、陶传进：《中国民间组织的现状与相关政策建议》，《中国行政管理》2004年第1期。

表 6-3 截至 2017 年 8 月已与民政部脱钩的全国性文化类行业协会、商会名单

序号	名称	序号	名称
1	中国演艺设备技术协会	15	中国旅游协会
2	中国信息产业商会	16	中国旅游文化资源开发促进会
3	中国文化信息协会	17	中国经济传媒协会
4	中国文化管理协会	18	中国行业报协会
5	中国文化产业协会	19	中国工业摄影协会
6	中国体育用品业联合会	20	中国服务贸易协会
7	中国体育集邮与收藏协会	21	中国电子音响行业协会
8	中国体育场馆协会	22	中国电子视像行业协会
9	中国书画收藏家协会	23	中国电力报刊协会
10	中国收藏家协会	24	中国大学出版社协会
11	中国少数民族体育协会	25	中国城市雕塑家协会
12	中国少数民族美术促进会	26	全国商报联合会
13	中国拍卖行业协会	27	全国报纸自办发行协会
14	中国民族民间工艺美术家协会	—	—

资料来源：根据公开资料整理。

上述政策有利于扩大我国文化类 NGO 规模，提高其独立性，进而为破除志愿型供给模式的实施阻力提供支持。本书认为除上述政策外，政府还应当采取针对性措施，积极引导民间文艺组织发展。原因在于：第一，民间文艺组织独立性高。民间文化组织通过自下而上的形式由基层群众自发组成，因此其独立性高，更易发现和满足群众的基本文化需求。第二，民间文艺组织是独立性高的文化类 NGO "孵化期"的重要形式。独立性高的文化类 NGO 的形成，不会一蹴而就，而是要经过长期"孵化"后，才能成长为规范的文化类 NGO。民间文艺组织是文化类 NGO "孵化期"的重要形式之一，因此对其进行科学引导，有利于培育出独立性高的文化类 NGO。第三，我国民间文艺组织规模庞大。2017 年我国有 30 多万个群众业余文艺团队，还有

数量众多的以"文化能人"为核心的自发文艺组织。① 这些数量庞大的民间文艺组织，为我国培育出一大批能够适应公共文化服务发展需求的，独立性高的文化类 NGO 提供了巨大基础支持。

综上所述，本章以浙江安淳云雾青春社为案例，分析促进民间文艺组织成功运作的关键因素，并基于云雾青春社的核心活动"云林春晚"，构建公共产品博弈模型，探究不同要素对民间文艺组织持续稳定运行的影响，进而为科学引导民间文艺组织健康稳定发展、促进文化类 NGO 涌现、提高其独立性提供路径参考。

第二节　民间文艺组织的成功经验

一　"云雾青春社"的形成与发展

云雾青春社是浙江省安淳县云林村的一个民间文艺组织，其成立至今已有 10 个年头，有 40 多名正式成员，加上非正式成员共有 100 多人。它是一个典型的通过自下而上形式，由群众自发成立的民间组织。自成立以来，云雾青春社以承办每年的"云林春晚"为主，除此之外，还负责组织"云林风筝文化节"、暑期支教等活动，极大地丰富了云林村及周边村民的精神文化生活。

云雾青春社是以"云林春晚"为载体形成和发展起来的。2008 年第一届云林春晚，由云林村村干部自筹设备，组织村民举办。晚会取得了极大的成功，获得村民的一致好评。村干部的热情和付出，感动了村里的大学生，因此，为了丰富村民的精神文化生活，将"云林春晚"延续下去，他们主动发起成立了云雾青春社，并积极负责每年"云林春晚"的筹备工作。经过云雾青春社成员的积极努力，除本村村民外，"云林春晚"还吸引了邻村村民的观看。2010 年，"云林春晚"还得到了安淳县汾口镇政府的支持，并首次与云雾青春社合作举

---

① 李国新：《文化类社会组织是政府购买公共文化服务的主要力量》，《中国社会组织》2015 年第 11 期。

办晚会。此后，每年的"云林春晚"，基本形成了由云雾青春社发起和策划，政府、企业和公众给予资金和实物支持的合作供给局面。"云林春晚"的连续成功举办，丰富了云雾青春社成员的经验，大大地增加了成员的信心，也使这个民间文艺组织真正"落了地、生了根"。随着云林村被设立为杭州市"春泥计划"试点单位之一，云雾青春社逐渐开展了暑期支教活动、"风筝文化节"和青年座谈会等文化活动。云雾青春社的成立与成长，不仅丰富了当地村民的精神文化生活，还为我国如何科学引导民间文艺组织发展提供了宝贵的经验。

二 "云雾青春社"成功运作关键因素分析

从云雾青春社的成立和发展过程来看，本书认为，促进其不断成长壮大的关键因素主要包括以下几个方面。

一是依托核心文化活动。从云雾青春社的成立来看，其成立之初的简单愿景就是能够每年为村里举办"云林春晚"，丰富村民的精神文化生活。如果没有"云林春晚"这一活动作为载体，这个组织就不会成立，也就没有其后续的成长。从云雾青春社的发展过程来看，"云林春晚"同样扮演着至关重要的角色，凭借"云林春晚"的成功举办，云雾青春社的群众基础越来越牢固，同时也获得了政府、企业的资助。因此，依托并举办好一个核心文化活动，能够为推动民间文艺组织成长奠定坚实基础。

二是拥有具备奉献精神的组织者。第一届"云林春晚"是由村干部自筹设备，组织举办的一次晚会。从第二届开始，晚会由大学生志愿者，负责组织承办。无论是第一届晚会时的村干部还是此后的大学生志愿者，他们对"云林春晚"的连续成功举办都起着至关重要的作用。晚会筹备过程中，他们不仅提供人力、物力支持还提供财力支持。筹集资金、编排节目、布置场地等都离不开组织者背后辛勤的付出。因此，没有这些具备奉献精神的组织者，"云林春晚"也不会得到村民的认可，云雾青春社也就不会成立和成长起来。

三是获得群众的广泛支持。云雾青春社凭借对"云林春晚"的连续成功举办，获得了大量本村和邻村村民的认可和支持。每年正月初一看"云林春晚"已成为村民的潜在共识，村民不仅捧人场，并且还积极捐款,为晚会的成功举办贡献自己的一份力量。正是因为村民的广泛支持,晚会有了现实意义,也正是村民的口口相传,为"云林春晚"带来了良好的口碑,使云雾青春社得到了政府和企业的关注和支持。因此,广泛的群众支持,是云雾青春社能够持续成功运作的至关重要的因素。

因此,本章以云雾青春社的核心活动"云林春晚"为背景,纳入组织者、普通村民等关键因素,构建公共产品博弈模型,探究不同要素对云雾青春社持续成功运作的影响,为科学引导民间文艺组织发展提供决策参考。

第三节 基于民间文艺组织的公共产品博弈模型

一 "云林春晚"筹款问题简述

"云林春晚"是云雾青春社的核心活动,也是云雾青春社能够形成与发展的重要载体。筹款问题是大多数公益组织举办活动时面临的主要障碍,解决好筹款问题,对民间文艺组织的发展具有重要意义。虽然"云林春晚"同样面临着筹款问题,但是它却能够在活动和筹款之间找到平衡点,在云雾青春社的组织下,晚会已经连续成功举办了10届。当前"云林春晚"虽然受到了政府和企业的支持,但村民的捐款仍然是其资金的主要来源,如2017年,晚会共筹款28336元,其中汾口镇政府资助6000元,企业未给予资金资助,村民捐款22336元,村民捐款占筹款总额比重高达78.8%。如果说云雾青春社的成功在于举办好了"云林春晚",那么举办好"云林春晚"的关键就在于组织者能够积极调动村民的捐款意愿。

"云林春晚"筹款时,村民完全以自愿方式进行捐款,捐款完成后村里会将捐款名单张贴在公告栏,对捐款者表示感谢。当然不捐款的村民,也可以免费观看晚会,不会强制要求捐款。作为组织者的村民,一般情况下不捐款,但是当他们发现筹备资金仍然不足时,也会捐款。捐款的普通村民中，有不少是因为被大学生的热情感染，所以捐款给予鼓励。部分村民，因为"云林春晚"丰富了自身的文化生活，所以愿意捐款。还有些村民为了支持家乡举办公共文化活动，所以给予支持……村民的捐赠理由各式各样，但正是他们的大力支持才弥补了晚会的资金缺口，使晚会一次次成功举办。因此，下文基于"云林春晚"研究不同因素对捐赠总额和村民捐款意愿的影响，为科学引导民间文艺组织持续稳定发展提供决策参考。

二　模型构建

公共产品博弈模型以"云林春晚"为背景，不考虑政府和企业，将模型中局中人分为合作者、不合作者和组织者三种类型。合作者为捐款的普通村民，不合作者为不捐款的普通村民，组织者为组织晚会的村民，即云雾青春社的志愿者。合作策略为捐款，不合作策略为不捐款。合作者和不合作者都基于个人目标做决策，是受利益和情感因素影响的有限理性人，合作者会为晚会捐款，不合作者不捐款。组织者基于集体目标做决策。公共产品博弈模型建立在社会网络上，每个局中人有 k 个邻居，并参加 $k+1$ 次博弈。在初始阶段，设定合作者和不合作者数量相等，剩余为组织者。博弈中，每个局中人同时进行决策，任一合作者或不合作者 i 的收益可用式（6-1）表示：

$$P_i = \sum_{j \in \Omega_i} P_i^j = \sum_{j \in \Omega_i} \left(r \frac{c^j}{k_j + 1} - c_i \right) \tag{6-1}$$

其中，P_i 为局中人 i 的收益，Ω_i 为局中人 i 参与的公共产品博弈的集合，j 为 Ω_i 的一个公共产品博弈子集。$r(>1)$ 为协同因子，c^j 为合作者的捐赠额。k_j 为局中人 i 在公共产品博弈 j 中邻居数。c_i 为局中人 i 的捐赠额。若局中人 i 为合作者则 $c_i=1$，若为不合作者则 $c_i=0$。

假设筹款总额达到活动预算时，晚会才能实现预期效果；否则，晚会质量会下降，其中筹款总额为普通村民捐款总额与组织者捐款总额之和。在通常情形下，组织者不捐款，若普通村民捐款总额低于活动预算时，他们就会捐款。现实生活中，如果一项活动连续失败，人们对其成功的信心就会下降。所以，捐款的组织者比例与其捐款的间隔轮次成正比，即如果上一轮筹款总额低于活动预算，此轮普通村民

第六章 志愿型供给模式的民间文艺组织引导研究

捐款总额仍低于活动预算时，捐款的组织者比例就会降到一个固定阈值。本章构建一个指数函数如式（6-2）所示，描述捐款的组织者比例与捐款间隔轮次的关系，函数图像如图 6-1（a）所示。

$$f_o = 1 - \exp(1 - \theta_1 t_o) \tag{6-2}$$

其中，$f_o(0<f_o<1)$ 为捐款的组织者比例。t_o 为捐款间隔轮次，即组织者连续未捐款的轮次。θ_1 为意愿恢复系数，表示组织者恢复捐款意愿的速度，θ_1 与 f_o 呈正相关关系，f_o 初始值为 0.5。

活动中，利益最大化是合作者和不合作者进行决策的重要依据之一，在该原则下，合作者或不合作者 i 会模仿收益最高的邻居 j 的决策，其模仿概率如式（6-3）所示：

$$W(s_i \leftarrow s_j) = \frac{1}{1+\exp[(P_i-P_j)/\phi]} \tag{6-3}$$

其中，ϕ 为噪声系数，s_i 和 s_j 分别是合作者或不合作者 i 和邻居 j 的策略。P_i-P_j 表示局中人 i 和邻居 j 收益的差值。

除追求利益最大化以外，人们决策时还会受情感因素的影响，如活动中不少村民就因被组织者的辛勤付出感动而捐款。因此，假设组织者的捐款行为会给合作者和不合作者增加额外的合作概率 ω_h。其中，ω_h 是关于时间的减函数，即捐款行为的影响会随着时间增加而减弱。构建一个指数函数表示总额外合作概率 ω，如式（6-4）所示，体现总额外合作概率 ω 与时间的负相关关系，函数图像如图 6-1（b）所示。

$$\omega = \sum_{h=1}^{T} \omega_h = \sum_{h=1}^{T} \frac{\delta}{\exp[\theta_2(0.5t_h - 1)]} \tag{6-4}$$

其中，$\omega(\omega>0)$ 为总额外合作概率，θ_2 为积极系数，反映了捐款行为影响作用的减弱速度。θ_2 越大，额外合作概率 ω_h 随时间下降速度越慢；反之则越快。δ 为情感强度系数，表示组织者捐款行为对合作者和不合作者情感影响强度。T 表示组织者累计捐款的轮次，h 为组织者捐款的次序，ω_h 是第 h 次捐款增加的额外合作概率，$0<\omega_h<1$。t_h 表示组织者捐款后经历的轮次。

当组织者捐款后，筹款总额仍低于活动预算时，晚会质量就会下降。连续的低质量演出会增加合作者或不合作者的不合作概率 φ。但是，由于亲社会偏好的存在，尽管晚会演出质量不高，依然会有部分支持者，所以假设 $0<\varphi<0.5$。构建一个指数函数表示额外不合作概率 φ，如式（6-5）所示，其描述了额外不合作概率与晚会连续低质量演出次数的关系，函数图像如图6-1（c）所示。

$$\varphi=[1-\exp(1-\theta_3 t_d)]/2 \tag{6-5}$$

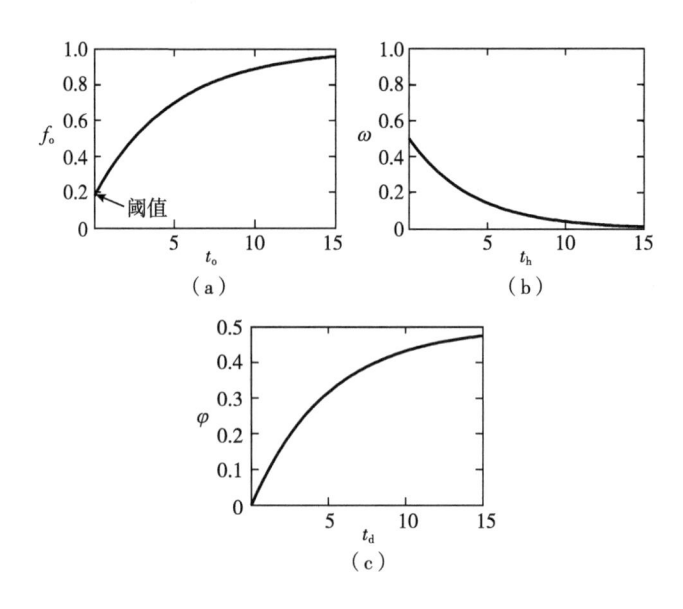

图 6-1 描述 f_o、ω、φ 与相关参数关系的指数函数图像

其中，$\varphi(0<\varphi<0.5)$ 为额外不合作概率，θ_3 为消极系数，反映低质量演出的持续消极影响，θ_3 与 φ 呈正相关关系。t_d 表示连续低质量演出的次数。

考虑到组织者捐款行为的积极影响和低质量演出的消极影响，合作者和不合作者最终更新策略的概率如式（6-6）所示。

$$W(s_i \leftarrow s_j)=\begin{cases} \dfrac{1}{1+\exp[(P_i-P_j)/\varphi]}+\omega-\varphi & c_j>0 \\ \dfrac{1}{1+\exp[(P_i-P_j)/\varphi]}-\omega+\varphi & c_j=0 \end{cases} \tag{6-6}$$

第四节 数值模拟

为探究不同要素对"云林春晚"中筹款总额和村民捐款意愿的影响,运用计算实验对公共产品博弈模型进行大量数值模拟。模型中具体参数设置如下,总人数 $N=500$,平均邻居数 $k=4$,活动预算 $T_r=500$,协同因子 $r=2$,噪声系数 $\varphi=0.1$。组织者、合作者和不合作者的比例分别为 $f_1=0.1$,$f_2=0.45$,$f_3=0.45$。意愿恢复系数 $\theta_1=0.2$,积极系数 $\theta_2=0.5$,消极系数 $\theta_3=0.2$,情感强度系数 $\delta=0.5$。当其中一个参数变动时,其他参数均保持不变。T_s 表示筹款总额,即组织者和合作者的捐款总和,筹款总额在活动举办过程中具有非常重要意义,只有当筹款总额达到活动预算水平时,活动才能按要求成功举办,否则活动必将无法长期持续稳定地举办下去。用 ρ 表示合作水平,即合作者数量占合作者与不合作者总数的比例,其可以体现普通村民的捐款意愿。公共产品博弈模型的数值模拟结果,分别显示在图 6-2 至图 6-5 中,图中每个数据点都源自 30 个独立实验结果的平均值,每个独立实验至少运行 10000 步。此外,每个均衡点由 30 个独立实验最后 5000 步的平均值构成。

首先,讨论活动预算对模型运行结果的影响。图 6-2(a)描述了不同活动预算下,筹款总额 T_s 的演化过程,其中 T_r 分别取值 100、300、500、700、900。从图中可以看出,当活动预算 T_r 在区间 [100,500] 时,筹款总额随着活动预算增加而上升。当活动预算超过 500 并继续增加时,筹款总额开始减少直至为 0。图 6-2(b)描述了不同活动预算下,合作水平 ρ 的演化过程,其中 T_r 分别取值 100、300、500、700、900。通过观察可以发现,图 6-2(b)中合作水平的演化路径与图 6-2(a)中筹款总额的演化路径类似,即随着活动预算 T_r 的不断增加,呈现先升后降的态势。图 6-2(c)显示了活动预算 T_r 在区间 [100,1000] 时,筹款总额和合作水平的均衡值。从图中可以清楚地发现,当活动预算在区间 [100,500] 时,对应线条

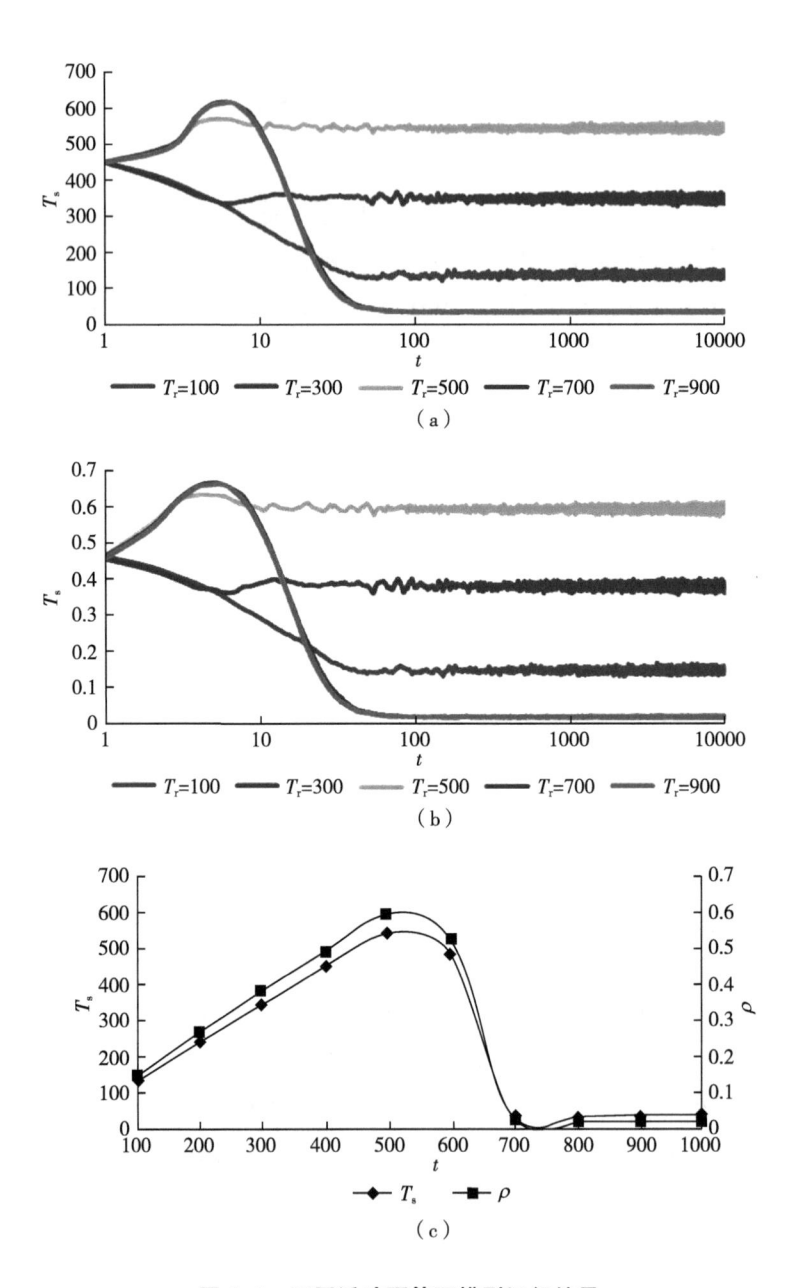

图 6-2 不同活动预算下模型运行结果

随着活动预算增长而向上运行,当活动预算在区间（500,1000］时,对应线条随着活动预算增长逐渐向下运行并接近于0。结合图6-2（a）—（c）中内容可知,活动预算存在一个临界值,当活动预算小于或等于临界值时,筹款总额能够达到活动预算水平,合作水平也随着活动预算增加而上升；当活动预算大于临界值时,筹款总额不能达到活动预算水平,合作水平也随着预算增加而下降。

其次,讨论组织者比例对模型运行结果的影响。图6-3系列中,f_1取值分别为0、0.06、0.1、0.14、0.18、0.22。图6-3（a）刻画了不同组织者比例下,筹款总额的演化过程。从图中可以看出,当$f_1=0$时,对应线条迅速下降并保持在$T_s=0$的水平；当f_1从0增长到0.14时,各对应线条最终维持水平逐渐上升；当f_1超过0.14并继续增长时,各对应线条最终维持水平又会逐渐降低。图6-3（b）描述了不同组织者比例下,合作水平的演化过程。从图6-3（b）中可以发现,随着组织者比例的不断增长,合作水平与筹款总额的演化过程类似。图6-3（c）中显示了组织者比例在区间［0,0.22］内时,筹款总额和合作水平的均衡值。通过观察图6-3（c）中内容,可以发现对应线条随着f_1的增加,呈现先上升后下降的运行趋势,其结果与图6-3（a）和（b）的结果一致。此外,还可以发现,当组织者比例在区间［0.06,0.18］内时,对应线条能够平稳地运行在较高水平,波动幅度不大。通过对图6-3（a）—（c）的观察可知,组织者比例应保持在一个合理的水平,过小或过大都会导致筹款总额和合作水平的下降。

再次,讨论意愿恢复系数θ_1,积极系数θ_2,消极系数θ_3,情感强度系数δ对模型运行结果的影响。图6-4（a）—（b）分别显示了上述参数变动下,筹款总额和合作水平的均衡值,其中θ_1、θ_2、θ_3、δ的取值范围都为［0,1］。通过观察可以发现,图6-4（a）和（b）中,随着θ_1和θ_2的不断增长,对应线条基本保持水平状态,这表明组织者捐款意愿恢复速度和捐款行为影响消减速度,不会对筹款总额和合作水平产生明显影响。图6-4（c）中显示了,随着θ_3不断增长,对应线条尽管有小反弹,但总体上仍然保持向下运行的趋势,并且代表筹款总额的线条大部分情况下低于活动预算$T_r=500$的水平,

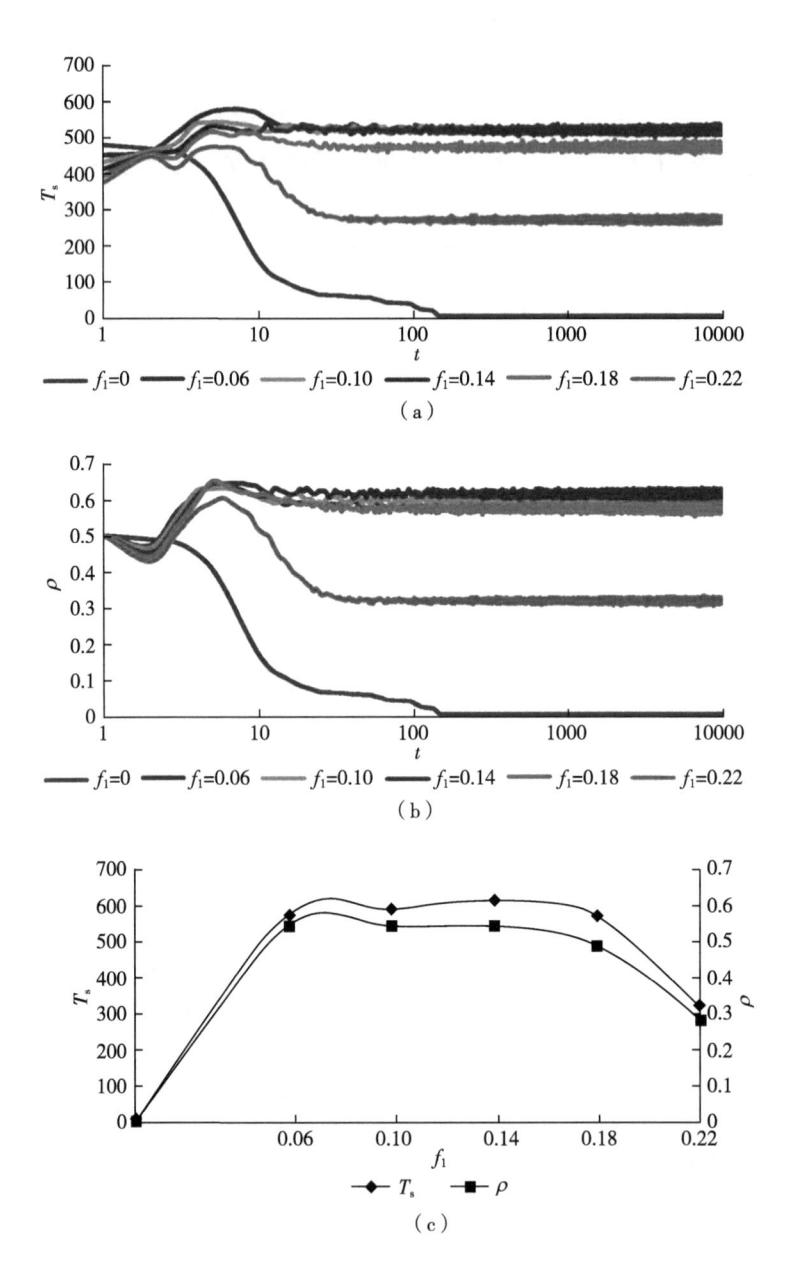

图 6-3　不同组织者比例下模型运行结果

第六章 志愿型供给模式的民间文艺组织引导研究 | 123

这表明村民对活动演出质量关注度越高，筹款总额和合作水平越低，即活动举办成功的难度越大。图 6-4（d）中显示，对应线条随着 δ 增加而向上运行，并且代表筹款总额的线条始终运行在活动预算 T_r = 500 的水平之上，这表明组织者的捐款行为对合作者和不合作者的影响强度越大，筹款总额和合作水平越高，活动越容易举办成功。

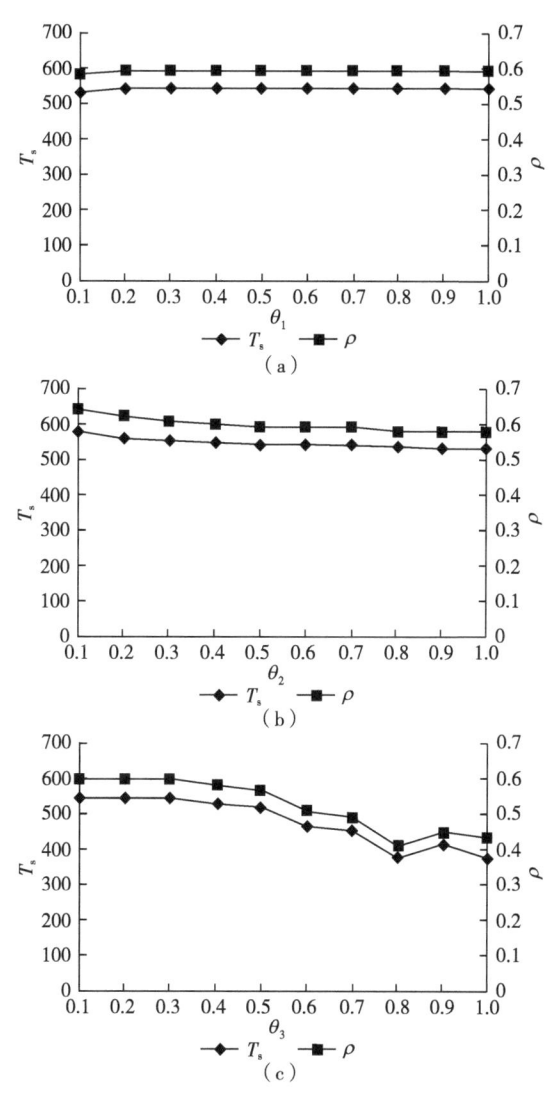

图 6-4 不同意愿恢复系数、积极系数、消极系数和
情感强度系数下模型运行结果

(d)

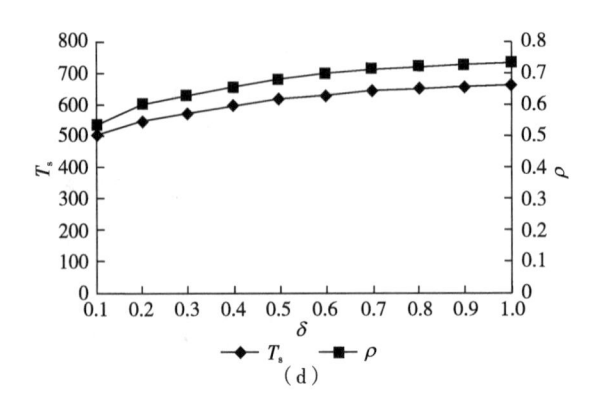

图 6-4　不同意愿恢复系数、积极系数、消极系数和情感强度系数下模型运行结果（续）

最后，讨论协同因子和噪声系数对模型运行影响。图 6-5（a）和（b）分别描述了不同协同因子和噪声系数下，筹款总额和合作水平的均衡值，其中协同因子 r 分别取值为 1.2、1.6、2、2.4、2.8，噪声系数 ϕ 分别取值为 0.1、0.2、0.3、0.4、0.5。从图 6-5（a）中可以看出，当 r 从 1.2 增长到 2.8 时，两条线基本保持水平状态。同样地，从图 6-5（b）中可以发现，当 ϕ 从 0.1 增长到 0.5 时，两条线也未产生明显波动。图 6-5（a）和（b）的结果表明，协同因子和噪声系数并不会对模型运行结果产生显著影响。

结合上述数值模拟结果与分析可得出如下结论：第一，活动预算 T_r 对捐赠总额和合作水平有显著影响，并且存在一个临界值。当活动预算小于或等于临界值时，筹款总额能够达到活动预算水平，合作水平也随着活动预算增加而上升；当活动预算大于临界值时，筹款总额不能达到活动预算水平，合作水平也随着预算增加而下降。第二，组织者比例 f_1 对筹款总额和合作水平存在显著影响。当组织者比例过小或过大时，筹款总额和合作水平都会下降；当组织者比例保持在一个合理区间时，筹款总额和合作水平处于较高水平并且波动较小。第三，消极系数 θ_3 与筹款总额和合作水平呈负相关关系，情感强度系数 δ 与筹款总额和合作水平呈正相关关系。第四，意愿恢复系数 θ_1、

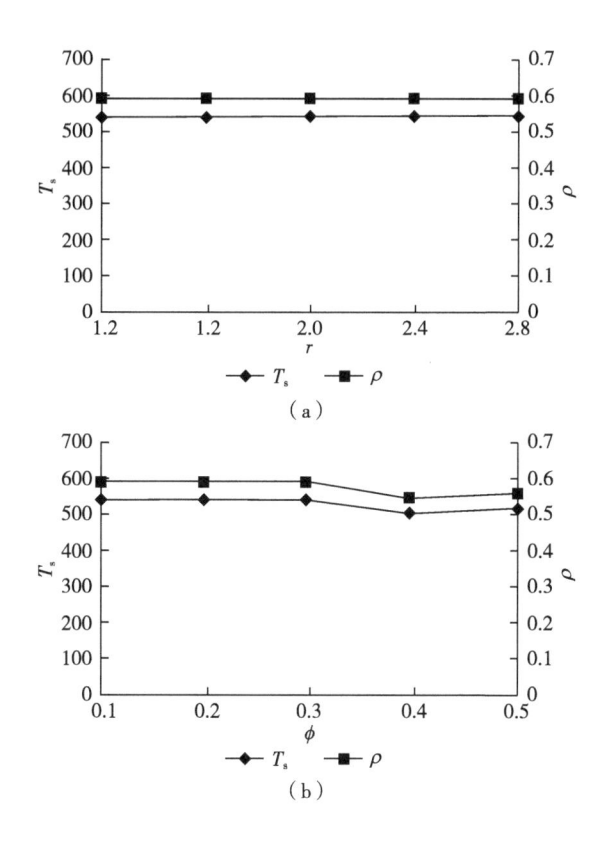

图 6-5 不同协同因子和噪声系数下模型运行结果

积极系数 θ_2、讨论协同因子 r 和噪声系数 ϕ，对筹款总额和合作水平不会产生显著影响。

本章小结

第五章分别从补偿机制和治理机制对市场型供给模式进行了研究。首先，本章通过数据收集与整理总结出我国文化类 NGO 发展过程中，存在规模较小和独立性低的不足，并结合现有国家政策法规，提出志愿型供给模式研究方向，即引导民间文艺组织发展。其次，依据云雾青春社的形成与发展经验，分析指出民间文艺组织成功运作的关键要素，包括依托核心文化活动、拥有具备奉献精神的组织者以及获得群众的广泛支持，并进一步指出应围绕云雾青春社的核心活动"云林春晚"纳入组织者、普通村民等因素，探究不同要素对云雾青春社持续成功运作的影响。最后，通过分析指出筹款问题是"云林春晚"取得成功的关键。因此，基于云雾青春社的核心活动"云林春晚"，构建公共产品博弈模型，研究不同要素对活动筹款总额和村民捐赠意愿的影响。研究结果表明，活动预算 T_r、组织者比例 f_1、消极系数 θ_3 和情感强度系数 δ 对活动筹款总额和村民捐赠意愿有显著的影响，意愿恢复系数 θ_1、积极系数 θ_2、讨论协同因子 r 和噪声系数 ϕ，对筹款总额和合作水平不会产生显著影响。研究结论为政府科学引导民间文艺组织发展、促进我国文化类 NGO 涌现、提高文化类 NGO 独立性提供理论参考。

第七章 自我型供给模式的公众合作涌现研究

第六章从引导民间文艺组织发展的视角,基于云雾青春社的核心活动"云林春晚",对公共文化服务志愿型供给模式进行了研究。首先,本章从博弈的构成要素出发,以公共文化活动为研究对象,提出公共文化服务自我型供给模式研究方向。其次,基于博弈的局中人要素、行动要素和信息要素,以浙江温岭社戏为背景,分别构建公共产品博弈模型,并运用计算实验方法对模型进行数值模拟,分析不同要素对公众合作涌现的影响。研究结论有利于推动提高公众自愿参与公共文化服务供给的积极性。

第一节 现实基础与理论视角

一 浙江温岭社戏简介

自我型供给模式中,公共文化活动的非排他性会诱导公众"搭便车",进而可能导致活动因公众不愿合作而失败。但是通过资料收集与整理发现,我国依然存在一些基于自我型供给模式的公共文化活动,如浙江温岭的社戏、各地群众自发舞蹈活动等。虽然公众同样有"搭便车"的机会,但是他们依然愿意通过自愿捐赠等合作行为,参与公共文化活动供给,推动活动成功举办。面对同样情形,为什么这里会出现公众合作涌现现象呢?通过研究这些成功案例,剖析促进公众合作涌现的关键因素,将有助于设计出可复制的合作涌现触发机制,推动自我型供给模式广泛开展。因此,本章将以浙江温岭社戏为背景,提炼影响公众合作涌现的关键要素,构建公共产品博弈模型,通过计算实验方法进行数值模拟，探究不同要素对公众合作涌现的影响。需要指出的是，这里的公众合作涌现的"合作"与前文政府与社会力量合作关系的"合作"内涵一致，但是具体侧重点不同，这里的"合作"重点突出公众之间由竞争关系转为合作关系，前文的"合作"重点突出政府与社会力量之间为实现互利共赢的目标，形成平等的、"去中心化"的结构关系。

下面对浙江温岭社戏进行简单介绍。社戏是浙江温岭农村地区一项存在已久的，由当地村民自发举办的传统公共文化活动。社戏不依托任何公益组织，主要由村干部负责组织。每年春暖花开的季节，当地村民都会通过自筹资金的方式，请来演出剧团表演戏剧，丰富大家的文化生活。以前，活动经费都是由村干部挨家挨户收取。最近几年，活动经费都改由村民自愿捐赠，不再由村干部逐户收取。不捐赠者同样可以免费观看社戏。这种自愿捐款的方式，给村民提供了"搭便车"的便利，但是每年村里都能筹足经费，按时举办精彩的戏剧演出。每年社戏演出结束后，村干部都会将捐款者的名单张贴出来，对捐款者表示感谢。除登上名单的捐款者外，还有些村民会参与活动的筹备工作贡献自己的一份力量。社戏不仅丰富了基层群众的文化生活，还为政府缓解公共财政压力、满足人们不断增长的精神文化生活需要提供一种新的解决思路。

二　基于博弈要素的公众合作涌现研究方向

所谓博弈是指不同利益主体，在特定的外部环境和规则下，利用掌握的信息，按照一定的次序选择策略，并取得相应的结果行为。Von Neumann 在 1928 年论证了博弈论的基本原理，标志着这一理论的诞生。Von Neumann 和 Morgenstern 合著的《博弈论和经济行为》将博弈论推向经济学，并奠定了这一学科的理论基础。经过 Nash、Selten 和 Harsanyi 三位诺贝尔经济学奖得主的深入研究，博弈论进一步发展并跻身主流经济学。如今除经济学外，博弈论也被广泛应用于生物学、管理学、社会学、计算机科学等众多学科。

通常情形下，博弈互动过程包括以下几个要素：局中人、策略、

第七章　自我型供给模式的公众合作涌现研究

信息、行动、次序和支付①，如图7-1所示。

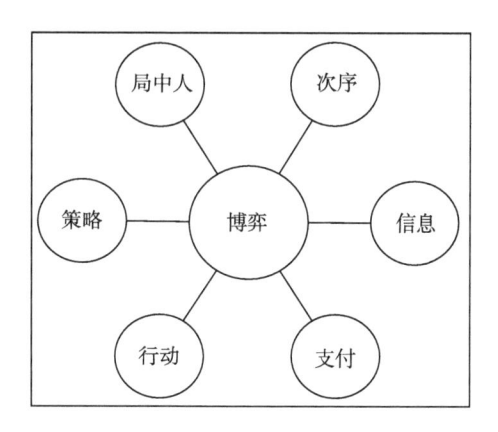

图7-1　博弈的构成要素

（1）局中人是指博弈中进行策略选择并承担结果的利益主体，参与人可以是个体也可以是群体。

（2）策略是指局中人可以选择的行动方案，策略是根据其他局中人的行动相机抉择。

（3）信息是指局中人决策所依据的博弈知识，包括其他局中人特征和行动的知识以及"自然"选择等。

（4）行动是指局中人在博弈的某个时间节点的决策变量。

（5）次序是指博弈中局中人的决策顺序，一般动态博弈中涉及决策次序，静态博弈是同时决策。

（6）支付是指在特定的行动组合下，局中人的效用水平。

自我型供给模式中，公众合作涌现可视为群体博弈中个体行为互动的结果。基于不同的博弈要素对自我型供给模式进行研究，有利于更全面地探究个体特征和交互关系对合作涌现的影响。因此，本章将分别基于博弈的局中人要素、行动要素和信息要素，对自我型供给中

---

① 郑长德编著：《博弈论及其在经济管理中的应用》，电子科技大学出版社2009年版，第4页。

公众合作涌现进行研究，为设计自我型供给模式优化机制，提高公众自愿参与公共文化服务供给积极性提供决策参考。

第二节　自我型供给模式研究方向

一　基于局中人要素的研究方向

现有关于公众参与公共文化活动的合作涌现研究中，主要基于参与、不参与的行动策略将局中人分为合作者、不合作者。然而生活中人们往往具备多重属性，如部分人喜欢在背后议论他人，并传播小道消息，被称为闲言碎语者。闲言碎语者虽然不受他人喜爱，但是通过议论他人和传播小道消息，客观上可以影响被议论者的声誉，从而改变局中人的行动策略。因此，除基于参与、不参与策略将局中人分为合作者和不合作者外，还可以基于是否喜欢在背后议论他人将局中人分为闲言碎语者和非闲言碎语者。

黄光国等在其著作《人情与面子：中国人的权力游戏》中指出，中国社会所遵循的法则与西方迥然不同，不应只假设每个社会的社会化都是要求个人依据自我的利益做出理性的决定，强调社会和谐性及人际关系合理安排的中国社会，更加注重人情与面子。[①] 人们经常根据三种法则进行社会交易或分配社会资源，它们是"公平法则"、"均等法则"和"需求法则"。"公平法则"认为每个人都根据其贡献比例的大小，获得相当的报酬。"均等法则"不管每个人客观贡献的大小，要求大家一律平均分摊损失。"需求法则"认为利润、成果或其他利益的分配应该满足接受者的合理需求，而不管他们个人的贡献大小。

声誉机制作为一种典型高效的促进合作机制，受到了众多学者的

---

① 黄光国等：《人情与面子：中国人的权力游戏》，中国人民大学出版社2010年版，第2页。

关注。例如，Nowak 等指出声誉是选择伙伴的重要标准;[1] Yang 等提出的基于声誉的收益转移机制，可以有效地促进公共品博弈合作。[2] 闲言碎语者是影响声誉的重要因素之一，学者对此也进行了深入研究探索。例如：Li 等在声誉机制下研究了闲言碎语者对解决公共事业参与度不足问题的作用;[3] Chen 等研究不同类别的闲言碎语者对合作的促进作用。[4] 在以上三种法则支配的中国社会环境中，人们的声誉就显得格外重要，如原本可以按照需求法则分配资源的个体，因不良声誉被排除在熟人圈子之外，则会被视为陌生人，从而按照公平法则进行资源分配。

因此，尤其在本土化情境下，研究闲言碎语者对公众参与公共文化活动的影响显得十分有意义。以往关于闲言碎语者影响的研究，主要基于以下两个假设展开，假设一：闲言碎语总是符合事实的。然而，现实情况并不那么简单，而是更加复杂，我们很难判断闲言碎语是否与事实相符。假设二：人与人之间的人际关系是同质的。当前互联网时代人与人之间交往的时空限制有了重大突破，使人与人之间的关系更趋向于异质化的人际关系而非同质化的人际关系。基于上述分析，本书在研究闲言碎语者对公众参与公共文化活动的影响时，一方面将考虑闲言碎语的真实性，另一方面将纳入异质性的人际关系。

二 基于行动要素的研究方向

现有关于社戏等公共文化活动中合作涌现的研究，通常假设合作

---

[1] Nowak M A, Sigmund K, "Evolution of indirect reciprocity by image scoring", *Nature*, No. 393, 1998, pp. 573-577.

[2] Yang R, Chen T, Chen Q, "Promoting cooperation by reputation-based payoff transfer mechanism in public goods game", *The European Physical Journal B*, No. 93, 2020, pp. 1-8.

[3] Li X, Chen T, Chen Q, et al, "The impact of retention time of donation list on cooperation in public goods game", *The European Physical Journal B*, No. 93, 2020, pp. 1-8.

[4] Chen T, Wu Z, Wang L, "Disseminators or silencers: the effect of information diffusion intensity on cooperation in public goods game", *Journal of Theoretical Biology*, No. 452, 2018, pp. 47-55.

者的行动方式为捐款①②③④，但是社戏实践中，也存在部分村民并不愿意捐款而是选择通过捐时间的方式实现合作。比如，他们经常付出自己的时间参与招待剧团、宣传演出、搭建戏台、清理场地等筹备工作。

居民不愿捐款而是通过捐时间参与公共文化服务供给，意味着人们文化消费支出意愿不高。凯恩斯指出，居民的消费支出与当期收入水平有关，当期收入水平高，消费支出就会增长；当期收入水平低，则消费支出就会下降。⑤ 如图7-2所示，2017—2021年，我国农村居民人均可支配收入与城镇居民人均可支配收入存在较大差距，所以，我国农村居民较城镇居民捐款意愿普遍较低。此外，2021年，我国仍有774.3万城镇居民和3479.4万农村居民需要国家提供最低生活保障，受收入水平影响这部分居民也更愿意通过其他方式参与公共文化服务供给。凯恩斯的消费理论表明，居民的文化消费支出意愿与当期收入水平有关。杜森贝利的相对收入理论指出，居民当期消费支出结构也会受到历史消费支出结构的影响。⑥ 该理论表明，居民的文化消费支出意愿与历史文化消费习惯大体保持一致。如图7-3所示，2021年我国教育文化娱乐消费支出占人均消费支出11%，相较文化娱乐我国居民更重视子女教育，2017年中国家庭教育消费白皮书通过对105070人的样本统计指出，教育消费支出占家庭年消费总支出的比重甚至超过了50%。基于上述统计，如果去除教育消费，我国居民文

---

① Chen Q, Chen T, Wang Y, "How the expanded crowd-funding mechanism of some southern rural areas in China affects cooperative behaviors in threshold public goods game", *Chaos, Solitons & Fractals*, No.91, 2016, pp.649-655.

② Chen Q, Chen T, Wang Y, "Publishing the donation list incompletely promotes the emergence of cooperation in public goods game", *Applied Mathematics and Computation*, No.310, 2017, pp.48-56.

③ Liu Y, Chen T, Wang Y, "Sustainable cooperation in village opera based on the public goods game", *Chaos, Solitons & Fractals*, No.103, 2017, pp.213-219.

④ Wang Z, Chen T, Wang Y, "Leadership by example promotes the emergence of cooperation in public goods game", *Chaos, Solitons & Fractals*, No.101, 2017, pp.100-105.

⑤ ［英］约翰·梅纳德·凯恩斯：《就业、利息和货币通论》，高鸿业译，商务印书馆1999年版，第98页。

⑥ 参见宋奇成等主编《西方经济学》，重庆大学出版社2004年版，第335页。

化消费支出占人均消费支出的比例就会非常低。因此，在我国居民文化消费支出比例较低的情形下，收入水平对人们通过捐款参与公共文化服务供给的意愿影响就会更加明显。

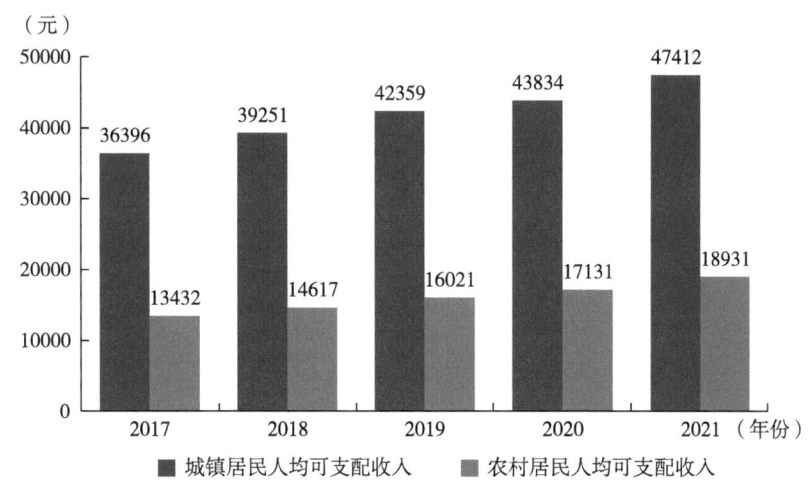

图 7-2 2017—2021 年城乡居民人均可支配收入

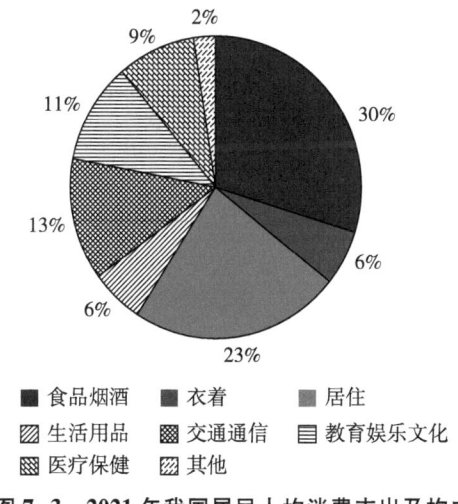

图 7-3 2021 年我国居民人均消费支出及构成

通过上述分析，可知受收入水平影响，我国农村以及收入水平较低的地区仍会存在部分居民捐款意愿不高的情况。因此，如果社戏等自我型供给公共文化活动中，公众只能通过捐款实现合作，那就可能导致部分愿意参与供给的潜在合作者变成不合作者。因此，本章拟探究如下问题：公共文化服务自我型供给模式中，除捐款外，是否可以鼓励公众以捐时间的方式参与供给？上述两种不同捐赠方式对合作涌现会产生怎样的影响？所谓捐时间就是指公众付出时间，身体力行地协助完成公共文化服务供给相关工作。捐时间可以使受收入水平影响不愿参与供给的不合作者变成合作者。

综上所述，下文将基于博弈的行动要素，分别构建两个公共产品博弈模型即捐款模型和混合模型，研究捐时间对自我型供给模式中公众合作涌现的影响。捐款模型是指，在该模型中公众只能通过捐款的行动方式合作。混合模型是指，在该模型中除了捐款公众还可以通过捐时间的行动方式合作。

三　基于信息要素的研究方向

结构洞理论由芝加哥大学社会学教授罗纳德·S. 伯特（Ronald S. Burt）于 20 世纪 90 年代提出，他将社会网络中两个人之间，因不存在直接关系或关系断裂形成的类似于网络结构中的洞穴称为结构洞。[①] 例如图 7-4 中存在三个结构洞，分别为 BC、CD、BD，因为它们两两之间不存在直接关系（图中用虚线表示）。由于通过 A 可以实现 BC、CD、BD 之间的联系，因此 A 占据了三个结构洞。

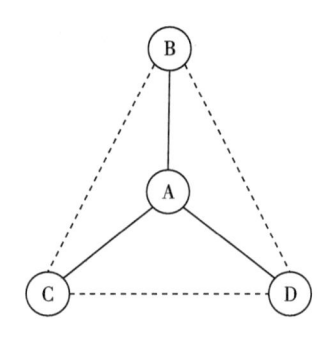

图 7-4　结构洞

[①] ［美］罗纳德·S. 伯特：《结构洞：竞争的社会结构》，任敏、李璐、林虹译，格致出版社 2017 年版。

判断结构洞是否存在包括两个标准即凝聚力和结构等位,只有当两个条件都缺失时结构洞才会存在。凝聚力表示社会网络参与者之间存在强关系即直接关系。直接关系下他们之间的信息是相互流通的,你接近其中一个人就相当于与另一个人建立直接关系。图7-5中(a)图显示了凝聚力带来的冗余,图中三个参与者彼此连接,提供着同样的网络利益,因此会带来冗余。结构等位表示两个社会网络参与者拥有同样的关系人。由于结构等位的参与者导向相同的信息源,所以也会产生冗余。图7-5中(b)图显示了结构等位带来的冗余,虽然图中三个参与者没有直接联系,但是他们都导向同一群体,他们与群体之间的交互信息是重复的。图7-5两幅图中,A都没有占据结构洞,虽然他付出了与三个人保持联系的代价,但其实只获得了同样的信息。

图 7-5 冗余的结构

结构洞具有信息利益和控制利益。信息利益以通路、先机和举荐三种形式存在。通路是指获得有效信息,并知道对谁有利;先机是指能够通过个人接触更早地知会有价值的信息;举荐是指在适当时候参与者因被推荐而获得利益。控制利益主要是指由于结构洞处于桥接位置,因此可以通过控制信息流获取利益。结构洞的特征决定了结构洞的占据者会对社会网络的演化与资源配置产生重要影响。

基于结构洞理论视角,可以发现日常生活中,存在一些人扮演着类似结构洞占据者的角色,他们愿意与陌生人分享自己朋友的信息,进而使信息在不同群体中传播,将这类人称为信息传播者。信息传播者和结构洞占据者一样可以控制信息流,主要通过不同的性格实现。由于性格差异,信息传播者并不会都说出掌握的信息,依据性格特征将他们分为三类：中立信息传播者、积极信息传播者和消极信息传播者。中立信息传播者，既传播积极的合作行为又传播消极的不合作行为。积极信息传播者，只传播积极的合作行为。消极信息传播者只传播消极的不合作行为。相较于信息传播者对陌生人的信息传递，人们平时也常被告知"沉默是金"，显然选择传递信息还是沉默是一对相互矛盾的策略。因此，本章将通过分析不同信息传播特征对自我型供给中公众合作涌现的影响。进而回答，信息传播者是否有利于公众合作涌现；以及如果有利，哪一类信息传播者表现得最优。

第三节 基于局中人要素的公共产品博弈模型

一 人际关系类型和闲言碎语的应对机制

参考黄光国等人情与面子的理论模式[①]，本书将人际关系分为工具型关系（Instrumental Ties，IT）、情感型关系（Expressive Ties，ET）和混合型关系（Mixed Ties，MT）。工具型关系常发生在普通朋友或陌生人之间，成员皆为"理性经济人"，如网络公共社交平台中普通网民之间的关系。在工具型关系中，闲言碎语者不会考虑情面，会不加掩饰地对别人发表负面评价，因此工具型关系中闲言碎语对成员声誉影响最大。情感型关系常发生在家人或类似家人的朋友之间，成员通常按需分配资源而非理性地明码标价，如互联网上互相关注的亲密好友之间的关系。在情感型关系中，成员关系和谐、彼此之间不存在争论，闲言碎语者不会对其情感型关系中成员发表负面评价，因此情感型关系中闲言碎语不影响成员声誉。混合型关系是介于工具型和情感型关系之间的类型，常发生在熟人之间，适用的是人情法则，如互联网平台的订阅者和博主之间的关系。在混合型关系中，成员会部分考虑情面，但是有时成员之间也会互相发表负面评价，因此混合型关

---

① 黄光国等：《人情与面子：中国人的权力游戏》，中国人民大学出版社2010年版，第2页。

系中闲言碎语对成员声誉产生部分的影响。本书假设闲言碎语在混合型关系中的影响力是其在工具型关系中影响力的 τ 倍。需要说明的是，本书假定闲言碎语者传播的都是不利于被评论者的负面消息。

受互联网社交平台管理方式的启发，我们提出了三种应对闲言碎语的备选方案，即"仅惩罚"（P_O）、"惩罚+声誉补偿"（P_R）和"惩罚+经济补偿"（P_M）。具体来说，P_O 方案惩罚传播不实信息的闲言碎语者，但对受此类闲言碎语影响的人不做任何形式补偿；P_R 方案惩罚传播不实信息的闲言碎语者，要求其恢复受不实信息影响的人的声誉；P_M 方案惩罚传播不实信息的闲言碎语者，并对受到不实信息影响的人给予适当的经济补偿。经济补偿数目为 mv，其中 m 表示受与事实不符信息影响的次数，v 表示每次受到不实信息影响的补偿数值。

考虑闲言碎语真实性和异质性人际关系，将公共品博弈模型建立在无标度网络中，网络上的节点表示局中人，链接表示局中人之间的信息传递。初始时，局中人策略协同演化从同质状态开始，无标度网络中有 N 个局中人，如图 7-6 所示，每个局中人平均有 a_{vn} 个邻居，且他们采取合作策略和不合作策略的概率相同。假设在更新策略过程中，局中人和链接数量均保持不变；闲言碎语者即那些通过传播闲言碎语对他人声誉产生影响的主体的比例为 q；由于时间、空间、个人精力等因素的限制，闲言碎语者无法关注所有人，故假设闲言碎语者 g 在每一轮中能够对 z 个人发表闲言碎语；对局中人之间人际关系做如下假设，即每个局中人有三种不同类型的伙伴，其中 IT、ET 和 MT 的比例分别为 n_1、n_2 和 n_3，$0 \leq n_1 \leq 1$，$0 \leq n_2 \leq 1$，$0 \leq n_3 \leq 1$，$n_1+n_2+n_3=1$。

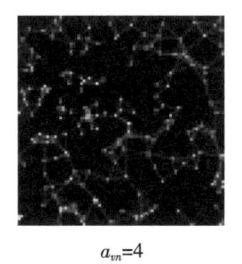

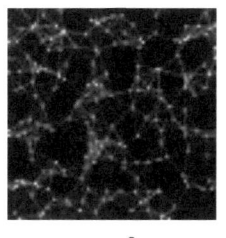

$a_{vn}=4$ $a_{vn}=8$

图 7-6　无标度网络

二 个体策略更新规则

图 7-7 描述了闲言碎语者 g 的影响力的输出过程（左）和局中人 i 的决策过程（右）。影响力输出的过程中，首先判断闲言碎语者 g 是否正在接受惩罚，若没有，则判断他是否需要接受新的惩罚，结合闲言碎语者 g 与被影响者之间的关系，得到影响力的实际结果。在决策过程中，首先计算局中人 i 的声誉；其次通过判断声誉与阈值的关系得到具体策略；最后根据局中人是否受到闲言碎语者发布不实信息的影响做出相应补偿。

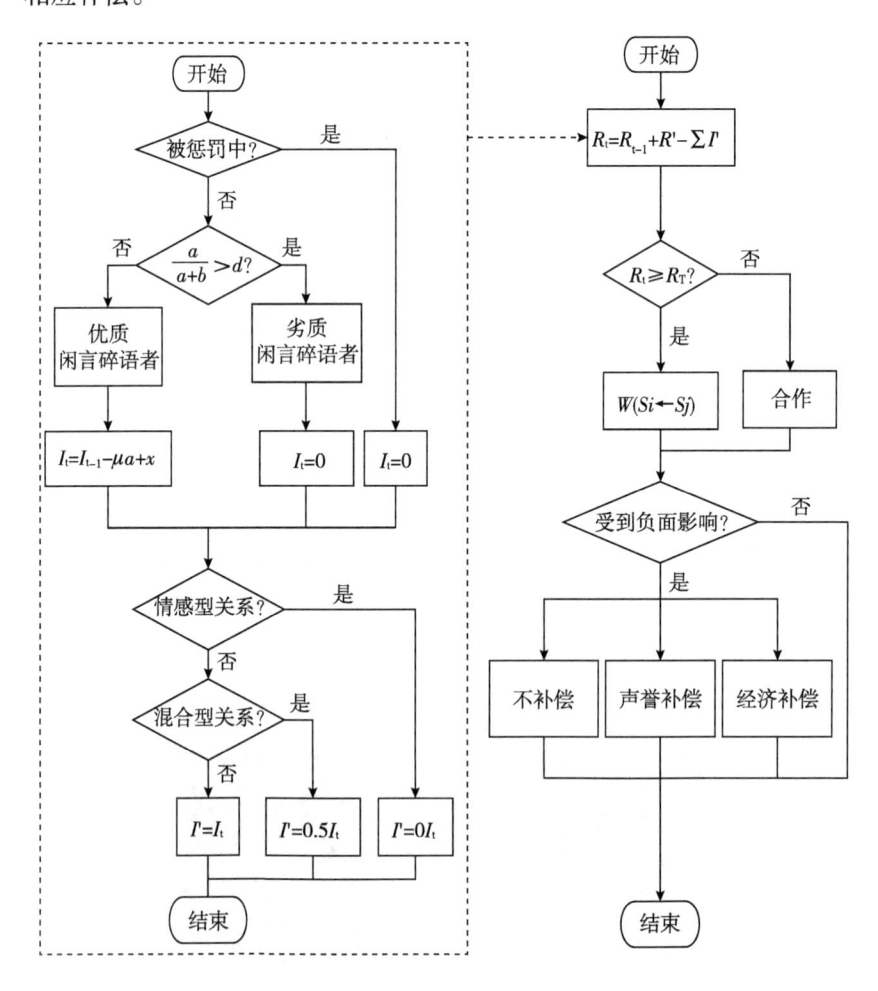

图 7-7 闲言碎语者的影响力输出过程和局中人的决策过程

(一) 参与主体的收益

在公共品博弈模型中,合作者向公共池中捐赠资金,不合作者不向公共池捐赠资金。公共池中的总捐赠资金数量乘以协同效应因子 r,之后在所有局中人中平均分配。局中人的收益如式(7-1)所示。

$$P_i = \sum_{j \in \Omega_i} P_i^j = \sum_{j \in \Omega_i} \left(r \frac{c^j}{k_j + 1} - c_i \right) \tag{7-1}$$

其中,P_i 表示局中人 i 的收益,Ω_i 为局中人 i 参与公共产品博弈的集合,j 是 Ω_i 其中一个公共产品博弈子集,$r(r>1)$ 是协同因子,c^j 表示合作者捐赠额,c_i 表示局中人 i 的捐赠额,c_i 服从在 [0,1] 上的均匀分布,k_j 为局中人 i 在公共产品博弈 j 中邻居数。

(二) 影响力更新规则

影响力是指闲言碎语者影响他人声誉的能力。初始时,影响力 I 是一个随机变量,遵循 $[l_1, l_2]$ 上的随机分布。如果 $\frac{a}{a+b} > d$,组织者认为闲言碎语者 g 为劣质发言者,否则认为闲言碎语者 g 为优质发言者。其中 a 表示闲言碎语者 g 在最近 f 轮传递不实信息的次数,b 表示闲言碎语者 g 在最近 f 轮传递与事实一致信息的次数,d 表示容忍度。闲言碎语者的影响力更新规则如下:

当闲言碎语者 g 为劣质发言者时,组织者惩罚闲言碎语者 g,具体惩罚措施如下:自下一轮开始闲言碎语 g 的影响力 I 变为 0,并持续 h 轮。惩罚结束后,组织者令闲言碎语者 g 的影响力恢复为 θI_t,θ 表示重生系数(Coefficient of Rebirth),I_t 表示惩罚前闲言碎语者 g 在第 t 轮的影响力。根据上述规则,劣质发言者的影响力如式(7-2)所示:

$$\begin{cases} I_{t+1} = \cdots = I_{t+h} = 0 \\ I_{t+h+1} = \theta I_t \end{cases} \tag{7-2}$$

当闲言碎语者 g 为优质发言者时,闲言碎语者 g 的影响力 I 受两方面因素影响。一方面,闲言碎语者 g 传播一条不实信息,影响力降低 μ,若传播 a 次不实信息,则其影响力降低 μa。另一方面,优质闲言碎语者的影响力要高于劣质闲言碎语者,若某局中人为优质闲言碎语者，则其影响力值将增加 x。根据上述规则，优质发言者的影响力如式（7-3）所示。

$$I_{t+1} = I_t - \mu a + x \tag{7-3}$$

其中，I_t 为闲言碎语者在第 t 轮的影响力，I_{t+1} 为其在第 $t+1$ 轮的影响力。当 $I<0$ 时，令 $I=0$。

（三）声誉更新规则

声誉是局中人的自我感知，是影响局中人决策的重要因素。声誉主要受闲言碎语和行动策略的影响。当局中人被闲言碎语者评论时，他们会感到一定的压力，从而导致自己的声誉评分发生变化。然而，并不是所有的闲言碎语都能影响局中人对声誉的自我感知。当闲言碎语来自情感型关系的伙伴时，局中人 i 会认为闲言碎语者是在开玩笑，而不是在攻击他，因此对局中人 i 的声誉没有实际影响。当闲言碎语来自工具型关系的伙伴时，局中人 i 会认真对待流言，甚至怀疑自己的表现，其声誉也会相应地下降，声誉降低的数值是闲言碎语者影响力之和。当闲言碎语来自混合型关系的伙伴时，局中人会部分相信闲言碎语，相应地，声誉也会部分降低。假设局中人 i 的声誉降低了影响力之和的一半。

局中人 i 的行动策略是影响其声誉的另一个因素。当局中人 i 选择合作策略时，声誉会增加；反之，声誉会降低。

初始时，局中人 i 的声誉是一个随机变量，服从在 $[l_3, l_4]$ 上的随机分布。局中人 i 的声誉如式（7-4）所示。

$$R_t = R_{t-1} + R' - \sum I' \tag{7-4}$$

其中，R_t 为第 t 轮时局中人的声誉值，R_{t-1} 为上一轮局中人的声誉值。R' 表示局中人的策略导致的声誉变化值，如果局中人采取合作策略，则 R' 为正数，否则 R' 为负数。$\sum I'$ 表示局中人受闲言碎语影响的声誉变化值。

（四）策略更新规则

局中人对声誉的自我认知会影响其行为选择。由于声誉关系到参与主体的面子，因此声誉数值对局中人选择策略有着重要的影响。声

誉阈值 R_T 表示局中人可以承受的声誉底线，由于个体异质性，局中人的声誉阈值不尽相同。当局中人的声誉小于声誉阈值，即 $R_t < R_T$ 时，局中人会感到没面子，他会采取合作策略来增加自己的声誉。当局中人的影响力不低于阈值，即 $R_t \geq R_T$ 时，声誉不影响参与主体的策略选择，局中人随机选择一个邻居 j，并且模仿他的策略，具体模仿概率由费米函数给出，如式（7-5）所示。

$$W_{(s_i \leftarrow s_j)} = \frac{1}{1 + e^{(P_i - P_j)\phi}} \tag{7-5}$$

其中，s_i 和 s_j 分别表示局中人 i 和 j 的策略，P_i 和 P_j 表示 i 和 j 的收益，φ 表示环境噪声强度，根据之前学者的研究，令 $\varphi = 0.1$。

本书主要参数的定义如表 7-1 所示。

表 7-1　　　　　　　　　　主要参数的定义

参数	定义	参数	定义
τ	在 MT 和 IT 中闲言碎语影响力的比值	b	闲言碎语者传递与事实相符信息的次数
m	局中人受不实信息影响的次数	d	宽容阈值
v	受不实信息影响的单次补偿	I	闲言碎语者的影响力
n_1	局中人 IT 伙伴的比例	R	局中人的声誉
n_2	局中人 ET 伙伴的比例	R'	局中人决策导致的声誉变化
n_3	局中人 MT 伙伴的比例	R_T	局中人的声誉阈值
a_{vn}	平均邻居数	W	局中人模仿邻居的概率
q	闲言碎语者比例	s_i	局中人 i 的策略
P	局中人的收益	s_j	局中人 j 的策略
Ω	公共产品博弈集合	φ	噪声因子
c	局中人的捐赠金额	a	闲言碎语者在记录轮次中传递的不实信息的次数
r	协同因子		

三　数值模拟与分析

为研究异质性人际关系下闲言碎语对公众参与公共文化活动合作涌现的影响，本书运用计算实验方法对公共品博弈模型进行大量模拟。具体参数设置如下，初始时，种群规模 $N=300$，平均邻居数 $a_{vn}=6$，闲言碎语者比例 $q=15\%$，每个闲言碎语者每轮传播闲言碎语的次数 $z=5$，协同因子 $r=1.8$，噪声因子 $\varphi=0.1$。设置 HT_1、IT_1、ET_1 和 MT_1 四种情况下三种类型的伙伴比例分别为：$n_1=1$，$n_2=n_3=0$；$n_1=0.85$，$n_2=0.05$，$n_3=0.1$；$n_1=0.4$，$n_2=0.3$，$n_3=0.3$；$n_1=0.3$，$n_2=0.15$，$n_3=0.55$。其他参数设置如下：$v=0.01$，$\mu=0.2$，$x=2$，$l_1=0$，$l_2=30$，$l_3=0$，$l_4=20$，$f=10$。为了获得实验分析所需的数据，我们进行了大量的仿真，每次仿真至少运行 15000 步，每个参数至少独立运行 30 次，以确保数据结果的可靠性。当讨论其中一个参数时，其他参数保持不变。由于所有的模拟结果都可以实现全面合作，为了更准确地研究闲言碎语者对合作促进的作用，我们从均衡轮次（GE）和捐赠总额（TC）两个角度进行研究。其中，均衡轮次表示达到全面合作的速度，捐赠总额表示全面合作的捐赠水平。仿真结果如图 7-8 所示。

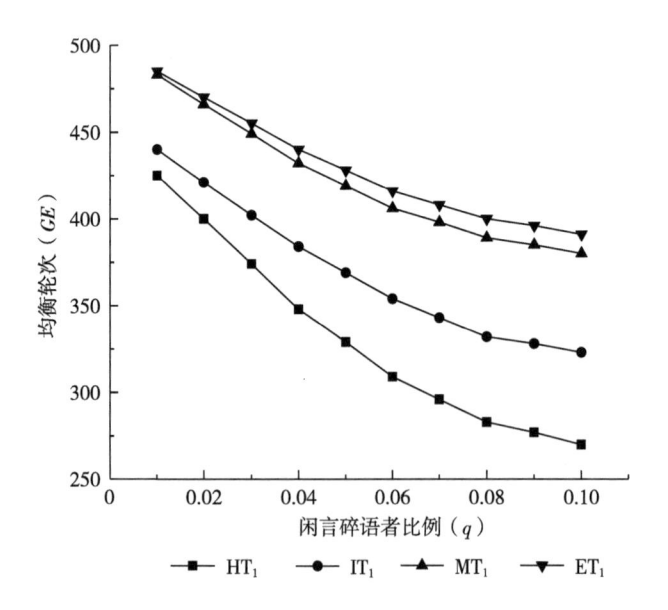

图 7-8　闲言碎语者比例 q 对合作速率的影响

首先，研究了不同人际关系下闲言碎语者的比例 q 对合作演化结果的影响。从图 7-8 中可以看出，随着闲言碎语者比例的增加，所有曲线都向下移动。此外，我们还可以看到，HT_1 情况下的曲线随闲言碎语者比例增加下降得最快，ET_1 情况下的曲线随闲言碎语者比例的增加而下降得最慢。这意味着在不同的人际关系中，闲言碎语者的比例每增加1%导致模型实现充分合作的速度变化有很大的差异。具体来说，在 HT_1 情况下，达到充分合作的速率对闲言碎语者的变化最为敏感，而在 ET_1 情况下，达到充分合作的速率受闲言碎语者变化的影响最小。通过上述分析可以得出，尽管在异质性人际关系下，闲言碎语对促进公众参与公共文化活动效果要低于同质人际关系下的效果，但不可否认的是，在异质性人际关系中，闲言碎语也在推动公众参与公共文化活动方面发挥重要作用。

然后，研究在 IT_1、MT_1 和 ET_1 情况下，闲言碎语与事实的吻合程度对合作的影响。从图 7-9（a）可以看出，随着闲言碎语与事实吻合程度的增加，所有曲线都迅速下降。这表明，在三种人际关系中 GE 与闲言碎语与事实的吻合程度呈负相关关系，且当闲言碎语者传播与事实完全一致的信息时，模型实现全面合作的速度最快。在图 7-9（b）中，我们发现所有的点总是接近70。这表明 TC 几乎不受闲言碎语与事实符合程度的影响。综上所述，闲言碎语与事实的吻

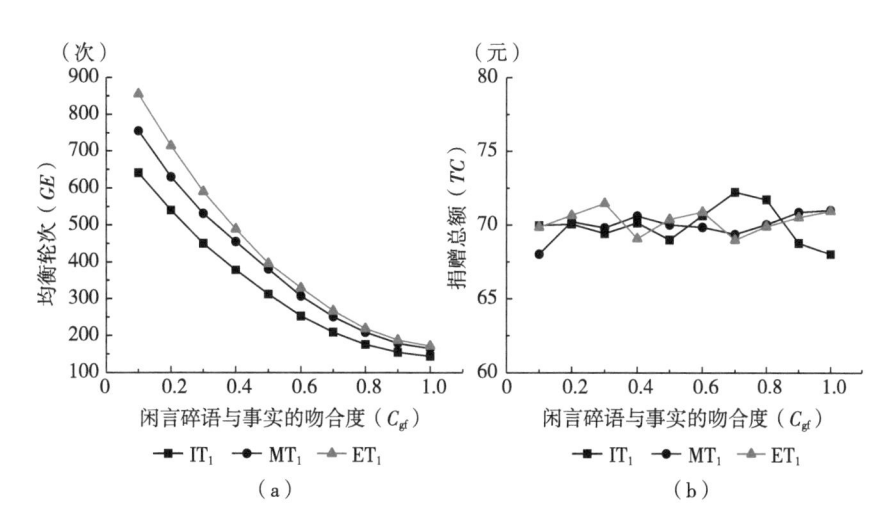

图 7-9 闲言碎语与事实的吻合度 C_{gf} 对合作的影响

合度越高，越能有效地促进公众参与公共文化活动。因此，互联网应规范闲言碎语，鼓励公众先调查后发言，以促进公共文化服务供给的可持续发展。

从以上研究可以看出，闲言碎语与事实的吻合程度越高，对合作的促进作用越明显。但现实中的闲言碎语并不完全符合现实。针对上述情况，通过与对照组 P_N 比较，研究了 P_O、P_R 和 P_M 三种应对机制对合作的影响。在对照组 P_N 中，我们不给予局中人任何形式的惩罚和补偿。假设闲言碎语与事实的吻合度为 0.5。从图 7-10（a）、(b)、(c) 可以看出，在 IT_1、MT_1 和 ET_1 三种人际关系中，左侧两个矩形的高度始终接近，左侧第三个矩形最短，最右侧的矩形最高。这意味着从达到充分合作的速度角度来看，P_M 是最好的应对机制，P_R 是最差的应对机制，P_O 和 P_N 是中等水平的应对机制。同样，在折线图中，P_M 是最高的点，其余的点都处于相似的高度。从总捐赠水平的角度来看，P_M 也是最好的应对机制。综上所述，机制 P_M 能够有效促进合作。为了探索 P_M 机制促进合作的原因，我们进一步研究得出图 7-10（d），该图显示了 IT_1、MT_1 和 ET_1 三种人际关系下捐赠的组成情况。从图 7-10（d）中可以看出，中间的矩形最高，且在 IT_1、MT_1 和 ET_1 中代表捐赠水平在 0.7—1 元的局中人的斜线阴影部分均超过 70%。从折线图中可知，受补偿局中人的比例小于 40%。高水平合作者与受补偿局中人之间存在明显的差距。我们推测 P_M 提高捐赠水平的原因有两个方面。一方面，部分受补偿局中人拿出一部分补偿金额到共同池中，以增加其贡献。另一方面，受补偿局中人发挥了良好的示范效应，其他一些参与主体由于受到受补偿局中人的影响，选择了捐赠更多数额。由于 P_M 机制对合作的促进效果优于其他机制，因此在接下来的研究中，只考虑 P_M 机制，其他两种机制不考虑。

进一步研究 P_M 对合作的影响。首先研究容忍度 d 对合作的影响，结果如图 7-11 所示。从图 7-11（a）中可以发现，所有的曲线都类似于微笑曲线，在 $d=0.3$ 附近存在一个最佳容忍度区间。在实现全面合作的速度方面，容忍度的最优取值为 0.3。从图 7-11（b）中可以看出，所有曲线都聚集在 170 附近。这意味着容忍度的变化对总捐

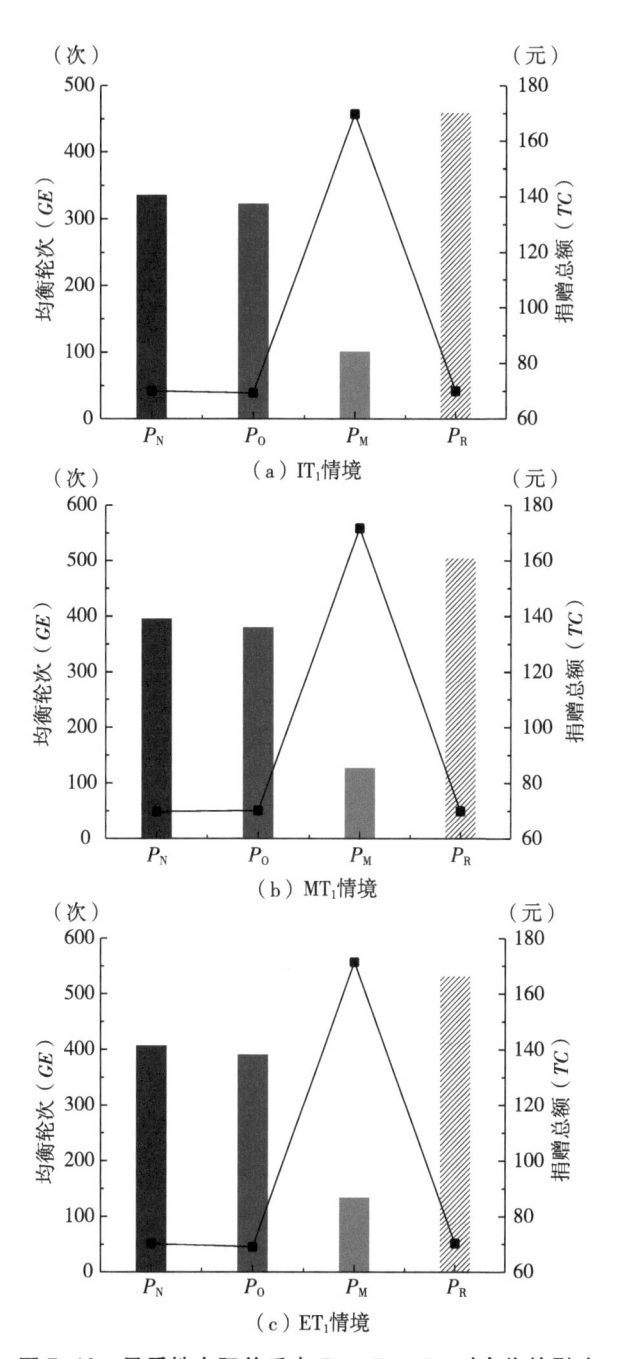

图 7-10 异质性人际关系中 P_O、P_R、P_M 对合作的影响

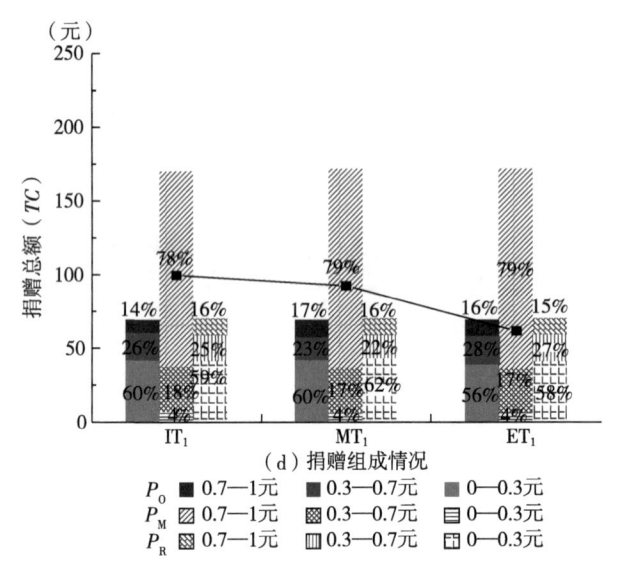

图 7-10 异质性人际关系中 P_O、P_R、P_M 对合作的影响（续）

赠水平的影响可以忽略。由图 7-11（c）可知，曲线呈现统一的递增趋势，即当宽容程度为 0.1 时，模型的补偿量处于最低水平。通过对比图形，特别是图 7-11（a）和图 7-11（c），我们发现达到全面合作的速度与补偿成本之间存在矛盾，即当速度最优时，成本不是最低；反之亦然。为了更好地发挥机制 P_M 的作用，我们引入新的指标 $EC=\lg(GE+TC)$ 来选择最优的容忍度。EC 表示综合成本，当 EC 达到最小值时，模型能够以较小的补偿成本快速实现全面合作。在图 7-11（d）中，所有曲线也是先减小后增大，最优值为 0.3。基于以上结论与分析，当容忍度维持在较低水平时，最有利于公共文化服务持续供给。

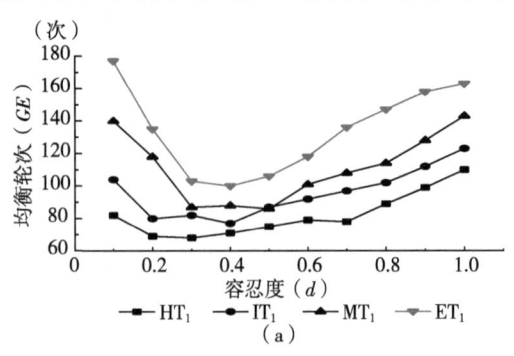

图 7-11 容忍度 d 对合作的影响

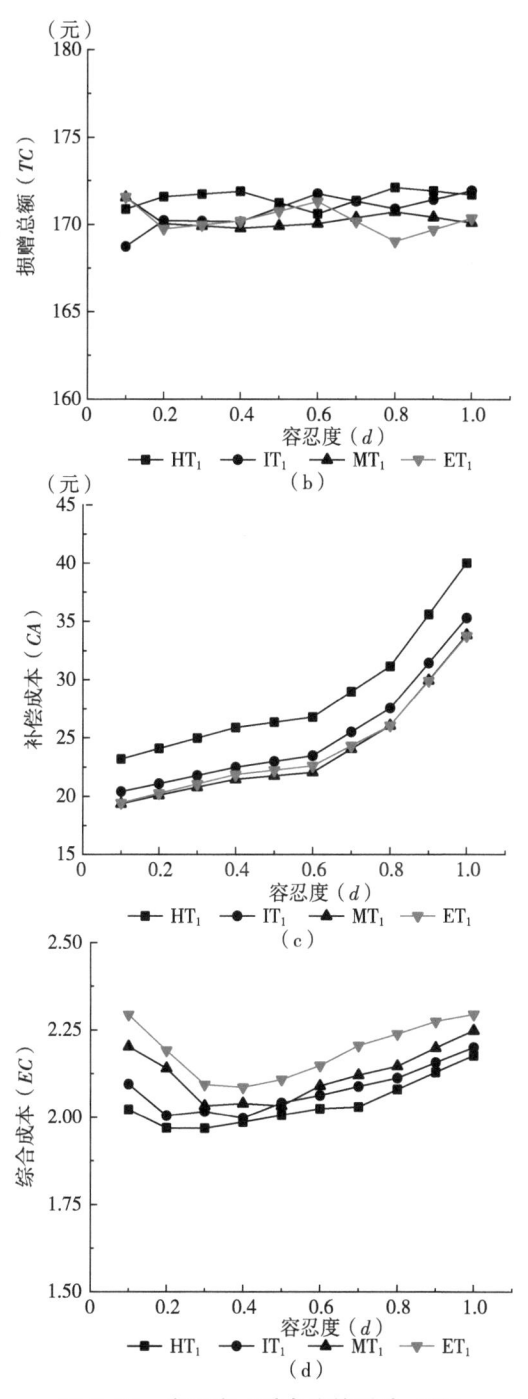

图 7-11 容忍度 d 对合作的影响（续）

继续研究惩罚时间 h 对合作的影响。由图 7-12（a）可知，所有曲线均呈"S"形增长趋势，且当惩罚时间小于 35 时，曲线随着惩罚时间的增加而增长，当惩罚时间大于 35 时，曲线几乎不再受惩罚时间的影响。论证了在实现全面合作的速度方面，最优惩罚时间为 1。图 7-12（b）中所有曲线都维持在一个近似的高度，这表明惩罚时间几乎不影响总贡献。在图 7-12（c）中，曲线呈现递减趋势，与对速度的影响相同的是当惩罚时间大于 35 时，曲线不再随惩罚时间的增加而递减。因此，当惩罚时间为 35 时，模型的补偿成本处于最低水平。从图 7-12（a）和图 7-12（c）可以看出，惩罚时间对速度和补偿的影响依然存在矛盾。我们继续使用指数 EC 研究最佳惩罚时间，

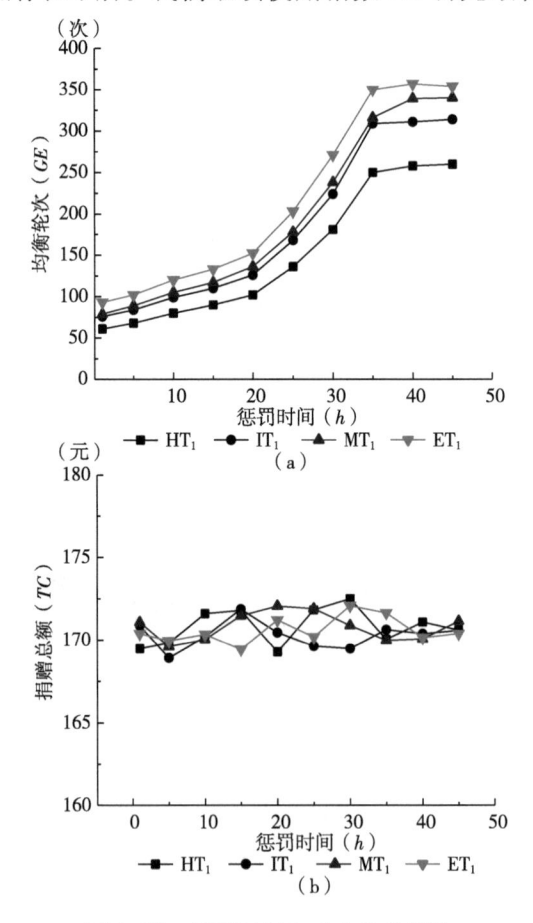

图 7-12 惩罚时间 h 对合作的影响

图 7-12 惩罚时间 h 对合作的影响（续）

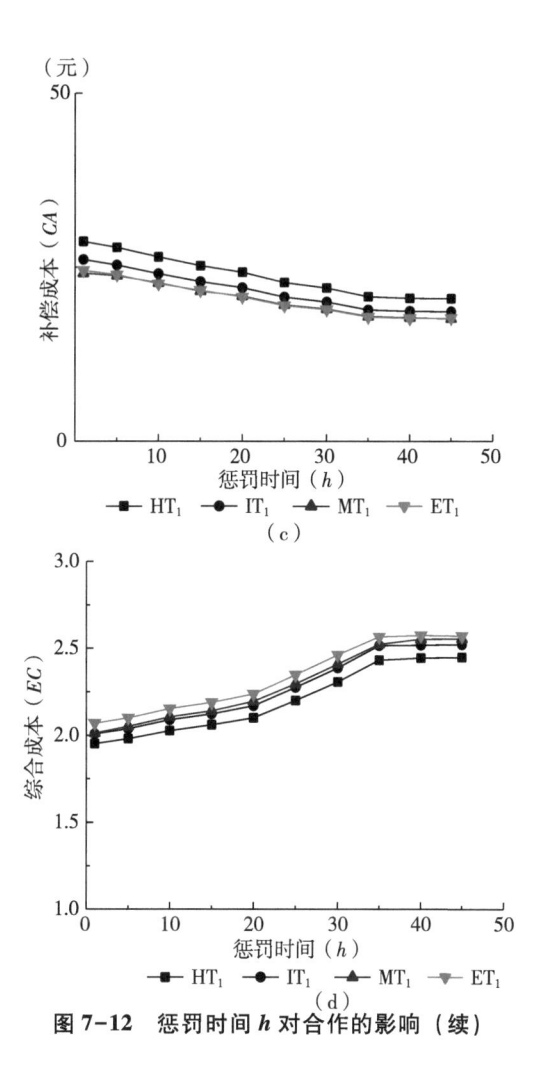

结果如图 7-12（d）所示。所有曲线随着惩罚时间的增加而增加，当惩罚时间为 1 时，EC 取得最小值。基于以上分析，短期惩罚性措施能够有效地促进公共文化的健康发展。

在惩罚之后，研究重生系数 θ 的影响。由图 7-13（a）可知，当重生系数小于 0.9 时，随着重生系数的增大，所有曲线均向下移动。当重生系数大于 0.9 时，随着重生系数的增大，所有曲线均向上运行。在合作速度方面，重生系数的最优值为 0.9。从图 7-13（b）中可以看出，所有曲线都处于同一高度，即重生系数对总捐赠水平影响不大。由图 7-13（c）可知，随着重生系数的增大，曲线呈增大趋势。因此，当重生系数为 0.1 时，模型的补偿成本处于下限水平。我们继续使用指数 EC，结果如图 7-13（d）所示。所有曲线均随着重生系数的增大而减小，当重生系数大于 0.9 时，所有曲线均呈现略微增大的趋势。当重生系数为 0.9 时，促进合作的效果最为明显。基于以上分析，社会应对受罚者采取宽容的态度，鼓励其重返公共文化供给项目。但是毫无底线的宽容是不可取的，必须有一定的惩罚作为警示。

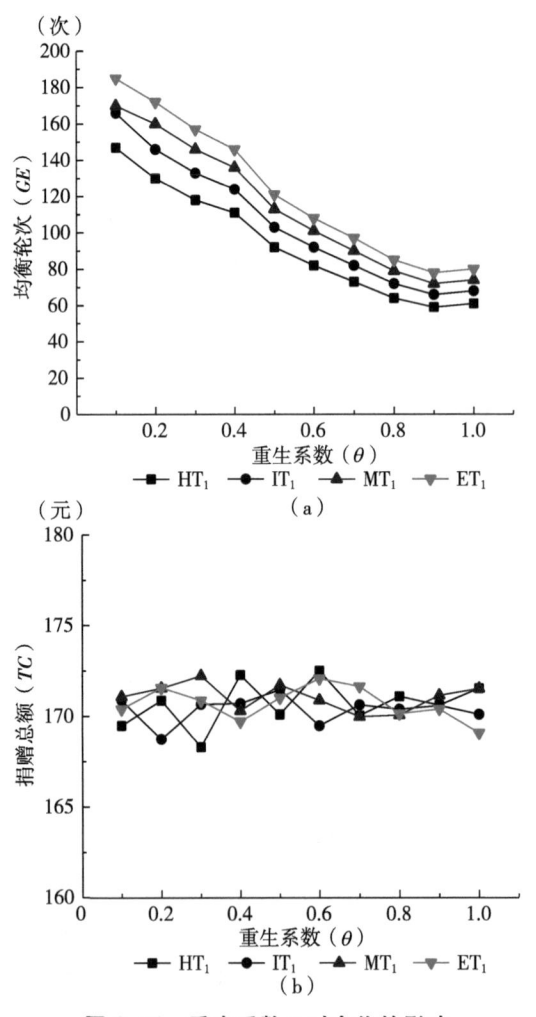

图 7-13　重生系数 θ 对合作的影响

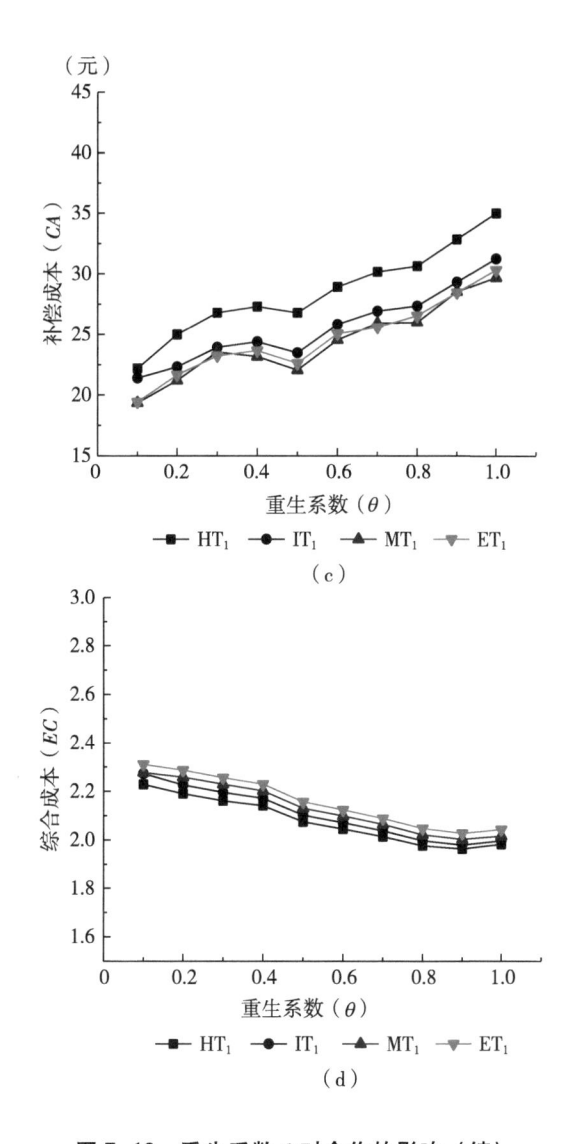

图 7-13 重生系数 θ 对合作的影响（续）

最后，研究协同因子 r 和平均邻居数 a_{vn} 的影响来验证模型的鲁棒性。在图 7-14（a）中，随着协同因子的增加，GE 的值不断下降。当协同因子大于 2 时，GE 的值不再发生变化。此外，GE 的值不受平均邻居数变化的影响。随着协同因子的增加，图 7-14（b）的 TC 的值不断上升。当协同因子大于 2 时，TC 的值不再发生变化。当平均邻居数稳定增加时，TC 的值不发生变化。这意味着均衡结果对我们模型中的参数 r 和 a_{vn} 是稳健的。

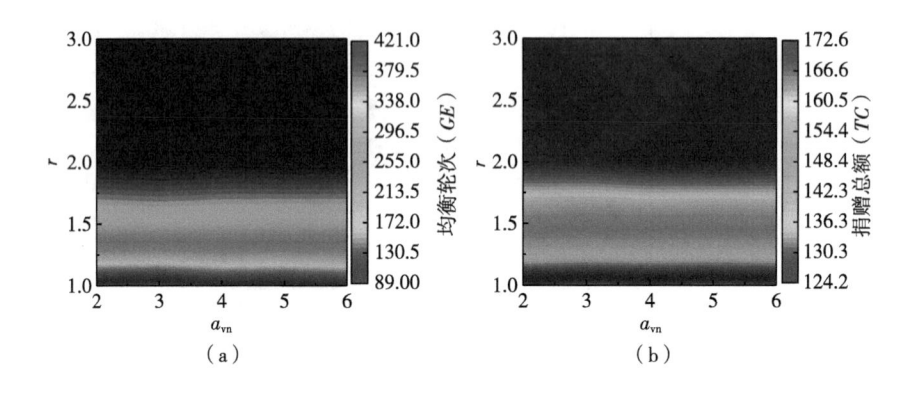

图 7-14　协同因子 r 和平均邻居数 a_{vn} 对合作的影响

结合对上述数值模拟结果的分析，得出如下结论：一是闲言碎语可以在促进异质性人际关系下公共文化服务供给中发挥重要作用，鼓励公众在传播信息前进行调查，有利于提高闲言碎语的效果。二是在我们提出的三种备选机制中，P_M 最有利于公共文化服务的长期供给。三是在采用机制 P_M 时，容忍度、惩罚时间和再生系数存在一个可取的最优区间，以最大化机制 P_M 的效果，即采用较低的容忍度、短暂的惩罚时间和较高的再生系数有利于公众参与公共文化服务涌现现象出现。

基于以上结论，为推进公众参与公共文化服务，提出以下建议：一是闲言碎语者比例和质量的提高有助于提高公众参与公共文化供给的参与度，管理者应鼓励公众以事实为基础，积极评论公共文化供给情况。二是由以上结论可知，P_M 机制对公众参与公共文化供给的促进作用最大，管理者可以惩罚那些不断传播不实信息的人，并对那些受到不实信息影响的人进行经济补偿。三是根据上述容忍度、惩罚时间和重生系数的结果，管理者应该采取严厉但短暂的措施来惩罚那些不断散布不实信息的人，但以宽容的态度重新接纳他们。

第四节 基于行动要素的公共产品博弈模型

一 影响个体决策要素描述

将公共产品博弈模型中局中人依据是否捐赠划分为合作者和不合作者。合作者既可以选择捐款也可以选择捐时间，不合作者不进行任何捐赠。因此，局中人的合作方式为捐款或捐时间，不合作方式为不捐赠。每个局中人都有 k 个邻居，并且需要参加 $k+1$ 次博弈。假设受收入水平影响，合作者 i 自愿捐款的概率为 δ_i，用公式（7-6）表示如下：

$$\delta_i = \begin{cases} \varphi_i, & 0 \leq \varphi_i \leq 1 \\ 1, & \varphi_i > 1 \end{cases} \tag{7-6}$$

其中，$\varphi_i(\geq 0)$ 表示合作者 i 的收入水平，并且服从正态分布 $\varphi_i \sim N\left(\overline{\varphi_i}, \left(\dfrac{\varphi_i}{3}\right)^2\right)$，$\overline{\varphi_i}(0 < \overline{\varphi_i} \leq 1)$ 为所有局中人的平均收入水平。

局中人 i 的收益用公式（7-7）表示如下：

$$P_i = \sum_{j \in \Omega_i} P_i^j = \sum_{j \in \Omega_i} \left(r \frac{c_a^j + c_b^j}{k_j + 1} - c_i \right) \tag{7-7}$$

其中，P_i 表示局中人 i 的收益，Ω_i 为局中人 i 参与的公共产品博弈的集合，j 表示 Ω_i 的一个公共产品博弈子集。$r(>1)$ 表示协同因子，c_a^j 和 c_b^j 分别为捐赠的资金和时间的价值额度。k_j 为局中人 i 在公共产品博弈 j 中的邻居数。c_i 为局中人 i 的捐赠额。假设若局中人 i 以捐款方式合作，则 $c_i = 1$，若以捐时间方式合作，则 c_i 如式（7-8）所示：

$$c_i = \begin{cases} 1 & N_b \leq V_b \\ \dfrac{V_b}{N_b} & N_b > V_b \end{cases} \tag{7-8}$$

其中，N_b 为时间捐赠者的数量，V_b 为公共文化活动的非货币预算，并且有 $V_b = Vf_{non}$，V 为活动总预算，f_{non} 为非货币预算占总预算比重。从式（7-8）中可以看出，当时间捐赠者的数量小于或等于非货币预算时，捐时间的价值与捐款的价值相等；当时间捐赠者的数量大于非货币预算时，捐时间的价值将小于捐款的价值，并随着捐时间者的数量增加而下降。原因在于，公共文化活动的成功举办离不开财力投入，同样也离不开人力投入。捐款可以增加财力投入，并且边际价值不变；捐时间可以增加人力投入，但是超过临界值后边际价值就会降为零，因为村民终究不能代替专业演员进行表演，所以当捐赠的时间足够完成宣传、搭建戏台等辅助性事务后，再多的时间捐赠也不会增加捐赠的总价值，只会降低捐赠时间的平均价值。综上分析，捐赠时间的价值如式（7-8）所示，当 $N_b \leq V_b$ 时，捐时间和捐款的价值一样都为 1，当 $N_b > V_b$ 时，捐时间的价值则下降为 $\dfrac{V_b}{N_b}$。

声誉经常以"面子"的形式，在人们日常生活中发挥着促进合作的作用。在社戏中，如果一个村民经常不捐赠，则很容易被"闲言碎语者"议论，这就会让他感觉"很没面子"，通常他会选择在下一轮捐赠以维持自己的"面子"。因此，假设每个局中人都有一个声誉水平 R 和声誉容忍值 R_T。基于已有文献研究，第 t 轮局中人 i 的声誉水平可用公式（7-9）表示：

$$R_i(t) = R_i(t-1) + \Delta R_i \quad (7\text{-}9)$$

初始状态下，局中人 i 被随机赋予一个声誉值 $R_i(0)$（$0 \leq R_i(0) \leq N$），并且 $R_i(0)$ 服从均值为 $\dfrac{N}{2}$，标准差为 $\dfrac{N}{6}$ 的正态分布，即 $R_i(0) \sim N\left(\dfrac{N}{2},\left(\dfrac{N}{6}\right)^2\right)$，其中 N 为参与博弈的局中人总数。随后，声誉将由上一轮的策略和声誉增加值 ΔR_i 决定。如果局中人 i 选择合作，其声誉将增加 ΔR_i。否则，将减少 ΔR_i。由于每个人的认知偏差，声誉增加值因人而异。因此，我们假设其随机分布在区间 $\Delta R_i \in \left[1, \dfrac{N}{100}\right]$。在声誉机制作用下，当 $R_i < R_{Ti}$，即局中人 i 的声誉水平低于其声誉容忍值时，他会选择合作，当 $R_i \geq R_{Ti}$，即局中人 i 的声誉水平高于其声誉容忍值时，他会根据收益水平决定选择合作还是不合作策略。

第七章 自我型供给模式的公众合作涌现研究

现有文献证明满意度也会影响合作涌现。[1] 假设公众满意度与捐赠总额呈正相关关系，则捐款对公众满意度的影响更大。因为，捐赠总额由捐款的价值额与捐时间的价值额构成，当捐时间的价值达到活动的非货币预算后，额外的时间捐赠不会再增加捐赠总额；与捐时间不同，超出货币预算后，额外的资金捐赠依然可以增加捐赠总额，进而可以将多余的捐赠额度用来丰富活动内容、提升活动质量，最终提高公众的满意度，增加公众以后的合作意愿。设 α 为局中人的满意度，如式（7-10）所示。

$$\alpha = \left(\frac{T_s}{V}\right)^2 - 1 = \left(\frac{T_a + T_b}{V}\right)^2 - 1 \tag{7-10}$$

其中，T_s 为当前捐赠总额，它由现有捐款价值 T_a 和捐时间的价值 T_b 构成，V 为活动总预算。

近年来情感因素也被学者证明会对合作涌现产生作用。[2][3][4][5] 假设捐时间会对公众情感产生积极影响。因为，虽然当时间捐赠者的数量达到一定值后，单位时间的价值会随着捐赠者数量的上升而下降，但是不同于捐款，捐时间需要公众参与到活动的生产过程中，去真实地体验活动筹备的过程，这些切身体验可以提升公众对活动的感情。因此，在公共产品博弈模型中，设定连续地捐时间有利于增加公众对活动的情感，提升其今后合作概率。β 表示公众对活动的积极情感水平，用式（7-11）表示如下：

$$\beta = 1 - \exp(1 - m) \tag{7-11}$$

---

[1] Sallach D L, "Review of distributed constraint satisfaction: foundations of cooperation in multi-agent systems", *Journal of Artificial Societies & Social Simulation*, Vol. 8, No. 2, 2000, pp. 189-191.

[2] Andreas L, Carsten V, "Cooperation in international environmental negotiations due to a preference for equity", *Journal of Public Economics*, Vol. 87, No. 9, 2004, pp. 2049-2067.

[3] Bechara A, Damasio H, Damasio A R, "Emotion, decision making and the orbitofrontal cortex", *Cerebral Cortex*, Vol. 10, No. 3, 2000, pp. 295-307.

[4] Greene J D, Sommerville R B, Nystrom L E, et al, "An fMRI investigation of emotional engagement in moral judgment", *Science*, Vol. 293, No. 5537, 2001, pp. 2105-2108.

[5] Wang Y, Chen T, Chen Q, et al, "Emotional decisions in structured populations for the evolution of public cooperation", *Physica A: Statistical Mechanics and its Applications*, No. 468, 2017, pp. 475-481.

其中，m 为连续捐时间的次数。β 是关于 m 的一个增函数，当时间捐赠者上一轮不捐时，β 就会下降到一个固定最低值。只有不间断地捐赠时，β 的值才会越来越大。

二 个体策略更新规则

下面基于理性人假设、声誉机制，并结合满意度以及情感因素对公共产品博弈模型中局中人策略更新规则进行描述。

第一，在理性人假设下，合作者和不合作者都以利益最大化指导决策过程。在该情形下，他们会选择收益最高的邻居策略进行模仿，局中人 i 实施收益最高的邻居 j 的策略的概率，如式（7-12）所示：

$$W(s_i \leftarrow s_j) = \frac{1}{1+\exp[(P_i-P_j)/\phi]} \qquad (7\text{-}12)$$

其中，ϕ 为噪声系数，s_i 和 s_j 分别是局中人 i 和邻居 j 的策略。P_i-P_j 表示局中人 i 和邻居 j 收益的差值。

第二，若考虑声誉机制，则局中人首先会基于声誉水平调整决策，当局中人 i 的声誉水平 R_i 小于其声誉容忍值 R_{Ti} 时，为了维护"面子"他会在下一轮选择合作策略；当局中人 i 的声誉水平 R_i 不低于其声誉容忍值 R_{Ti} 时，他会基于利益最大化原则，参考收益最高邻居的策略进行决策。

捐款和捐时间各自都有促进合作涌现的优势。捐款可以通过增加总捐赠额，改善活动质量，提高公众满意度，促进合作行为产生。捐时间可以通过亲身体验，增进捐赠者对活动的感情，提升他们的合作意愿。因此，综上所述，本章基于博弈的行动要素，分别构建捐款模型和混合模型，研究不同合作方式对公共文化服务自我型供给模式中公众合作涌现的影响。

在捐款模型中，捐款是合作的唯一方式，局中人 i 的决策过程如图 7-15 所示，p_{im} 表示不同模型中局中人 i 选择以捐款方式合作的概率。模型中，局中人 i 首先会将自身的声誉水平 R_i 和声誉容忍值 R_{Ti} 进行对比，如果 $R_i<R_{Ti}$，他会选择在下一轮中通过捐款合作，此时 $p_{im}=1$。如果 $R_i \geq R_{Ti}$，他会模仿邻居 j 策略概率，则用公式（7-13）表示如下：

$$W(s_i \leftarrow s_j) = \begin{cases} \dfrac{1}{1+\exp[(P_i-P_j)/\phi]} + \alpha v - \gamma & c_j > 0 \\ \dfrac{1}{1+\exp[(P_i-P_j)/\phi]} - \alpha v + \gamma & c_j = 0 \end{cases} \quad (7-13)$$

其中，αv 表示满意度对局中人决策的影响，α 为局中人的满意度，v 为满意度占个人决策的权重。γ 为捐款模型对合作的消极影响，因为在该模型下合作只能通过捐款的方式实现，受收入水平影响公众并不都愿意捐款，所以捐款会降低他们的合作概率，假设 $0.5<\gamma<1$。$c_j>0$ 表示邻居 j 是合作者，$c_j=0$ 表示邻居 j 是不合作者。

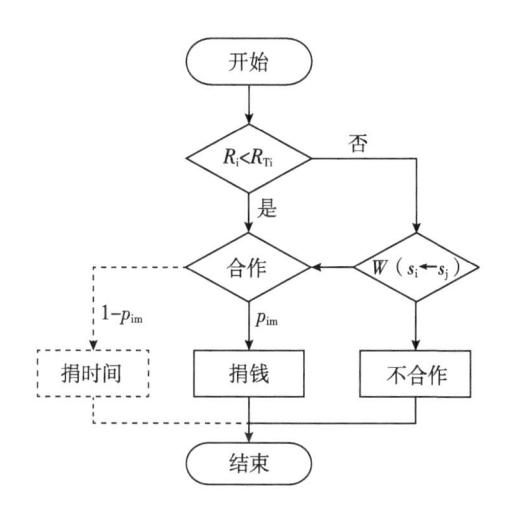

图 7-15 捐款模型和混合模型中局中人的决策过程

在混合模型中，捐款和捐时间都可以作为合作的方式。当 $R_i<R_{Ti}$ 时，局中人 i 会通过捐款或捐时间实现合作，此时 $p_{im}=\delta_i$。当 $R_i \geqslant R_{Ti}$ 时，局中人 i 模仿邻居 j 策略概率，如式（7-14）所示：

$$W(s_i \leftarrow s_j) = \begin{cases} \dfrac{1}{1+\exp[(P_i-P_j)/\phi]} + \alpha v + \beta \omega & c_j > 0 \\ \dfrac{1}{1+\exp[(P_i-P_j)/\phi]} - \alpha v - \beta \omega & c_j = 0 \end{cases} \quad (7-14)$$

其中，$\beta\omega$ 表示情感因素对局中人决策的影响，β 为局中人对活动的积极情感水平，ω 为情感因素占个人决策的权重。表7-2列出了公共产品博弈模型中涉及的部分参数及定义。

表7-2　　　　　　　　　参数的定义汇总

参数	定义	参数	定义
δ	合作者自愿捐款的概率	φ	局中人收入水平
P	局中人支付	Ω	公共产品博弈集合
c	局中人捐赠额	r	协同因子
N_b	捐时间者的数量	V_b	活动最大非货币预算
f_{non}	非货币预算占总预算比	R_T	局中人声誉容忍值
R	局中人声誉值	ΔR	声誉变动值
ϕ	噪声系数	v	满意度占决策权重
α	满意度水平	T_s	捐赠总额
T_a	捐款总额	T_b	捐时间价值总额
ω	情感因素占决策权重	β	局中人对活动的积极情感水平
m	连续捐时间次数	γ	捐款模型消极作用
f	合作者比例	p_{im}	各模型中合作者捐款的概率
θ	情感—满意度比，$\theta=\omega/v$		

三　数值模拟与分析

为研究不同捐赠方式对公共文化服务自我型供给模式中公众合作涌现的影响，本书分别基于捐款模型和混合模型，运用计算实验方法进行了大量模拟，其中，公共产品博弈模型都是建立在社会网络之上的。具体参数设置如下，总人数 $N=300$，平均邻居数 $k=4$，协同因子 $r=2$，噪声系数 $\phi=0.1$，活动总预算 $V=150$，非货币预算比重 $f_{non}=0.15$，平均收入水平 $\overline{\varphi}=0.15$，声誉容忍值 $R_T=50$，满意度占决策权重 $v=0.1$，情感因素占决策权重 $\omega=0.15$。当讨论其中某个参数的影响时，其他参数均保持不变。下文将从均衡合作水平、均衡速度和均

第七章 自我型供给模式的公众合作涌现研究

衡捐赠总额三方面对不同参数变动下模型的鲁棒性进行分析。均衡合作水平是指系统达到均衡状态时合作者的比例。均衡速度是指系统达到均衡合作状态时,所消耗的运行轮次。均衡捐赠总额是指系统达到均衡状态时,捐赠的价值总额。模拟结果显示,在图7-16至图7-21中,其中虚线由捐款模型结果构成,实线由混合模型结果构成。为降低蒙特卡洛模拟随机错误,每个数据点都来自100个独立实验结果的平均值,每个独立实验都至少运行10000步。

首先,基于平均收入水平$\bar{\varphi}$对捐款模型和混合模型鲁棒性进行分析。图7-16显示了不同平均收入水平下,两个模型运行50000轮次之后的结果。图7-16(a)刻画了不同平均收入水平下,合作者比例f的演化过程,其中,$\bar{\varphi}$分别取值0.1、0.5、0.9;图7-16(b)显示了均衡状态下的合作者比例f和捐赠总额T_s,$\bar{\varphi}$分别取值0.1、0.3、0.5、0.7、0.9。通过对模拟结果进行分析可得出如下结论:第一,无论平均收入水平如何变化,捐款模型和混合模型的均衡合作水平始终相同。从图7-16(b)中可以发现,代表合作者比例的两条线始终在$f=1$的水平保持重叠。第二,不同的平均收入水平下,混合模型都比捐款模型均衡速度快。从图7-16(a)中可以看出,相同平均收入水平下,实线比虚线更快到达$f=1$处。第三,不同的平均收入水平下,混合模型的均衡捐赠总额始终比捐款模型低。从图7-16(b)中代表捐赠总额的线条表现可以看出,随着平均收入水平$\bar{\varphi}$增长,实线不断向右上方运行,但它始终位于虚线下方。两个模型均衡合作水平始终相同,表明混合模型花费更少的成本就能够维持同样的合作者比例。

其次,讨论不同活动预算V下捐款模型和混合模型的表现。图7-17描述了不同活动预算下,两个模型运行10000轮次后的结果。图7-17(a)刻画了合作者比例的演化过程,其中,V分别取值10、50、150、250、350。图7-17(b)显示了均衡状态下合作者比例和捐赠总额,其中,V取值10、50、100、150、200、250、300、350、400、450、500。分析具体模拟结果可以得出以下结论:第一,当活动预算在一定区间内时,混合模型的均衡合作水平要比捐款模型高。

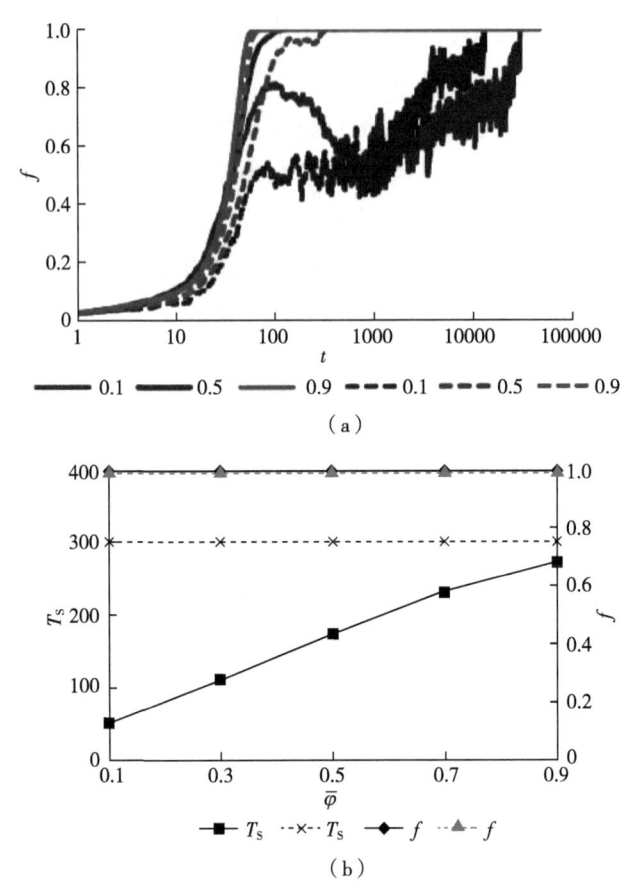

图 7-16　不同平均收入水平下捐款模型和混合模型运行结果

从图 7-17（b）中可以看到，当 $V \leqslant 150$ 时，实线和虚线处于重叠状态；当 $150<V<400$ 时，虚线一直运行在实线的下方；当 $V \geqslant 400$ 时，两条线又逐渐处于同一水平。因此，结合实线和虚线的运行关系可知存在一个区间 (V_a, V_b)，当 $V \leqslant V_a$ 时，捐款模型和混合模型的均衡合作水平相同。当 $V_a<V<V_b$ 时，混合模型的均衡合作水平更高。当 $V \geqslant V_b$ 时，两个模型的均衡合作水平又逐渐保持一致。第二，随着活动预算的变化，捐款模型和混合模型均衡速度也会随之变化。从图 7-17（b）中可以看到当 $V=10$ 时，全部实现均衡之前虚线一直位于实线的上方，随着 V 从 10 增加到 150，虚线移动到了实线的下方。当 $V>150$ 时，所有的线条并不处于同一水平，即均衡合作水平不相同，此时讨论达到均衡的速度没有意义。因此，同样可以认为存在一个区间（V'_a，V'_b），当$V \leqslant V'_a$时，捐款模型均衡速度比混合模型快，当$V'_a < V < V'_b$时，捐款模型的均衡速度比混合模型慢；当$V \geqslant V'_b$时，由于两个模型均衡合作水平不相同，因此无法判断达到合作均衡的速度快慢。第三，不同活动预算下，混合模型的均衡捐赠总额始终未超过捐款模型的均衡捐赠总额。从图7-17（b）中可以看出，虽然随着V不断增大，代表捐赠总额的实线与虚线的距离越来越近，但实线却始终没有在虚线上方运行。结合代表合作者比例的虚线也一直没有在实线上方运行，可知实现同样的均衡合作水平，混合模型较之捐款模型有成本优势。

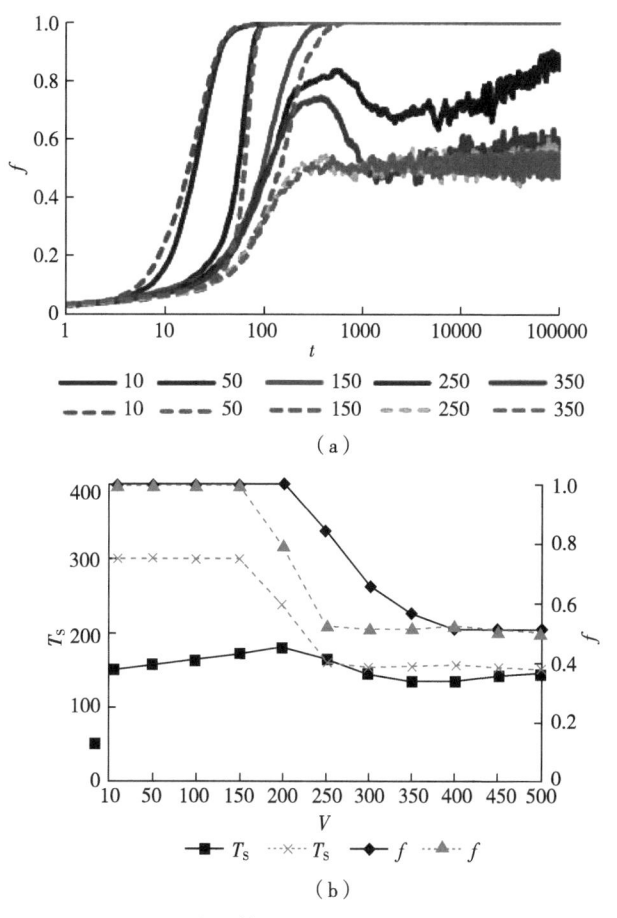

图7-17 不同活动预算下捐款模型和混合模型运行结果

声誉机制可以维持合作水平，因此接下来，讨论不同声誉容忍值 R_T 下捐款模型和混合模型的表现。图 7-18 显示了两个模型模拟 10000 轮次的结果。图 7-18（a）显示了不同声誉容忍值下合作者比例的演化过程，其中，R_T 分别取值 0、50、100。图 7-18（b）描述了不同声誉容忍值下，均衡状态时合作者比例和捐赠总额，其中，R_T 分别取值 0、25、50、75、100。结合上图可以得出如下结论：第一，无论声誉容忍值如何变化，捐款模型和混合模型均衡合作水平始终相同。从图 7-18（b）中可以清楚地看到，代表合作者比例的实线和虚线一直重叠在 $f=1$ 的水平。第二，不同的声誉容忍值下，混合模型的均衡速度始终比捐款模型快。从图 7-18（a）中，可以看出当 R_T 分别为 0、50、100 时，实线一直位于虚线的上方。此外，从线条较大的移动距离可知，声誉容忍值的变化对两个模型的均衡速度有较大影响。第三，不同的声誉容忍值下，混合模型均衡捐赠总额始终比捐款模型低。从图 7-18（b）中，可以看到代表捐赠总额的实线一直处于虚线下方。代表合作者比例的实线和虚线在相同水平重合，意味着相较于捐款模型，混合模型花费较低的成本就可以维持同样的合作者比例。

除上述变量外，满意度和情感同样会对局中人决策产生影响，两个因素占局中人决策权重分别为 υ 和 ω。为了探究两个因素所占权重对模型的影响，令 θ 为情绪—满意度比值，即 $\theta=\omega/\upsilon$。$\theta>1$ 表示情感占决策权重大于满意度所占权重。$\theta<1$ 表示情感占决策权重小于满意度所占权重。$\theta=1$ 则意味着两者所占决策权重相同。图 7-19 显示了不同 θ 下，两个模型 10000 轮后的模拟结果。图 7-19（a）描述了合作者比例的演化过程，其中，θ 分别取值 0.5、1.5、2.5。图 7-19（b）显示了均衡状态下合作者比例和捐赠总额，其中，θ 分别取值 0.5、1、1.5、2、2.5。通过对图中结果分析，可以得出如下结论：第一，无论 θ 如何变化，捐款模型和混合模型均衡状态合作水平都相同。从图 7-19（b）中可以发现，代表合作者比例的实线和虚线始终重叠在 $f=1$ 的水平。第二，无论 θ 为何值，混合模型均衡速度都比捐款模型快。从图 7-19（a）中，能够清楚地看到所有实线都位于虚线上方。此外，随着 θ 变化，所有线条移动相对平缓，因此情绪—满

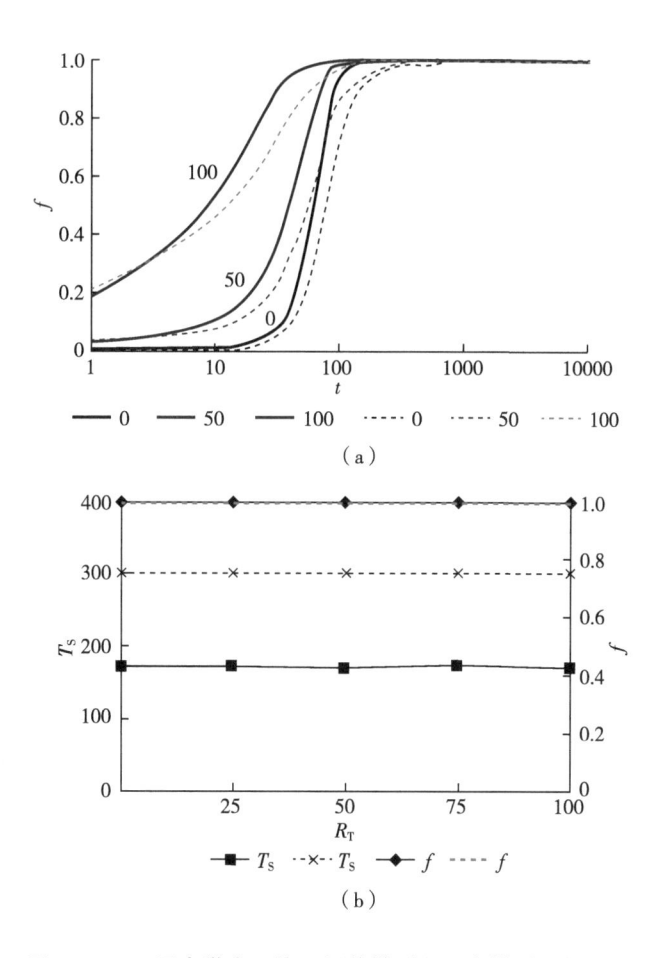

图 7-18 不同声誉容忍值下捐款模型和混合模型运行结果

意度比对两个模型达到均衡速度影响不大。第三，不同 θ 值下，混合模型的均衡捐赠总额比捐款模型低。与图 7-18（b）一样，图 7-19（b）中代表捐赠总额的实线始终位于虚线下方。代表合作者比例的实线和虚线始终重合，表明维持同样的合作者比例，混合模型花费的成本更低。

此外，讨论非货币预算比重 f_{non} 对混合模型运行结果的影响，因为 f_{non} 决定着捐赠时间的价值总额，它的变化将会对混合模型结果造成较大影响。图 7-20 显示了模拟 10000 轮次后混合模型的结果。图 7-20（a）描述了不同非货币预算比重下，合作者比例的演化过

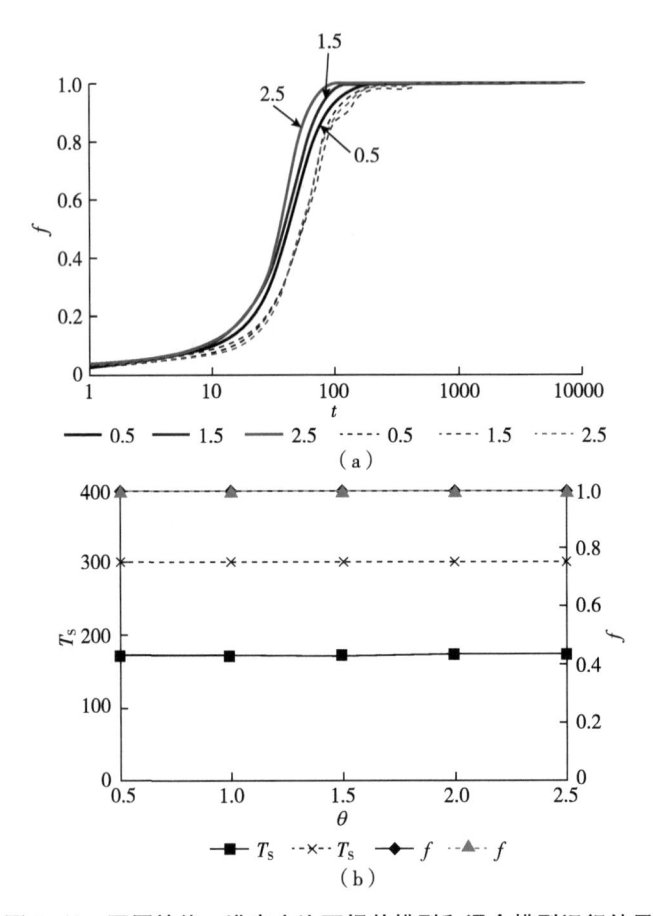

图7-19 不同情绪—满意度比下捐款模型和混合模型运行结果

程,其中,f_{non}分别取值0.05、0.15、0.25。图7-20(b)刻画了不同非货币预算比重下,捐赠总额的演化过程,其中,f_{non}分别取值0.05、0.15、0.25。结合上述结果可以得出如下结论:第一,非货币预算比重越高,混合模型均衡速度越快。从图7-20(a)中可以看出,随着f_{non}变大,线条到达$f=1$的水平用时越短。第二,混合模型的均衡捐赠总额随着非货币预算比重提高而增加,即非货币预算比重越大维持相同合作者比例的成本越高。从图7-20(b)中可以发现,f_{non}取值越大,线条保持水平的位置越高。原因是f_{non}的初始值比较小,导致单位捐赠时间的价值小于捐款的价值,而随着f_{non}的值越来越大,单位捐赠时间的价值逐渐变大。因此,当f_{non}处于一个相对较

小的区间 [0.05，0.25] 时，f_{non} 越大，捐赠时间的总价值越大，捐赠总额也就越大。此外，对比图 7-20（a）和（b）可以发现，非货币预算比重的变化对均衡捐赠总额的影响要比对均衡速度的稍大，但总体影响力度都不大。

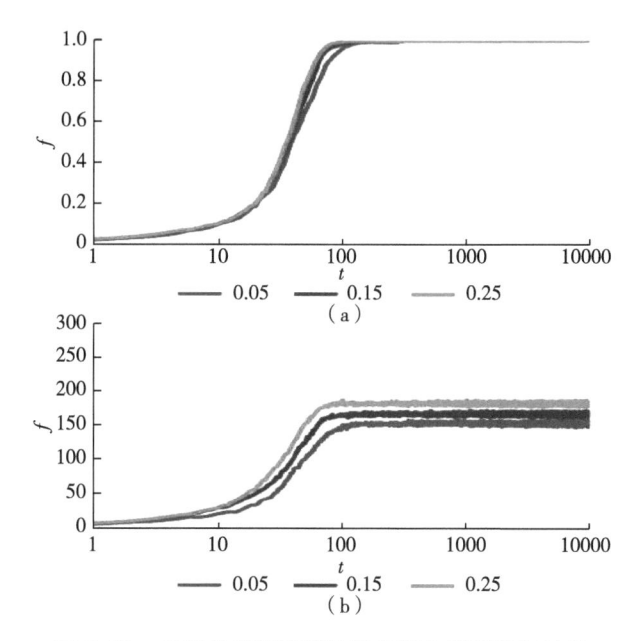

图 7-20　不同非货币预算比重下混合模型运行结果

最后，讨论协同因子 r 和噪声系数 ϕ 对捐款模型和混合模型运行的影响。图 7-21 显示了不同协同因子和噪声系数下，两个模型运行 10000 轮次之后的结果，其中，r 分别取值 1.6、2.4、3.2，ϕ 分别取值 0.1、0.3、0.5。图 7-21（a）和（c）分别描述了不同协同因子和噪声系数下，合作者比例的演化过程。图 7-21（b）和（d）分别描述了不同协同因子和噪声系数下，捐赠总额的演化过程。结合图中内容，可以得出如下结论：第一，不同协同因子和噪声系数下，捐款模型和混合模型均衡合作水平相同。从图 7-21（a）和（c）可以看出，所有实线和虚线最终都在 $f=1$ 处，保持水平。第二，不同协同因子和噪声系数下，混合模型均衡速度始终比捐款模型快。同样地，从图 7-21（a）和（c）可以看出，线条全部实现均衡之前，所有的实线都位于虚线上方。第三，不同协同因子和噪声系数下，混合模型的均衡捐赠总额比捐款模型低。从图7-21（b）和（d）可以发现，所有虚线都在实线上方保持水平。结合图7-21（a）和（c）中所有线条都在$f=1$处重叠，可知维持同样的合作者比例，混合模型有成本优势。

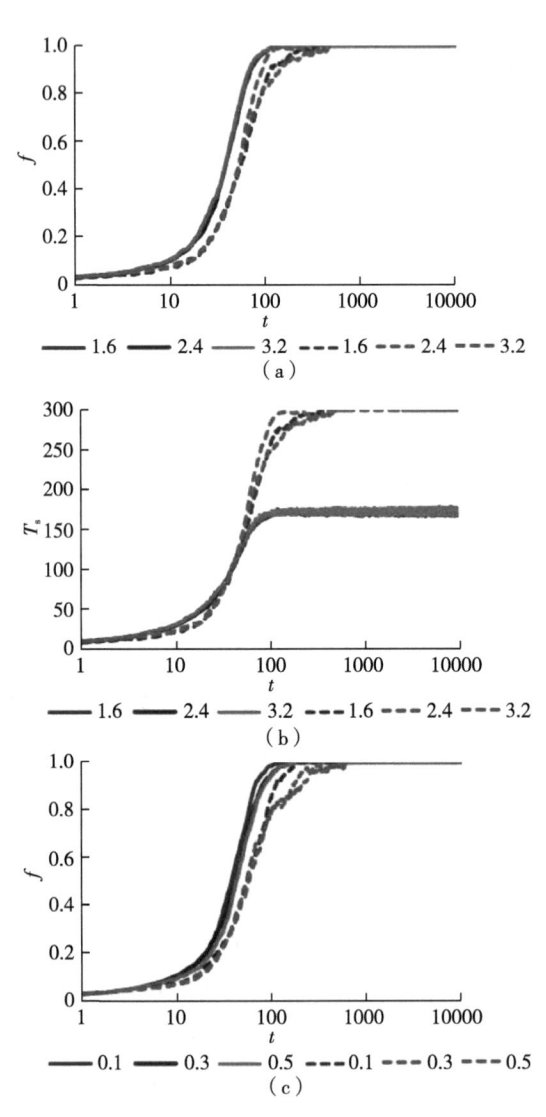

图7-21 不同协同因子和噪声系数下捐款模型和混合模型运行结果

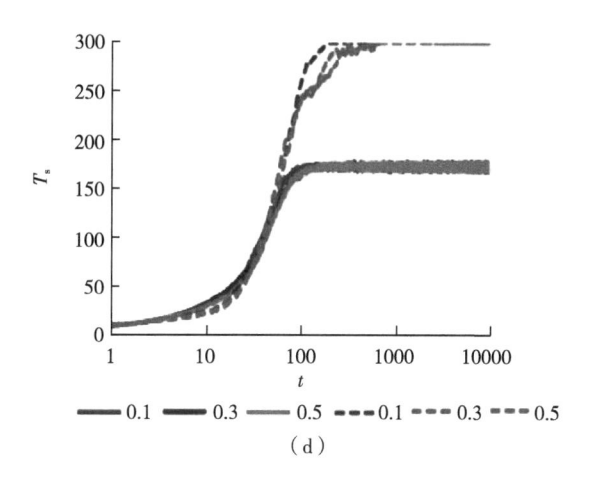

图 7-21 不同协同因子和噪声系数下捐款模型和混合模型运行结果（续）

通过对数值模拟结果分析，得出如下结论：一是无论收入水平、声誉、情感和满意度等因素如何变化，混合模型都比捐款模型具有优越性。主要表现为：混合模式不仅比捐款模型能更快地实现局中人全面合作，而且能花费更低的成本维持同样的合作水平。二是非货币预算与混合模型的均衡速度、均衡捐赠总额呈正相关关系。但是非货币预算变化对捐款模型运行效果影响较为温和。三是当活动预算较小时，维持同样合作水平捐款模型比混合模型花费成本更高，但能更快地实现全面合作；随着活动预算增长到一定区间时，混合模型在均衡合作水平和成本方面都比捐款模型更优；当活动预算继续增加时，混合模型依然有成本优势。四是系统参数协同因子和噪声系数的变化，不会影响混合模型在均衡速度和成本方面的优势。

第五节 基于信息要素的公共产品博弈模型

一 不同模型的信息传播特征描述

本章基于信息要素，从信息传播特征视角出发，构建了四个公共产品博弈模型，分别为中立模型、积极模型、消极模型和沉默模型。

所有模型中，存在直接关系的邻居可以实现信息互换，不存在直接关系的陌生人需要通过信息传播者才能够实现信息交流。但是由于各信息传播者的传播内容不同，所以会导致不同模型的信息传播特征不同。在中立模型中，合作行为和不合作行为都可以通过中立信息传播者，在不存在直接关系的陌生人之间传递；在积极模型中，只有合作行为才可以通过积极信息传播者，在不存在直接关系的陌生人之间传递；在消极模型中，同样也只有不合作行为可以通过消极消息传播者，在不存在直接关系的局中人之间传递；在沉默模型中，由于没有信息传播者，因此信息只能在有直接关系的邻居之间传递。

二　信息传播者对个体决策影响机制

除追求利益最大化外，一致性[1][2][3][4]和声誉机制[5][6][7][8][9]也已被证明会影响社会组织中个体决策。综合以上三种因素，提炼出基于信息传播特征的公共产品博弈模型中局中人决策过程，如图7-22所示，首先，局中人基于声誉机制和利益最大化做出初始决策；其次，在一

---

[1] Szolnoki A, Perc M, "Conformity enhances network reciprocity in evolutionary social dilemmas", *Journal of the Royal Society Interface*, No. 12, 2015.

[2] Dreu C K D, Kret M E, "Oxytocin conditions intergroup relations through upregulated in-group empathy, cooperation, conformity and defense", *Biological Psychiatry*, Vol. 79, No. 3, 2015, pp. 165-173.

[3] Pena J, Volken H, Pestelacci E, et al, "Conformity hinders the evolution of cooperation on scale-free networks", *Physical Review E*, Vol. 80, No. 1, 2009.

[4] Henrich J, Boyd R, "Why people punish defectors: weak conformist transmission can stabilize costly enforcement of norms in cooperative dilemmas", *Journal of Theoretical Biology*, Vol. 208, No. 1, 2001, pp. 79-89.

[5] Mcintosh C, Sadoulet E, Buck S, et al, "Reputation in a public goods game: taking the design of credit bureaus to the lab", *Journal of Economic Behavior & Organization*, Vol. 95, No. 4, 2013, pp. 270-285.

[6] Wang X, Chen X, Gao J, et al, "Reputation-based mutual selection rule promotes cooperation in spatial threshold public goods games", *Chaos Solitons & Fractals*, Vol. 56, No. 4, 2013, pp. 181-187.

[7] Suzuki S, Akiyama E, "Reputation and the evolution of cooperation in sizable groups", *Proc Biol Sci*, Vol. 272, No. 1570, 2005, pp. 1373-1377.

[8] Hauert C, "Replicator dynamics of reward & reputation in public goods games", *Journal of Theoretical Biology*, Vol. 267, No. 1, 2010, pp. 22-28.

[9] Fu F, Hauert C, Nowak M A, et al, "Reputation-based partner choice promotes cooperation in social networks", *Physical Review E*, Vol. 78, No. 2, 2008.

致性机制作用下,为与多数决策保持一致,局中人会进行二次决策;再次,公布此轮捐赠名单;最后,局中人又会基于声誉机制和利益最大化做下一轮的初始决策。

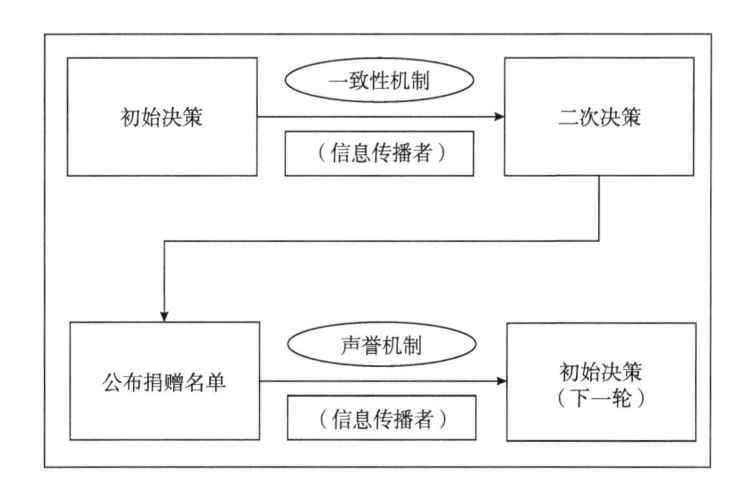

图 7-22 基于信息传播特征的公共产品博弈模型中局中人决策过程

信息传播者将朋友的信息传递给陌生人,使信息在不同群体之间流动,他们主要通过一致性机制和声誉机制影响局中人决策。

(一) 通过一致性机制影响局中人决策

通常人们做决策时,会参考一定范围内其他人的决策,因此假设每个局中人都有一个半径为 d 的参考圈。一般情形下,局中人只能获得参与圈内与自己有直接关系的邻居的决策,但是,如果参考圈内存在信息传播者,局中人可以通过付出信息搜寻成本 μ 获取参考圈内与自己没有关系的陌生人的决策信息。信息搜寻成本是指从信息传播者处获得可靠信息的成本,取决于社会信任水平。信任既是社会的润滑剂,也是人际沟通的基础。[①] 社会信任水平越高,信息接收者证明信号真实性的成本越低;反之成本越高。因此,村庄或社区中公众信任水平越高,公众就越相信接收的信息,信息搜寻成本就越低;反之,

---

① Arrow K J, *The Limits of Organization*, New York: WW Norton and Company, 1974.

他们就会付出大量时间和精力确认接收信息的真实性，信息搜寻成本就越高。从一定程度上讲，此处信息搜寻成本与经济学中经典的"搜寻成本"的内涵一致。①

通过图 7-23 中三幅图的对比，能更好地理解信息传播者对局中人获取信息的影响。图中处于中心位置的圆圈为局中人 i，星形为信息传播者，外围圆圈为局中人 i 的参考圈。图 7-23（a）中，局中人 i 只能获得四个邻居的决策信息；图 7-23（b）中，局中人 i 能获得所有人的决策信息，因为他能通过信息传播者获取陌生人的决策信息；图 7-23（c）中，局中人 i 只能获得四个邻居的决策信息，因为信息传播者位于他的参考圈外。由此可知，基于一致性机制，信息传播者能够通过影响局中人的信息获取，改变局中人认为的大多数策略，进而使局中人的二次决策不同于第一决策。

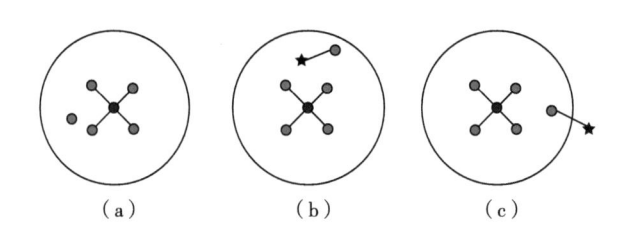

图 7-23　信息传播者对局中人获取信息的影响

（二）通过声誉机制影响局中人决策

生活中即使决策信息被公布，也不是所有人的声誉水平都会发生显著变化。因为，每个人的决策并不一定都会被别人关注，只有当他的决策被闲言碎语者关注并议论时，他才会觉得声誉产生了显著变化。因此，假设参考圈中存在信息传播者，会显著提高局中人的声誉波动水平。因为，信息传播者会将局中人的决策信息传递给邻居圈外的人，引起更多人的关注，增加被闲言碎语者议论的概率，提高其声

---

① Smith G E, Venkatraman M P, Dholakia R R, "Diagnosing the search cost effect: waiting time and the moderating impact of prior category knowledge", *Journal of Economic Psychology*, Vol. 20, No. 3, 1999, pp. 285-314.

誉波动水平，最终影响局中人的决策。

考虑信息传播者对局中人决策的影响，将四个公共产品博弈模型都建立总人数为 N 的社会网络中，每个局中人有 k 个邻居，参加 k+1 次公共产品博弈。局中人分为合作者（C）和不合作者（D），任意挑选其中一个局中人 i 的声誉水平为 R_i，其中 $R_i \in [0, N]$。局中人 i 的收益 P_i 如式（7-15）所示：

$$P_i = \sum_{j \in \Omega_i} P_i^j = \sum_{j \in \Omega_i} \left(r \frac{c^j}{k_j + 1} - c_i \right) - n_n \mu \quad (7-15)$$

其中，P_i 表示局中人 i 的收益，Ω_i 为局中人 i 参与的公共产品博弈的集合，j 为 Ω_i 的一个公共产品博弈子集。$r(>1)$ 为协同因子，c^j 为合作者捐赠额。k_j 为局中人 i 在公共产品博弈 j 中邻居数。c_i 为局中人 i 的捐赠额。若局中人 i 为合作者，则 $c_i = 1$；若为不合作者，则 $c_i = 0$。n_n 为局中人 i 参考圈中陌生人的数量。假设局中人可免费获取邻居的决策信息，但获取邻居圈外的陌生人的决策信息需要付出信息搜寻成本 μ。在一致性机制作用下，局中人不愿站在大多数人的对立面，他们认为获取更多信息有利于与多数人保持一致，所以都愿意付出成本 $n_n \mu$ 获取陌生人的信息。

三 个体策略更新规则

（一）初始决策中个体策略更新规则

在初始决策阶段，局中人基于声誉机制和利益最大化进行决策。该阶段，声誉对局中人决策的影响主要表现为，当局中人采取不合作策略时，他会被闲言碎语者议论，使其觉得声誉下降；而当他觉得自身声誉低于某个容忍值时，他就会觉得"没面子"，进而在下一轮选择合作，以维护自己的"面子"。因此，当随机挑选的局中人 i 觉得自身声誉 R_i 小于他的声誉容忍值 R_{Ti} 时，就会选择合作。其中，局中人 i 的声誉容忍值满足 $R_{Ti} \in (0, \eta]$，η 为声誉容忍值的上限，令 $\eta = 0.1N$，N 表示局中人的总数。如果局中人 i 的邻居中存在信息传播者，无论是一个还是多个，都将扩大他的声誉波动水平，如式（7-16）所示。

$$R_i(t+1) = \begin{cases} R_i(t) + \varphi \times N/100 & c_i = 1 \\ R_i(t) - \varphi \times N/100 & c_i = 0 \end{cases} \quad (7-16)$$

其中，φ 为信息传播者的声誉扩大系数，N 为总人数，$N/100$ 为扩大作用下声誉变动基数，该参数的设置有利于保证总人数变动时，声誉变动基数与声誉容忍值上限的变动保持一致。$\varphi N/100$ 表示信息传播者对声誉的扩大作用，它为一个整体，这意味着 φ 和 $N/100$ 对合作涌现的影响相同，因此本章仅基于 φ 对模型进行鲁棒性分析。需要注意的是，在沉默模型中，并不存在信息传播者，所以无须针对 φ 进行鲁棒性分析。类似地，不合作行为在积极模型中并不会被传播，即当 $c_i = 0$ 时，有 $\varphi = 0$；在消极模型中，合作行为不会被传播，即当 $c_i = 1$ 时，有 $\varphi = 0$，所以上述情形也不需要针对 φ 对模型进行鲁棒性分析。

结合声誉机制和利益最大化，初始阶段局中人具体决策过程如下：当局中人的声誉低于其容忍值时，他会在本轮选择合作，以提高声誉水平。当局中人声誉不低于容忍值时，他会根据 Fermi 方程进行决策，以使自身利益的最大化。在 Fermi 方程中，局中人 i 挑选收益最高的邻居 j，然后模仿邻居 j 的策略，模仿概率用式（7-17）表示如下：

$$W(s_i \leftarrow s_j) = \frac{1}{1 + \exp[(P_i - P_j)/\phi]} \quad (7-17)$$

其中，ϕ 为噪声系数，s_i 和 s_j 分别是局中人 i 和邻居 j 的策略。$P_i - P_j$ 表示局中人 i 和邻居 j 收益的差值。

（二）二次决策中个体策略更新规则

初始决策过后，局中人会根据一致性机制进行二次决策。一致性机制对局中人决策影响主要表现为，为了最小化个人风险，局中人会使其策略与参考圈内的大多数策略保持一致。因此，局中人参考圈内合作者和不合作者数量会影响其策略选择。局中人 i 参考圈内合作者数量 n_c（除局中人 i 外）会使其采取合作策略的概率增加 λn_c。同样地，参考圈内不合作者数量 n_d（除局中人 i 外）会使其采取不合作策略的概率增加 λn_d。因此，此时局中人 i 模仿邻居 j 策略的概率，需要用修正后的式（7-18）表示如下：

$$W_i = \begin{cases} W(s_i \leftarrow s_j) + n_c \times \lambda - n_d \times \lambda & (c_j = 1) \\ W(s_i \leftarrow s_j) - n_c \times \lambda + n_d \times \lambda & (c_j = 0) \end{cases} \quad (7\text{-}18)$$

其中，n_c 为参考圈内合作者的数量，n_d 为参考圈内不合作者的数量，λ 为一致性系数，表示一致性机制对局中人决策的影响程度。当邻居 j 为合作者，即 $c_j = 1$ 时，局中人 i 采取邻居 j 策略的概率 W_i 由公式（7-18）的上半部分计算得到。反之，则 W_i 由公式（7-18）下半部分计算得到。此外，为与现实保持一致，假设每个人的参考圈大小不一样，它取决于每个参考圈的半径大小 d，并且每一轮 d 的大小都会更新，具体过程为：下一轮 d 的大小会随本轮参考圈内合作者的数量增加而变大，随合作者的数量降低而变小。d 的具体更新规则，用公式表示如下：$d(t+1) = d(t) + (n_c^1 - n_d^1) \times \theta$。$\theta(>0)$ 指参考圈半径的变动系数。n_c^1 和 n_d^1 分别表示本轮参考圈内合作者和不合作者相较于上一轮增加的数量，因此 $n_c^1 - n_d^1$ 为参考圈内合作者的净增加数量。

四 数值模拟与分析

为探究不同信息传播特征对公共文化服务自我型供给中公众合作涌现的影响，运用计算实验方法分别对中立模型、积极模型、消极模型和沉默模型进行了大量数值模拟。上述模型中除沉默模型外，其他三个模型中都存在一定比例的信息传播者。本章主要基于下列参数对各模型进行鲁棒性分析，具体包括一致性系数 λ、信息搜寻成本 μ、扩大系数 φ、信息传播者比例 f、邻居数 k、总人数 N、声誉容忍值上限 η、半径变动系数 θ、协同因子 r 和噪声系数 ϕ。上述参数初始值分别设为：$\lambda = 0.01$，$\mu = 0.02$，$\varphi = 1$，$f = 0.04$，$k = 4$，$N = 200$，$\eta = 0.1N$，$\theta = 0.2$，$r = 2$，$\phi = 0.1$。当其中一个参数变动时，其他参数保持不变。每个数据点都是来自 50 个独立运行 5000 轮次实验结果的平均值。因为，每个模型最终合作者比例都达到了 1，所以，以每个模型中合作者比例达到 1 的速度，来衡量各模型的运行效率，进而分析不同信息传播特征对公众合作涌现的影响。所用指标为 G，它表示模型中合作者比例达到 1 需要的轮次。

图 7-24 显示了不同参数变化下各模型 G 的结果。由于沉默模型中不涉及参数 λ、μ、φ 和 f，所以图 7-24（a）—（d）中相应线条始终保持水平状态。通过观察图 7-24 中内容可知：第一，消极模型在多数情形下运行效率最高。除图 7-24（f）和（h）外，其他图中相应线条始终运行在最下方。这表明多数情形下，消极信息传播者能够使模型中局中人更快地实现全面合作。在图 7-24（f）和（h）中，当 $N \geq 300$ 或 $\theta \geq 0.4$ 时，代表中立模型和积极模型模拟结果的线条都明显低于代表消极模型模拟结果的线条。由此推断，当总人数和半径变动系数相对比较大时，消极信息传播者促进合作涌现的效率低于积极信息传播者和中立信息传播者的效率。第二，积极模型和沉默模型在多数情形下运行效率较低。从图 7-24 中可以看到，多数情形下，相应线条都运行在其他线条上方。这表明积极信息传播者和沉默者并没有比其他信息传播者更快地推动模型中局中人实现全面合作。第三，随着协同因子和噪声系数不断增大，G 呈现出一定趋势性变化。从图 7-24（i）和（j）中分别可以看出，所有线条随着 r 增加而下降，随着 ϕ 增加而上升。这表明合作的协同效应越大，越有利于促进合作涌现。外部环境越不稳定，越不利于促进合作涌现。第四，在部分情形下，各模型运行结果的差别不大。由图 7-24 可知，在 $\lambda = 0$、$\mu \leq 0.1$、$k \leq 4$ 等情形下，各线条之间距离非常接近，这说明不同信息传播特征对合作涌现影响差别并不大。需要重点说明的是，结合图 7-24（b）中内容可以发现，当 $\mu \leq 0.1$ 时，各模型中局中人实现全面合作的速度相当。这表明在强声誉机制下，信息搜寻成本对各模型运行效率不会产生显著影响，即强声誉机制能够克服信息搜寻成本对模型运行的影响。各模型中，当局中人的声誉小于容忍值时，他必须选择合作策略维护声誉，因此将此称为强声誉机制。

G 只能对每个模型实现全面合作的速度进行排名，但是却不能体现最优模型速度的优势程度。正如上文分析，有时各模型之间实现全面合作速度的差距很小，此时选出运行效率最高的模型，对促进公众合作涌现的现实意义不大。因此，接下来引入两个新的指标 G_r 和 ρ，

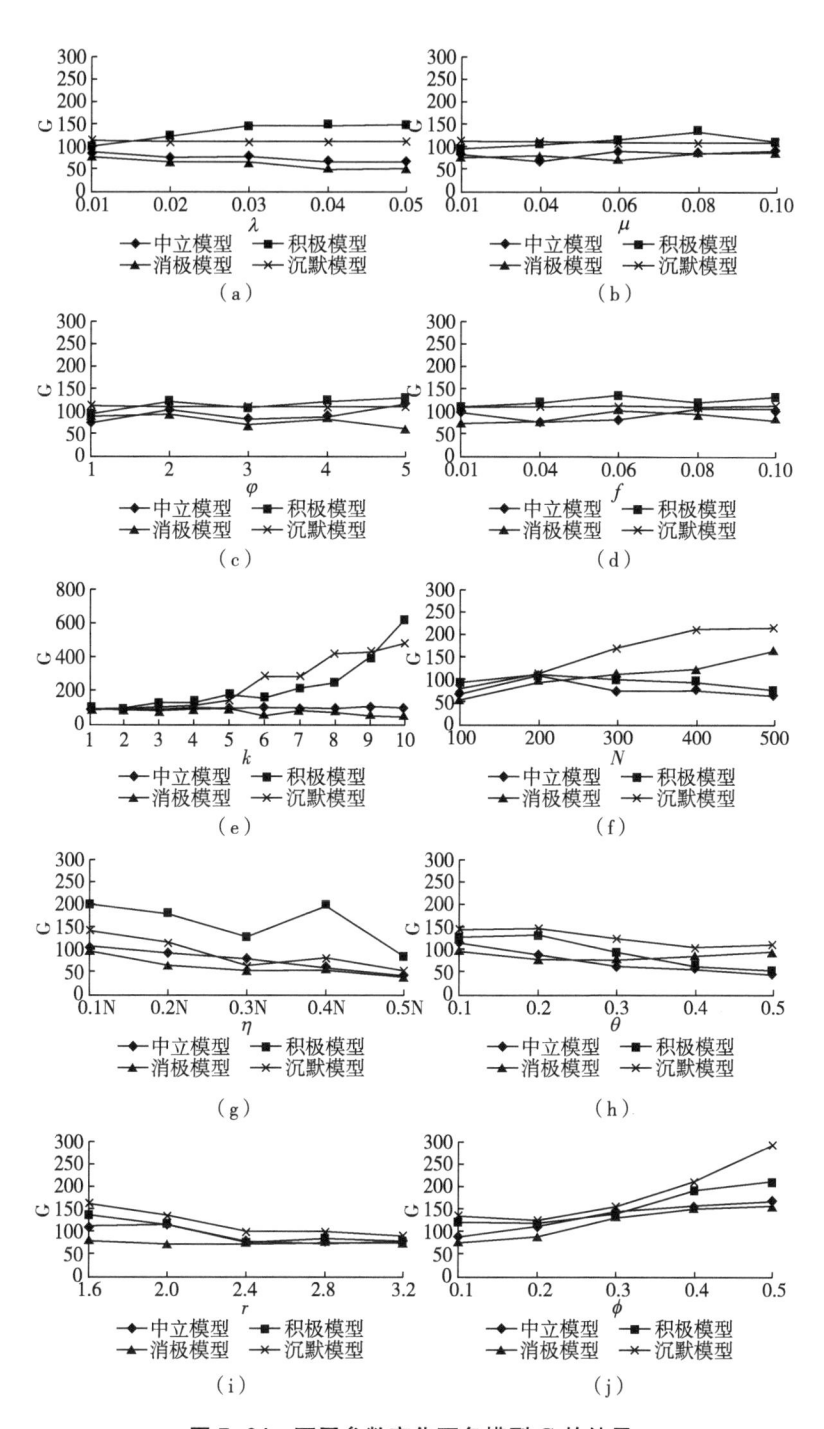

第七章 自我型供给模式的公众合作涌现研究 | 175

图 7-24 不同参数变化下各模型 G 的结果

来衡量最优模型的速度优势，进而体现各情形下，营造最优信息传播特征对促进合作涌现的重要程度。其中，G_r表示所有G的极差；$\rho=G_r/G_a$，G_a为G的平均值。图7-25显示了不同参数变化下所有模型的G_r和ρ的结果。G_r和ρ可以更精确地衡量最优模型相对于最差模型的优势程度，图中浅色柱体和深色柱体分别表示G_r和ρ。从图7-25中可以得出如下结论：第一，当$\lambda \geqslant 0.03$，$k \geqslant 5$，$N \geqslant 300$，$\eta \leqslant 0.4N$，$r \leqslant 1.6$，$\phi \geqslant 0.4$时，最优模型较最差模型有明显优势。从图7-25（a）、（e）、（f）、（g）、（i）和（j）中可以看到，在上述情形下，深色柱体和浅色柱体明显较高。这表明当一致性系数、邻居数、总人数和噪声系数较大，声誉容忍值上限、协同因子较小时，营造最优信息传播特征对促进合作涌现作用较大。第二，除上述情形外，其他情况下最优模型的优势并不明显，此时营造最优信息传播特征对促进合作涌现作用较小。特别当$k=1$时，柱体几乎紧贴横轴，说明当邻居数很少时，各模型运行效率几乎相同，即通过营造最优信息传播特征来促进合作涌现没有意义。第三，随着一致性系数、邻居数、总人数、协同因子和噪声系数的变化，G_r呈现出趋势性的变化。从图7-25（a）、（e）、（f）、（j）和（i）中可以看到，柱体随着λ、k、N和ϕ增大而逐渐变高，随着r增大而逐渐变低。这表明，当λ、k、N和ϕ增加时，营造最优信息传播特征对促进合作涌现作用变大；当r增加时，营造最优信息传播特征对促进合作涌现作用变小。

图7-26显示了不同参数变化下各模型G_s的结果。G_s为G的标准差，通过观察G_s的大小，可以识别出最优模型和次优模型速度差距很小，但次优模型更稳定的情形，在该情形下，次优模型应为最优模型。图7-26中，四种柱体分别代表中立模型、积极模型、消极模型和沉默模型中G_s的结果。与图7-24中情况相同，由于沉默模型不涉及λ、μ、φ和f，所以图7-26（a）—（d）中没有代表沉默模型结果的模拟柱体。由图7-26可以得出以下结论：第一，通常当消极模型实现全面合作速度最快时，它运行得也比较稳定。结合图7-24和图7-26可知，除$\phi=0.5$外，其他情形下当代表消极模型结果的模拟线条在图7-24中运行在最下方时，图7-26中对应柱体高度相对比较

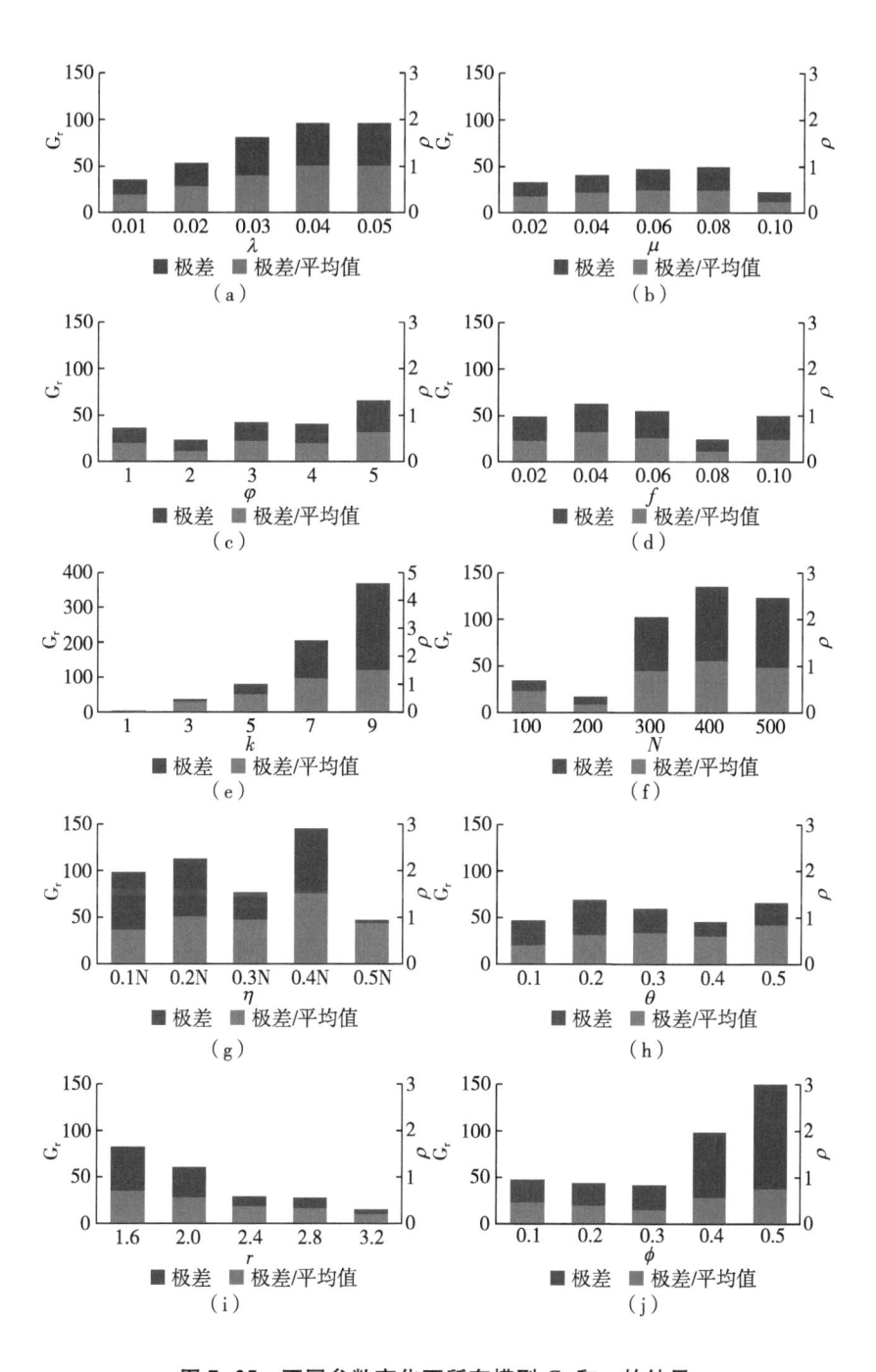

图 7-25 不同参数变化下所有模型 G_r 和 ρ 的结果

低。当 $\phi=0.5$ 时，代表消极模型结果的模拟线条紧贴代表中立模型模拟结果的线条运行在下方，但是代表消极模型结果的模拟柱体却明显比代表中立模型模拟结果的柱体高。说明虽然消极模型实现全面合作速度比中立模型略快，但是中立模型的稳定性却远高于消极模型，此时中立模型应为最优模型。第二，积极模型和沉默模型在多数情况下运行不稳定。从图7-26（a）、(b)、(c)、(d) 和 (g) 中可以看出，大部分情形代表积极模型模拟结果的柱体明显高于其他柱体。从图 7-26（e）、(f)、(h)、(i) 和 (j) 中也能看出，大部分情形代表沉默模型结果的模拟柱体明显高于其他柱体。第三，通过对比各模型中 G_s 的结果，一些异常现象得到了合理解释。例如，图 7-24（b）中，当 $\mu=0.08$ 时，代表积极模型模拟结果的线条突然加速向上，但当 $\mu=0.1$ 时，线条很快又向下回落。图 7-24（d）中，当 $f=0.06$ 时，代表消极模型结果的模拟线条也出现类似现象。通过观察图 7-26（b）可以发现当 $\mu=0.08$ 时，代表积极模型模拟结果的柱体明显比其他情形高。同样地，从图 7-26（d）中也可以看到，当 $f=0.06$ 时，代表消极模型结果的模拟柱体明显变高。这表明图 7-24（b）和 (d) 中的现象可能源自50次模拟中某次异常模拟，进而推断这些异常现象可能源自实验误差，而非参数本身。

图7-27显示了所有鲁棒性测试结果中，每个模型成为最优模型的概率。从图中可以看出消极模型、中立模型和积极模型分别占饼状图的比例为70%、25%和5%，进而可知，沉默模型成为最优模型的概率为0。显然，结果表明信息传播者比沉默者更有利于促进公众合作涌现。进一步比较各部分占比可知，消极模型占比最高、中立模型次之、积极模型最低，说明消极信息传播者在促进公众合作涌现方面表现最优，其次是中立信息传播者和积极信息传播者。此外，依据各模型的信息传播特征，可以推断大多数情形，即消极信息传播者的批评不合作行为要比积极信息传播者的表扬合作行为和沉默者的容忍不合作行为能更有效地促进公众合作涌现。

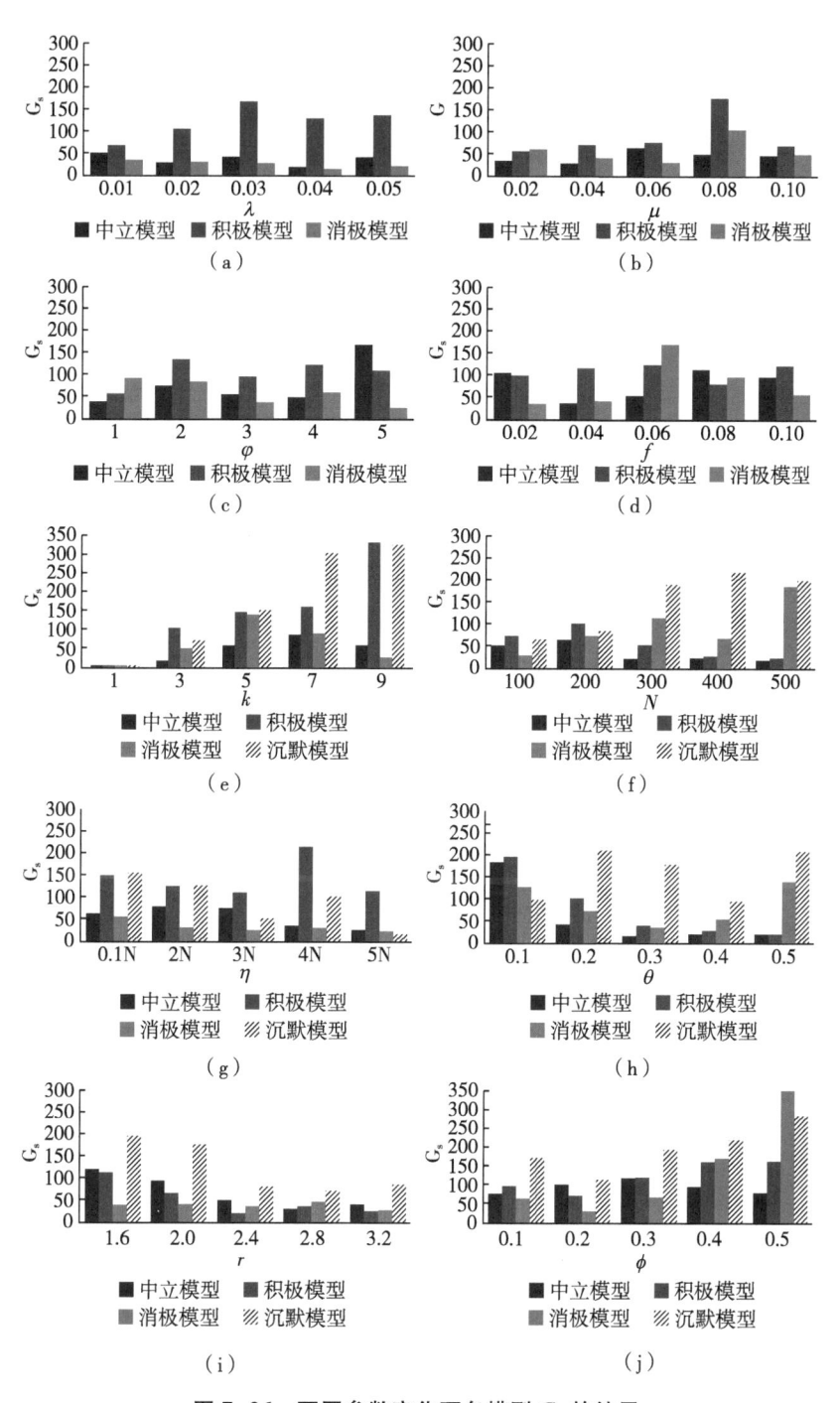

图 7-26 不同参数变化下各模型 G_s 的结果

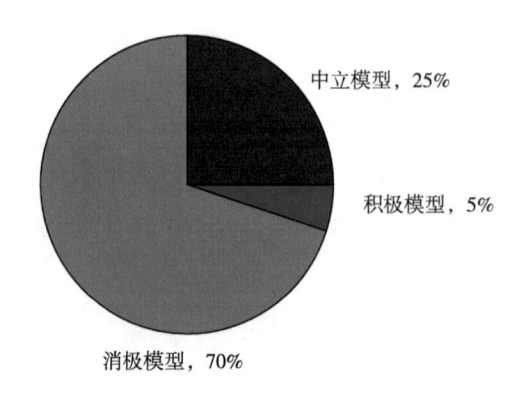

图 7-27　各模型成为最优模型的概率

结合对上述数值模拟结果分析，得出如下结论：一是公共文化服务自我型供给中，信息传播者比沉默者更有利于促进公众合作涌现。并且消极信息传播者在大多数情形下，最有利促进公众合作涌现，因为通过对模拟结果统计分析可知，消极模型、中立模型、积极模型和沉默模型成为最优模型的概率分别为 70%、25%、5% 和 0。二是当一致性系数 $\lambda \geqslant 0.03$，邻居数 $k \geqslant 5$，总人数 $N \geqslant 300$，声誉容忍值上限 $\eta \leqslant 0.4N$，协同因子 $r \leqslant 1.6$ 和噪声系数 $\phi \geqslant 0.4$ 时，营造最优信息传播特征对促进公共文化服务自我型供给中公众合作涌现具有明显作用。在其他情形下，营造最优信息传播特征，并不能显著促进公众合作涌现。此外，营造最优信息传播特征对促进公众合作涌现的作用，与 λ、k、N 和 ϕ 的变化呈正相关关系，与 r 的变化呈负相关关系。三是公共文化服务自我型供给中，强声誉机制有利于稳定公众合作水平，并克服信息搜寻成本的变动对公众合作涌现的影响。

本章小结

本章首先基于博弈的构成要素，以公共文化活动为研究对象，结合浙江温岭社戏的供给实践，提出分别从博弈的局中人要素、行动要素和信息要素出发，分析不同要素对公众合作涌现的影响，进而推动公共文化服务自我型供给模式的完善。其次，基于局中人要素构建公共品博弈模型，探究异质性人际关系下闲言碎语者对自我型供给模式中公众合作涌现的影响。结果表明，异质性人际关系下科学引导闲言碎语者有利于促进合作涌现。然后，基于行动要素分别构建捐款模型和混合模型，探究不同捐赠方式对自我型供给模式中公众合作涌现的影响。结果表明，鼓励以捐时间方式实现捐赠方式多样化，更有利于促进合作涌现。最后，基于信息要素分别构建中立模型、积极模型、消极模型和沉默模型，探究不同信息传播特征对自我型供给中公众合作涌现的影响。结果表明，信息传播者比沉默者更有利于促进公众合作涌现，并且消极信息传播者在大多数情形下最有利促进公众合作涌现。本章研究结果为提高公共文化服务自我型供给模式中公众参与积极性，提供了决策参考。

第八章 政策建议

前文从政府和社会力量的合作关系视角出发，构建了公共文化服务政社合作供给模式，并针对供给模式的本土化实施阻力对其进行研究，研究结论有利于推动新时代供给主体卓有成效地提供公共文化服务。但是，现阶段政府与社会力量合作供给实践并未全面普及，政策与制度保障建设尚未健全。因此，本章基于前文研究结论，为应对供给实践中各种复杂的外部环境和内部因素，有针对性地提出促进公共文化服务政社合作供给模式有效实施的政策建议。

第一节 完善补偿和治理机制

私营组织参与公共文化服务供给具有以下优势：一是可以通过市场机制，提升公共文化服务供需匹配度。二是可以通过强大的筹资能力，缓解地方政府财政压力。三是可以凭借专业优势，实现公共文化服务供给专业化、提升供给效率。与此同时，私营组织参与公共文化服务供给，同样具有参与供给积极性不高和存在机会主义倾向的劣势。因此，在发挥好私营组织优势的同时，还需要积极采取措施克服私营组织的劣势，进而提高自我型供给模式的供给效率。

一 积极推动科学补偿

私营组织具有强大的筹资能力，其参与公共文化服务供给能够大大缓解政府的财政压力。但是由于公共文化服务具有非排他性，消费者可以享受服务而不付费，同时制造排他成本通常非常高昂，这就使公共文化服务盈利难度很大。公共文化服务的低营利性，会明显降低私营组织的参与积极性。因此，为了吸引私营组织参与公共文化服务供给，政府就需要通过财政补贴、定向资助和税收优惠等补偿措施以提升项目盈利水平。

补偿虽然可以提高私营组织参与供给积极性，但是同时也会增加政府的财政支出，因此为了更好地提高公共文化服务效能，政府就需要积极推动科学补偿，提高补偿效率。本书认为，政府可以采取以下措施：

第一，政府应树立科学补偿的意识。政府应当认清科学补偿的重要意义，认识到制定科学的补偿机制，能够有效节约政府补偿成本，缓解政府财政支出压力。因此实践中，政府需要加大宣传和教育工作力度，通过大量案例学习、跨区域交流等方式，丰富政府相关人员科学补偿知识储备，提升他们对科学补偿的重要作用和意义的认识。此外，政府还应联合高校、专业研究院等机构设立专项课题，做好补偿机制的设计与储备工作，探究影响补偿机制决策的关键因素，进而推动政府在供给实践中，能够及时、高效地制定出最优补偿机制。

第二，政府应对公共文化服务项目进行充分评估。前期充分、精准的项目评估，是政府进行科学补偿的重要保障，如果没有前期充分的项目调研与评估，政府的补偿决策必然会失去科学依据，进而可能造成政府财政资源的浪费。因此，一方面，政府应当加强对涉及政府补偿项目的信息收集、整理和存储工作，建立和完善项目数据库。特别是当今互联网时代，可以借助大数据等工具，对历史数据进行梳理与比对，以获取当前项目的预期盈亏，进而得出科学的补偿建议。另一方面，政府还可以通过聘请专业的第三方机构，依托专业能力，对项目的建设与运营进行全面评估，以获取更加准确的预期盈亏数据，进而为作出科学的补偿决策提供有力保障。例如，针对PPP引导基金模式下公共文化服务设施项目的补偿问题，政府可以依据项目损益制定亏损补偿和收益补偿两种机制，计算出相关补偿机制决策临界值，并通过充分的前期准备，提升项目收益精确度，以便科学地选择补偿机制。

第三，对补偿中的机会主义行为采取严厉的惩罚。针对PPP引导基金模式下公共文化服务设施项目的补偿问题，政府应当建立严厉的惩罚机制，制定各项违规行为的惩罚细则，以应对私营组织"钻空子"的行为。同时，政府还应建立和完善企业诚信档案，对违规行为予以登记，并向全社会公开，进一步增加私营组织投机成本。此外，政府还应严格落实惩罚，将违规行为和惩罚措施通过官方网站、新闻媒体等渠道对外公布，借助公众监督的力量，促进惩罚落实，以达到有效遏制机会主义行为的目的。

二　努力实现合作共赢

私营组织参与公共文化服务供给可以提高服务供给效率，但是私营组织也存在机会主义倾向，这就要求政府设计治理机制，有效抑制私营组织的投机行为，最终实现多方合作共赢的局面，具体表现为：一方面，通过治理机制设计，使政府和私营组织之间，能够平等互惠地实现合作供给。另一方面，通过引入公众参与的治理机制的设计，积极维护公共文化服务的公共价值，使服务能够真正维护公众的基本文化权益。要在公共文化服务市场型供给模式中，实现多方合作共赢，政府可以采取以下具体措施：

第一，加快政府职能转变。计划经济时期，我国政府是全能型政府，几乎包办了所有事务，政府对社会力量采取纵向指令性支配，社会力量的积极性被严重压抑。社会主义市场经济阶段，我国认识到市场的重要作用，党的十八届三中全会明确提出"使市场在资源配置中起决定性作用"，党的十九大将这一重要论断写入党章，这足以体现新时代国家对更好发挥政府作用的迫切要求。虽然，国家从政策面大力倡导政府职能转变，但是由于受计划经济时期管理思维的长期影响，公共文化服务供给实践中政府仍然无法实现由"划桨者"向"掌舵者"身份的全面转换，这就要求政府在公共文化服务供给中，仍然需要解放思想，加快职能转变。具体包括：①政府应尽快制定相关政策法规，明确自身在公共文化服务供给中的具体角色地位，用法制约束政府行为；②政府应当将公众的评价权利归位，畅通公众评价反馈渠道，健全相关体制机制；③大力发挥政府的引导作用，注重宏观面、政策面的方向性指引，在具体执行面放手让社会力量大胆参与，进而避免政府在供给实践中的缺位、越位现象。

第二，优化政府补贴方式，提高补贴效率。政府补贴是推动公共文化服务社会化供给的重要手段，同时也是实现多方共赢的重要方式，主要原因在于：一方面，政府补贴可以提高项目营利性，增加社会力量参与的积极性。另一方面，通过优化补贴方式，可以打破公众诉求被忽视的局面，既可以让高效的供给者得到相应回报，也可以让优质的服务惠及人民群众。实践中政府可以采取以下具体措施：①针对不同项目，政府应选择最合适的补贴方式。这样不仅能够提升私营组织参与的积极性，同时也可以提高财政资金的使用效率，使政府能够以最优的财政支出水平吸引私营组织参与供给。②政府应当从补贴企业改为补贴公众。通过市场机制，将公众满意度与补贴水平挂钩，让企业通过竞争方式，吸引公众，获取市场份额，进而推动实现多方共赢的局面。

第三，引入公众监督反馈机制，提高公众监督意识。公众是公共文化服务的最终需求者，必须积极发挥公众的监督作用。同时，我国社会公众力量庞大，也为发挥公众的监督作用奠定了坚实的基础。实践中，政府应采取以下措施发挥公众监督力量：①借助互联网构建公众监督机制。对于基层文化活动，政府应利用互联网技术建立公众监督反馈机制，倒逼供给主体努力提高文化服务供给质量，满足公众需求。②加强群众主体意识和监督意识教育工作。基层公众监督意识淡薄，一些农村地区的村民甚至认为公共文化服务是一种额外的恩赐，对于服务质量不高并未流露出不满情绪。因此，政府需要通过宣传教育，提高公众享受公共文化服务的权利意识和监督积极性。

第四，加大公众监督惩罚力度，提高治理性收益。基于激励相容理论，实施惩罚可以增加投机者的成本，而提高治理性收益可以增加公众的额外收入。惩罚等负向激励和提高收益等正向激励，都有利于使私营组织的目标与社会公众目标保持一致。基于前文研究结论，政府可采取以下措施：①制定严厉的惩罚细则。通过制定严厉的惩罚细则，如限制行业进入、高额的违规罚款等，增加私营组织的投机成本，进而促进私营组织的积极合作。②积极分享治理性收益。对积合作的私营组织，政府与其分享治理性资源，如帮助私营组织提升在社区的合法性和权威性等，提升私营组织的治理性收益，进而推动私营组织积极合作。

第二节 引导民间文艺组织科学发展

新时代文化类 NGO 在公共文化服务建设中具有重要功能：第一，志愿性和非营利性的特征，使文化类 NGO 能够通过公益募捐和志愿服务的方式动员社会资源。第二，文化类 NGO 是公益组织，其可以为社会提供亟须的公益服务。第三，作为自发成立的公益组织，文化类 NGO 可以参与到公共文化治理中，如积极传达群众诉求、协调各方利益关系、协助政府工作等。因此，公共文化服务供给中，文化类 NGO 是必不可少的重要力量之一，必须要加以重视。

当前公共文化服务志愿型供给模式的主要实施阻力即文化类 NGO 规模较小、独立性较低。为改善上述不足，本书认为政府应当积极引导民间文艺组织发展。原因在于：首先，民间文艺组织独立性高；其次，民间文艺组织是独立性高的文化类 NGO "孵化期"的重要形式；最后，我国民间文艺组织规模庞大。结合前文研究结论，推动民间文艺组织科学发展，政府可以采取以下措施。

第一，引导民间文艺组织建立预算管理机制。前文研究结论指出，民间文艺组织举办活动的预算通常存在一个临界值，只有当活动预算不超过该临界值时，活动才能顺利举办。因此，实践中政府应当通过宣传、教育等方式，积极引导民间文艺组织树立科学的预算管理意识。此外，民间文艺组织在举办活动时，应当量力而行，不能只顾追求规模，而不顾自身经济承受能力，进而导致活动无法持续举办。

第二，引导民间文艺组织建立人力资源管理机制。前文通过研究发现，举办活动时并非参加的志愿者越多越好，而是要将志愿者的比例保持在一个合理的区间，才能取得理想的效果。因此现实中，一方面，政府要积极引导民间文艺组织建立科学的人力资源管理制度，尽快设立专业机构，免费为民间文艺组织进行管理培训，助其建立相关人力制度；另一方面，民间文艺组织也应该主动转变管理意识，使举办活动实现规范化、流程化，科学决定参加服务的志愿者数量，进而推动活动成功高效举办。

第三，引导民间文艺组织做好宣传工作。研究结论表明，当志愿者的奉献行为对公众的情感影响强度越大时，活动越容易取得成功，因此日常生活中政府和民间文艺组织应做好以下工作：一是政府应通过媒体、网络等渠道大力宣传社会主义核心价值观，提升公众的思想道德水平，增加公众对无私奉献行为的关注度；二是活动组织者应设立专门的奖项鼓励默默无闻的志愿者，以提升公众对奉献行为的认同感。如"云林春晚"就设有"感动云林奖"，以对背后辛勤付出的志愿者表示感谢和鼓励。

第四，引导民间文艺组织建立内容创新机制。前文研究结果显示，低质量演出的持续消极影响越大时，活动筹款总额和合作水平越低。这从一定程度上表明，当公众对活动演出质量要求越来越高时，活动举办成功的难度越大，因此民间文艺组织应积极建立内容创新机制，保证高质量、高水平的演出。建议可采取以下具体措施：一是政府要对区域内公众评价度高的民间文艺组织予以支持与奖励，进而调动他们创造的积极性。二是民间文艺组织要广泛吸收乡间"文化能人"，发挥他们的特长，以提高演出质量与水平。三是民间文艺组织要互相交流学习、博采众长，推动自身不断进步，实现演出内容的推陈出新。

第五，放宽登记条件。引导民间文艺组织科学发展的目的就是要大力培育文化类 NGO，扩大其规模，提高其独立性。如果注册门槛过高，手续过于烦琐，就会大大降低民间文艺组织发展壮大的积极性，影响文化类 NGO 的发展。因此，我国政府应针对文化类 NGO 尽快出台相关政策，畅通登记渠道、降低注册资金门槛、放宽固定办公场所等要求，以实现放宽登记条件，调动民间文艺组织发展积极性，大力推动我国文化类 NGO 发展。

第三节　优化公众参与机制与环境

公众参与公共文化服务供给具有以下优势：一是可以通过自我供给的形式，实现共建共享。二是可以通过评价反馈机制，推动改善公共文化服务供给质量。三是可以通过自筹资金，分担地方政府财政压力。但是，公共文化服务的非排他性特征，可能会导致公众存在"搭便车"行为。因此，实践中政府应积极采取措施，克服公众的"搭便车"行为，提高其自愿参与公共文化服务供给积极性。

一　科学引导闲言碎语者

一是引导闲言碎语者客观发表言论。闲言碎语者比例越高、传播信息越客观真实，越有利于促进公众参与公共文化服务合作涌现现象出现，因此，公共文化服务管理者应通过舆论宣传、奖惩制度设计，引导公众以事实为基础，积极发表真实言论。

二是建立"惩罚+经济补偿"的闲言碎语应对机制。针对传播不实言论的闲言碎语者，公共文化服务管理者要对其采取惩罚措施如经济惩罚或限制其在公共平台发表评价他人言论等；与此同时，公共文化服务管理者还要对受到不实闲言碎语中伤的公众采取经济补偿措施，以弥补其损失，提升其参与公共文化服务的积极性。

三是采取短期且严厉的措施惩罚传播不实言论的闲言碎语者。针对传播不实言论的闲言碎语者，公共文化服务管理者不应放任和纵容，应当积极采取措施予以惩罚，惩罚周期应短期而非长期，同时惩罚力度要强以起到警示作用。另外，针对受过惩罚的闲言碎语者，公共文化服务管理者应当营造宽容的氛围，让公众不计前嫌地重新接纳他们。

二　推动捐赠方式多样化

第一，鼓励捐赠方式多样化。政府应当引导基层社区和农村的活动组织者，在思想上应当积极转变观念，认识到捐赠方式多样化对活动成功举办的积极性意义。实践中活动组织者可以通过宣传栏、口口相传等方式，向公众传达自主选择捐赠方式的理念，而不是一味地强调捐款。通过倡导自主选择捐赠方式，激发公众参与公共文化服务供给的热情。

第二，积极举办群众参与性强的公共文化活动。政府应当通过新闻媒体，积极引导基层社区和农村，多举办贴近群众生活的公共文化活动，让群众在参与活动供给过程中，发挥他们的创造性和才能。活动的组织者，应当重视发挥乡间艺人的文艺表演才能，激发当地群众的创造潜能，举办能够"就地取材"的公共文化活动，让更多的群众参与替代专业演出机构的表演，形成人人参与、人人共享的生动局面。

第三，建立和完善公共文化服务自我型供给数据库。政府应当协助组织者，建立和完善公共文化服务自我型供给数据库，收集、整理和存储好相关数据资料，包括每次公共文化活动的预算、捐赠情况、演出内容、观众人数等。基于历史活动数据，通过与专业机构合作研究，识别出哪些关键要素在实行捐赠多样化时，对公众自愿参与供给积极性影响较大，为以后成功举办活动提供参考。

三 营造乐于分享的氛围

第一，建立公众便于分享、乐于分享的环境。政府应当加强互联网建设，畅通公众信息分享渠道，便于公众信息分享；此外，政府还应当营造良好信息分享的氛围，如通过媒体宣传等方式，引导公众积极分享周边人们的合作行为和"搭便车"行为，使信息突破小群体，实现社会化传播。

第二，及时准确公布捐赠信息。组织者公布的捐赠信息，是人们获取他人捐赠行为的最客观、最直接的来源。这也是人们评价他人是捐赠者还是"搭便车"者的主要依据。因此，实践中组织者应及时通过社区宣传栏、村委会告示栏等易于接收信息的地方，及时、准确地公布参与供给的合作者名单，便于公众发现"搭便车"者，进而客观、公正地评价他人。

第三，提升公众对声誉重视度。一方面，加强公众思想道德教育。比如，政府应当通过主流媒体大力弘扬社会主义荣辱观，还可以定期开展社会主义核心价值观参观学习等活动，从思想层面强化公众荣辱观。另一方面，应奖励社会奉献者。比如，政府可以通过媒体颂扬奉献者，社区和农村可以不定期举办奉献者表彰大会等活动，通过精神或物质等方式奖励奉献者，以此形成示范效应，进而提升公众对声誉的重视程度。

本章小结

本章在前文研究结论的基础上，结合我国供给主体和公共文化服务的特征，提出了相关政策建议，以推动公共文化服务政社合作供给模式有效实施。首先，针对自我型供给模式，提出完善补偿和治理机制的具体对策建议；其次，针对志愿型供给模式，提出科学引导民间文艺组织发展的具体措施；最后，针对自我型供给模式，提出完善捐赠方式与信息传播机制的对策建议。

第九章 结论与研究展望

第一节 主要结论

文化是一个国家和民族凝聚力和创造力的源泉,是综合国力的重要组成部分,先进文化对促进经济和社会发展具有重要作用。党的十八届三中全会明确提出,构建现代公共文化服务体系,为实现中华民族伟大复兴提供精神动力和文化支撑。虽然我国公共文化服务体系不断得到完善,人民群众文化获得感普遍提升,但是当前公共文化服务供给领域仍存在以下困境,主要包括地方政府财政压力大、发展不平衡、供需不匹配以及覆盖面窄。为解决上述困境,我国政府从宏观层面积极引导社会力量参与公共文化服务供给,但是由于缺乏微观层面对政府与社会力量关系的清晰界定,政府和社会力量并未形成良性互动,"自上而下"供给、"政府包办"等现象依然普遍存在。因此,本书旨在从政府与社会力量关系出发,构建公共文化服务政社合作供给模式,并尝试分析和破除其本土化实施阻力,实现政府和社会力量平等合作供给,进而激发社会力量的潜在优势,推动解决当前公共文化服务供给困境,为建设社会主义文化强国奠定坚实基础。

基于上述研究目的,首先,本书通过对公共文化服务供给现状的梳理,并结合当前供给困境,提出了引导社会力量参与公共文化服务供给的紧迫性;其次,基于公共文化服务社会化供给的现实不足,从政府与社会力量的合作关系出发,构建公共文化服务政社合作供给模式,按供给主体划分为市场型、志愿型和自我型三种具体模式,并通过对上述三种供给模式实施阻力的分析，提出市场型、志愿型和自我型供给模式的具体改进方向；最后，运用演化博弈论、合作治理理论、公共产品博弈论和计算实验方法，对公共文化服务市场型、志愿型和自我型供给模式进行了具体研究。

通过研究，本书得出以下主要结论：

一是基于我国公共文化服务供给现状分析，指出引导社会力量参与公共文化服务供给的紧迫性。

通过对我国公共文化服务供给现状的梳理发现，经济体制转型推动我国公共文化服务供给模式发生相应的变化，并且随着政策地位和财政投入的提高，我国公共文化服务发展取得显著成效。但是，当前我国公共文化服务供给依然面临着地方政府财政压力大、发展不平衡、供需不匹配和覆盖面窄的困境。社会力量的参与能够为公共文化服务供给提供资金支持，并且有利于形成"自下而上"的供给机制，推动解决当前公共文化服务供给中面临的困境，因此应当积极引导社会力量参与公共文化服务供给。

二是从政府和社会力量的合作关系出发，构建了公共文化服务政社合作供给模式。

虽然我国在宏观层面提出了引导社会力量参与公共文化服务供给的举措，但是由于缺乏微观层面对政府和社会力量的清晰定位，社会力量参与公共文化服务供给并未出现预期效果，"自上而下"供给、"政府包办"现象依然普遍存在。因此，本书从政府和社会力量关系出发，构建了新时代政府和社会力量合作供给模式，按照供给主体划分为市场型、志愿型和自我型三种具体模式，并结合对三种供给模式实施阻力的分析，提出对三种供给模式的具体改进方向。

三是提出公共文化服务市场型供给模式中，政府进行科学补偿，实现高效吸引私营组织参与供给的参考路径。

针对市场型供给模式中政府补偿机制决策问题，提出亏损补偿和收益补偿两种补偿机制，并通过构建演化博弈模型分析得出：政府存在最优补偿机制的决策临界值，当项目的预期盈亏比大于临界值时，亏损补偿为政府的占优策略，当项目的预期盈亏比小于临界值时，收益补偿为政府的占优策略；惩罚金额会对私营组织决策产生影响，当惩罚金额小于投机收益时，私营组织会采取机会主义行为，当惩罚金额大于投机收益时，私营组织会采取互惠主义行为。基于上述结果，补偿前政府应当对项目进行充分评估，精确项目预期盈亏额，为科学补偿提供保障；此外，政府还应当对机会主义行为实施严厉的惩罚措施，以保证双方能有效地实现合作供给。

四是提出公共文化服务市场型供给模式中，抑制私营组织机会主义行为、维护公共文化服务公共价值的参考路径。

针对市场型供给模式治理机制完善问题，首先基于合作治理理论，构建演化博弈模型，分析公众未参与和参与监督情形下政府和私营组织的决策过程，并结合案例进行数值模拟。其次通过案例对比分析，进一步探究实现政府、私营组织和公众多方共赢的机制。结合研究结果指出：为抑制私营组织的机会主义行为，维护公共文化服务公共价值，政府应当加快职能转型，优化补贴方式、提升补贴效率，引入公众监督反馈机制，提高公众监督意识，加大公众监督惩罚力度、提高治理性收益。

五是针对公共文化服务志愿型供给模式，提出了科学引导民间文艺组织持续稳定发展的参考路径。

首先，针对我国文化类 NGO 发展过程中存在的规模较小和独立性低的不足，提出从引导民间文艺组织发展视角对志愿型供给模式进行研究；其次，依据云雾青春社的形成与发展经验，分析指出民间文艺组织成功运作的关键要素；最后，基于云雾青春社的核心活动"云林春晚"，构建公共产品博弈模型，探究不同要素对活动筹款总额和村民捐赠意愿的影响。研究结果表明，活动预算、组织者比例、消极系数和情感强度系数对活动有显著影响。结合研究结论提出了政府引导民间文艺组织科学发展的建议：第一，引导民间文艺组织建立预算管理机制。第二，引导民间文艺组织建立人力资源管理机制。第三，引导民间文艺组织做好宣传工作。第四，引导民间文艺组织建立内容创新机制。第五，放宽登记条件。

六是从博弈的局中人要素出发，研究发现公共文化服务自我型供给模式中，异质性人际关系下闲言碎语者有利于促进公众合作涌现。

基于博弈的局中人要素，考虑异质性人际关系构建公共品博弈模型，并运用计算实验方法进行数值模拟，分析异质性人际关系下闲言碎语者对自我型供给模式中公众合作涌现的影响。研究结果表明，闲言碎语者的存在更能促进公众合作涌现。结合研究结论，提出从信息传播视角，吸引公众自愿参与供给的对策建议：①引导闲言碎语者客观发表言论。②建立"惩罚+经济补偿"的闲言碎语应对机制。③采取短期且严厉的措施惩罚传播不实言论的闲言碎语者。

七是从博弈的行动要素出发，研究发现公共文化服务自我型供给模式中，鼓励公众捐时间，有利于促进公众合作涌现。

基于博弈的行动要素，分别构建了捐款模型和混合模型，并运用计算实验方法进行数值模拟，分析不同捐赠方式对自我型供给模式中公众合作涌现的影响。研究结果表明，多数情形下，混合模型比捐款模型更能促进公众合作涌现。结合研究结论，提出从行动要素视角吸引公众自愿参与供给的对策建议：第一，鼓励捐赠方式多样化。第二，积极举办群众参与性强的公共文化活动。第三，建立和完善公共文化服务自我型供给数据库。

八是从博弈的信息要素出发，研究发现公共文化服务自我型供给模式中，信息传播者的存在有利于促进公众合作涌现。

基于博弈的信息要素，分别构建中立模型、积极模型、消极模型和沉默模型，研究不同信息传播特征对公众合作涌现的影响，通过对计算实验的数值模拟结果分析发现，中立模型、积极模型和消极模型都比沉默模型更有利于促进公众合作涌现。结合研究结论，进一步提出从信息要素视角推动提高公众参与供给积极性的对策建议：第一，建立公众便于分享、乐于分享的环境。第二，及时准确公布捐赠信息。第三，提升公众对声誉重视度。

第二节 研究不足与展望

本书在现有文献的基础上,研究了公共文化服务政社合作供给模式构建及改进问题。但由于公共文化服务供给研究是一项复杂的系统性工程,加之本人时间和能力有限,因此,本书依然存在一些不足之处,需要进行深入研究。

(1) 对社会力量参与公共文化服务供给模式研究有待深入。由于受篇幅所限,本书仅从补偿机制和治理机制的视角对市场型供给模式进行研究,从引导民间文艺组织发展的视角对志愿型供给模式进行研究,从博弈的行动要素和信息要素对自我型供给模式进行研究,以破除各供给模式实施阻力。然而除本书研究的视角外,还可以从其他视角对公共文化服务供给模式进行研究,如政策法规、管理制度以及合作方式等。

(2) 引用数据完备性有待提高。由于我国公共文化服务细分领域信息发布较少、部分数据更新周期较长,本书仅采用了官方机构发布和专家调研报告中的有限数据。如果能够通过实地调研获取更多数据,则有利于提升数据的完备性,使文中论证更加充分。

(3) 仍需对社会力量参与公共文化服务供给评价进行深入研究。本书主要对公共文化服务政社合作供给模式的构建,以及如何破除其本土化实施阻力进行研究。但是除供给模式外,仍需对供给效能进行评价,以进一步完善社会力量参与公共文化服务供给体系的理论构建。因此在后期研究中,需要尝试构建社会力量参与公共文化服务供给效能评价指标体系。

参考文献

一 中文文献

安彦林：《财政分权对政府公共文化服务供给水平与区域差异的影响研究》，博士学位论文，山东大学，2017年。

包国宪、孙加献：《政府绩效评价中的"顾客导向"探析》，《中国行政管理》2006年第1期。

陈庚、崔宛：《社会力量参与公共文化服务的实践、困境及因应策略》，《学习与实践》2017年第11期。

陈家建：《项目制与基层政府动员——对社会管理项目化运作的社会学考察》，《中国社会科学》2013年第2期。

陈建：《超越结构性失灵：农村公共文化服务供给侧改革研究》，《图书馆建设》2017年第9期。

陈世香、赵雪：《农民工公共文化服务供给机制研究：基于"服务三角"模型的建构》，《行政论坛》2017年第2期。

陈水生：《项目制的执行过程与运作逻辑——对文化惠民工程的政策学考察》，《公共行政评论》2014年第3期。

陈通、夏红梅、侯光辉：《合作平台、控制权共享和公共数字文化服务提供——以嘉兴市"文化有约"为例》，《东北大学学报》（社会科学版）2019年第6期。

陈旭佳：《效果均等标准下基本公共文化服务均等化研究》，《当代经济管理》2016年第11期。

陈叶烽、叶航、汪丁丁：《超越经济人的社会偏好理论：一个基于实验经济学的综述》，《南开经济研究》2012年第1期。

段小虎、张惠君、万行明：《政府购买公共文化服务制度安排与项目制"文化扶贫"研究》,《图书馆论坛》2016 年第 4 期。

[美] E.S. 萨瓦斯:《民营化与公私部门的伙伴关系》,周志忍等译,中国人民大学出版社 2017 年版。

范明林:《非政府组织与政府的互动关系——基于法团主义和市民社会视角的比较个案研究》,《社会学研究》2010 年第 3 期。

傅才武、刘倩:《农村公共文化服务供需失衡背后的体制溯源——以文化惠民工程为中心的调查》,《山东大学学报》(哲学社会科学版) 2020 年第 1 期。

傅才武、王文德:《农村文化惠民工程的"弱参与"及其改革策略——来自全国 21 省 282 个行政村的调查》,《中国图书馆学报》2020 年第 5 期。

高明、郭施宏、夏玲玲:《大气污染府际间合作治理联盟的达成与稳定——基于演化博弈分析》,《中国管理科学》2016 年第 8 期。

高颖、张水波、冯卓:《PPP 项目运营期间需求量下降情形下的补偿机制研究》,《管理工程学报》2015 年第 2 期。

高颖、张水波、冯卓:《不完全合约下 PPP 项目的运营期延长决策机制》,《管理科学学报》2014 年第 2 期。

高雨萌等:《他山之石——PPP 投资引导基金的国际经验》,《项目管理技术》2016 年第 8 期。

龚天平:《论社会偏好理论的人性假设》,《江苏社会科学》2022 年第 5 期。

龚文娟:《环境风险沟通中的公众参与和系统信任》,《社会学研究》2016 年第 3 期。

管兵、夏瑛:《政府购买服务的制度选择及治理效果:项目制、单位制、混合制》,《管理世界》2016 年第 8 期。

国家统计局社会科技和文化产业统计司、中宣部文化体制改革和发展办公室:《中国文化及相关产业统计年鉴(2021)》,中国统计出版社 2021 年版。

韩喜平、金光旭:《准确把握新时代社会主要矛盾的科学内涵》,《马克思主义理论学科研究》2018 年第 2 期。

侯璐璐、刘云刚：《公共设施选址的邻避效应及其公众参与模式研究——以广州市番禺区垃圾焚烧厂选址事件为例》，《城市规划学刊》2014年第5期。

胡艳蕾、陈通、高海虹：《我国政府购买公共文化服务的"非合同制"治理》，《中国行政管理》2016年第1期。

胡志平、许小贞：《城市社区公共文化服务供给何以精准：社会企业视角》，《中共中央党校（国家行政学院）学报》2021年第6期。

黄光国等：《人情与面子：中国人的权力游戏》，中国人民大学出版社2010年版。

黄浩：《公共电子阅览室的建设问题及对策——以湖南省公共电子阅览室建设为例》，《图书馆》2017年第3期。

姜庆志：《面向新型城镇化的县域合作治理绩效影响机制研究——基于山东、安徽、内蒙古三省（区）的调查与分析》，博士学位论文，华中师范大学，2015年。

景小勇：《国家文化治理体系的构成、特征及研究视角》，《中国行政管理》2015年第12期。

景小勇：《文化宏观管理主体研究》，博士学位论文，中国艺术研究院，2012年。

敬乂嘉：《从购买服务到合作治理——政社合作的形态与发展》，《中国行政管理》2014年第7期。

敬乂嘉：《合作治理：历史与现实的路径》，《南京社会科学》2015年第5期。

亢犁、杨宇霞主编：《地方政府管理》，西南师范大学出版社2015年版。

孔进：《公共文化服务供给：政府的作用》，博士学位论文，山东大学，2010年。

雷宇：《慈善、"伪善"与公众评价》，《管理评论》2015年第3期。

李兵园、唐鸣：《村民参与公共文化服务供给：角色、空间与路径》，《社会科学家》2016年第5期。

李春花:《技术与社会问题研究》,辽宁师范大学出版社2005年版。

李国新:《对我国现代公共文化服务体系建设的思考》,《克拉玛依学刊》2016年第4期。

李国新:《强化公共文化服务政府责任的思考》,《图书馆杂志》2016年第4期。

李国新:《文化类社会组织是政府购买公共文化服务的主要力量》,《中国社会组织》2015年第11期。

李国新:《现代公共文化服务体系建设与公共图书馆发展——〈关于加快构建现代公共文化服务体系的意见〉解析》,《中国图书馆学报》2015年第3期。

李琳、解学芳:《文化非营利组织发展的政策演进:2008—2015年》,《重庆社会科学》2017年第4期。

李明顺、陈涛、滕敏:《交通基础设施PPP项目实物期权定价及敏感性分析》,《系统工程》2011年第3期。

李山:《政府购买公共文化服务的现实困境与改革路径》,《湘潭大学学报》(哲学社会科学版)2014年第5期。

李少惠、穆朝晖:《非政府组织参与西部农村公共文化产品供给的路径分析》,《四川师范大学学报》(社会科学版)2010年第5期。

李少惠、赵军义:《农村居民公共文化服务弱参与的行动逻辑——基于经典扎根理论的探索性研究》,《图书与情报》2019年第4期。

李燕凌、苏青松、王珺:《多方博弈视角下动物疫情公共危机的社会信任修复策略》,《管理评论》2016年第8期。

廖青虎:《公共文化服务设施供给的创新模式及其融资优化路径》,博士学位论文,天津大学,2014年。

林敏娟、贾思远:《公共文化服务供给中的政企关系构建》,《深圳大学学报》(人文社会科学版)2013年第1期。

刘文俭:《公民参与公共文化服务体系建设对策研究》,《行政论坛》2010年第3期。

刘小琴:《公共文化服务均等化的路径》,《图书馆杂志》2017年第12期。

刘学侠：《我国非政府组织的发展路径》，《中国行政管理》2009年第4期。

刘宇、何小芊：《农村公共文化服务的"效率困境"问题剖析——基于乡镇文化站的考察》，《地域研究与开发》2022年第2期。

陆和建、姜丰伟：《社会力量参与基层文化服务建设研究——基于社区文化中心的社会化管理实践》，《国家图书馆学刊》2017年第5期。

吕维霞：《论公众对政府公共服务质量的感知与评价》，《华东经济管理》2010年第9期。

［美］罗纳德·S.伯特：《结构洞：竞争的社会结构》，任敏、李璐、林虹译，格致出版社2017年版。

罗云川、阮平南：《"动力—行为—保障"视阈下的公共文化服务网络治理机制》，《图书馆论坛》2016年第5期。

罗云川、阮平南：《公共文化服务网络治理：主体、关系与模式》，《图书馆建设》2016年第1期。

罗志恒、牛琴：《当前地方债务风险形势如何？怎样改革应对？》，《界面新闻》，https://www.jiemian.com/article/8694170.html，2023年1月5日。

［美］马丁·诺瓦克、罗杰·海菲尔德：《超级合作者》，龙志勇、魏薇译，浙江人民出版社2013年版。

马艳霞：《公共文化服务体系构建中民间参与的主体、方式和内容》，《图书情报工作》2015年第12期。

苗美娟：《政府购买图书馆公共服务的实践探析》，《图书馆论坛》2016年第7期。

南京市人民政府：《南京市公共文化服务情况调查报告》，南京市人民政府网站，2022年2月22日，http://www.nanjing.gov.cn/hdjl/zjdc/wsdc/dcbg/202202/t20220222_3299967.html。

潘心纲：《地方政府公共服务合作治理研究——以武汉城市圈为例》，博士学位论文，武汉大学，2013年。

彭志飞、张峰：《新时代社会主要矛盾转化的深刻内在逻辑》，《人民论坛·学术前沿》2018年第7期。

邱铁鑫、方纲:《"书香乡村"建设困境与对策研究——以成都市PD区农村为例》,《新世纪图书馆》2017年第12期。

渠敬东:《项目制:一种新的国家治理体制》,《中国社会科学》2012年第5期。

荣跃明:《公共文化的概念、形态和特征》,《毛泽东邓小平理论研究》2011年第3期。

汝萌、李岱:《我国公共数字文化服务使用情况调查研究》,《图书馆建设》2017年第2期。

盛昭瀚、张维:《管理科学研究中的计算实验方法》,《管理科学学报》2011年第5期。

施国权:《社会组织参与图书馆公共服务的模式与限度》,《图书馆杂志》2012年第8期。

史传林:《政府与社会组织合作治理的绩效评价探讨》,《中国行政管理》2015年第5期。

宋奇成等主编:《西方经济学》,重庆大学出版社2004年版。

苏福、柯平:《公共图书馆服务社会化的探索与实践研究》,《图书馆论坛》2017年第9期。

田鹏颖:《新时代社会主要矛盾转化与新要求》,《中国特色社会主义研究》2018年第3期。

屠淑敏:《公众参与公共图书馆服务的探索与实践——基于杭州图书馆案例的思考》,《图书馆建设》2015年第8期。

汪锦军:《合作治理的构建:政府与社会良性互动的生成机制》,《政治学研究》2015年第4期。

汪莉:《非政府组织发展困境的制度性因素分析及制度重构》,《中国行政管理》2009年第2期。

汪全胜:《法律绩效评估的"公众参与"模式探讨》,《法制与社会发展》2008年第6期。

汪伟全:《空气污染的跨域合作治理研究——以北京地区为例》,《公共管理学报》2014年第1期。

汪勇杰:《社会力量参与公共文化服务的合作涌现与政府引导》,

博士学位论文，天津大学，2017年。

王飞跃：《计算实验方法与复杂系统行为分析和决策评估》，《系统仿真学报》2004年第5期。

王飞跃：《人工社会、计算实验、平行系统——关于复杂社会经济系统计算研究的讨论》，《复杂系统与复杂性科学》2004年第4期。

王高玲主编：《公共事业管理专业导论》，东南大学出版社2014年版。

王鹤云：《我国公共文化服务政策研究》，博士学位论文，中国艺术研究院，2014年。

王名、陶传进：《中国民间组织的现状与相关政策建议》，《中国行政管理》2004年第1期。

王树文、文学娜、秦龙：《中国城市生活垃圾公众参与管理与政府管制互动模型构建》，《中国人口·资源与环境》2014年第4期。

王薇、邱成梅、李燕凌：《流域水污染府际合作治理机制研究——基于"黄浦江浮猪事件"的跟踪调查》，《中国行政管理》2014年第11期。

王伟杰、纪东东：《农民主体性视角下的农村公共文化产品供给研究——基于河南省七个村落的问卷调查》，《中州学刊》2013年第12期。

王兴伦：《多中心治理：一种新的公共管理理论》，《江苏行政学院学报》2005年第1期。

王雪青、许树生、徐志超：《项目组织中发包人风险分担对承包人行为的影响——承包人信任与被信任感的并行中介作用》，《管理评论》2017年第5期。

王毅等：《国家级贫困县基本公共文化服务均等化发展策略研究——基于图书馆和文化馆评估结果的分析》，《国家图书馆学刊》2017年第5期。

王余生：《从"政府供给"到"市场供给"——孝感市公共文化服务"楚剧展演"项目供给机制个案分析》，《湖北社会科学》2017年第5期。

王云、张昀彬：《社会偏好理论：争议与未来发展》，《学术月刊》2021年第6期。

王子舟：《伟大的力量来自于哪里——解读社会力量办馆助馆》，《中国图书馆学报》2010年第3期。

魏鹏举、戴俊骋：《中国公共文化经济政策探析》，《中国行政管理》2016年第12期。

温来成、李慧杰：《我国PPP引导基金的发展》，《理论视野》2016年第9期。

吴建中：《社会力量办公共文化是大趋势》，《图书馆论坛》2016年第8期。

吴理财、贾晓芬、刘磊：《以文化治理理念引导社会力量参与公共文化服务》，《江西师范大学学报》（哲学社会科学版）2015年第6期。

吴孝灵等：《基于公私博弈的PPP项目政府补偿机制研究》，《中国管理科学》2013年第S1期。

吴增基、吴鹏森、苏振芳主编：《现代社会学（第五版）》，上海人民出版社2014年版。

吴正泓、陈通：《公共文化服务设施补偿机制的演化博弈分析》，《华东经济管理》2016年第11期。

夏志强、李静：《公共服务的新理念：从"服务顾客"到"创造顾客"》，《社会科学研究》2013年第6期。

徐平华：《政府与市场：看得见的手与看不见的手》，新华出版社2014年版。

［美］约翰·D.多纳休、理查德·J.泽克豪泽：《合作：激变时代的合作治理》，徐维译，中国政法大学出版社2015年版。

［英］亚当·斯密：《国富论》，郭大力、王亚南译，上海三联书店2009年版。

［英］约翰·梅纳德·凯恩斯：《就业、利息和货币通论（重译本）》，高鸿业译，商务印书馆1999年版。

杨娜：《截至2021年底全国共有公共图书馆3215个博物馆6183个》，海峡之声，2022年8月18日，http：//weixin.vos.com.cn/kuaiping/2022-08/18/cms205027article.shtml。

易斌、郭华、易艳：《政府购买公共图书馆运营服务的内涵、模式及其发展趋向》，《图书馆》2016年第1期。

俞可平主编：《治理与善治》，社会科学文献出版社2000年版。

曾莉、李佳源、李民政：《公共服务绩效评价中公众参与的效度研究——来自Z市基层警察服务的实证分析》，《管理评论》2015年第3期。

张康之：《合作的社会及其治理》，上海人民出版社2014年版。

张康之：《合作治理是社会治理变革的归宿》，《社会科学研究》2012年第3期。

张廷君：《城市公共服务政务平台公众参与行为及效果——基于福州市便民呼叫中心案例的研究》，《公共管理学报》2015年第2期。

张维等：《计算实验金融研究》，科学出版社2010年版。

张雅琪等：《基本公共文化服务均等化研究综述》，《国家图书馆学刊》2018年第1期。

张赞梅：《公共文化服务"多中心"治理研究——基于"N市"实践的分析》，《图书馆》2014年第6期。

张志胜：《农村公共文化服务的农民自主供给》，《科学社会主义》2016年第5期。

张祖群：《从恩格尔系数到旅游恩格尔系数：述评与应用》，《中国软科学》2011年第S2期。

赵颖：《我国文化事业财政投入研究》，博士学位论文，东北财经大学，2013年。

郑长德编著：《博弈论及其在经济管理中的应用》，电子科技大学出版社2009年版。

支娟：《政府向社会力量购买图书馆服务发展探析》，《图书馆》2015年第7期。

周朝霞主编：《公共关系实务》，北京邮电大学出版社2014年版。

周永红、陈思：《政府购买图书馆公共服务的背景及实践探索》，《图书情报知识》2015年第2期。

邹劲松:《公共租赁住房社区治理机制研究》,《管理评论》2017 年第 3 期。

二 外文文献

Andreas L, Carsten V, "Cooperation in international environmental negotiations due to a preference for equity", *Journal of Public Economics*, Vol. 87, No. 9, 2004.

Arrow K J, *The Limits of Organization*, New York: W W Norton and Company, 1974.

Avoyan E, Tatenhove J V, Toonen H, "The performance of the Black Sea Commission as a collaborative governance regime", *Marine Policy*, No. 81, 2017.

Barnes M L, "'Music to our ears': understanding why Canadians donate to arts and cultural organizations", *International Journal of Nonprofit and Voluntary Sector Marketing*, Vol. 16, No. 1, 2011.

Bechara A, Damasio H, Damasio A R, "Emotion, decision making and the orbitofrontal cortex", *Cerebral Cortex*, Vol. 10, No. 3, 2000.

Buvik M P, Tvedt S D, "The influence of project commitment and team commitment on the relationship between trust and knowledge sharing in project teams", *Project Management Journal*, Vol. 48, No. 2, 2017.

Carmen J, Fernando O, Rahim A, "Private-public partnerships as strategic alliances: concession contracts for port infrastructures", *Transportation Research Record: Journal of the Transportation Research Board*, No. 2062, 2008.

Cheah C Y J, Liu J, "Valuing governmental support in infrastructure projects as real options using Monte Carlo simulation", *Construction Management & Economics*, Vol. 24, No. 5, 2006.

Chen Q, Chen T, Wang Y, "How the expanded crowd-funding mechanism of some southern rural areas in China affects cooperative behaviors in threshold public goods game", *Chaos, Solitons & Fractals*, No. 91, 2016.

Chen Q, Chen T, Wang Y, "Publishing the donation list incompletely promotes the emergence of cooperation in public goods game", *Applied Mathematics and Computation*, No. 310, 2017.

Chen T, Wu Z, Wang L, "Disseminators or silencers: the effect of information diffusion intensity on cooperation in public goods game", *Journal of Theoretical Biology*, No. 452, 2018.

De Dreu C K D, Kret M E, "Oxytocin conditions intergroup relations through upregulated in-group empathy, cooperation, conformity, and defense", *Biological Psychiatry*, Vol. 79, No. 3, 2015.

Duquette N J, "Do tax incentives affect charitable contributions? Evidence from public charities' reported revenues", *Journal of Public Economics*, No. 137, 2016.

Emerson K, Nabatchi T, Balogh S, "An integrative framework for collaborative governance", *Journal of Public Administration Research and Theory*, Vol. 22, No. 1, 2012.

Fu F, Hauert C, Nowak M A, et al, "Reputation-based partner choice promotes cooperation in social networks", *Physical Review E*, Vol. 78, No. 2, 2008.

Gash A, "Cohering collaborative governance", *Journal of Public Administration Research & Theory*, Vol. 27, No. 1, 2017.

Greene J D, Sommerville R B, Nystrom L E, et al, "An fMRI investigation of emotional engagement in moral judgment", *Science*, Vol. 293, No. 5537, 2001.

Grujić J, Cuesta J A, Sánchez A, "On the coexistence of cooperators, defectors and conditional cooperators in the multiplayer iterated Prisoner's Dilemma", *Journal of Theoretical Biology*, Vol. 300, 2012.

Hauert C, "Replicator dynamics of reward & reputation in public goods games", *Journal of Theoretical Biology*, Vol. 267, No. 1, 2010.

Helbing D, Szolnoki A, Perc M, et al, "Punish, but not too hard: how costly punishment spreads in the spatial public goods game", *New Journal of Physics*, Vol. 12, No. 8, 2010.

Henrich J, Boyd R, "Why people punish defectors: weak conformist transmission can stabilize costly enforcement of norms in cooperative dilemmas", *Journal of Theoretical Biology*, Vol. 208, No. 1, 2001.

Ho S P, Liu L, "An option pricing-based model for evaluating the financial viability of privatized infrastructure projects", *Construction Management & Economics*, Vol. 20, No. 2, 2002.

Ho S P, "Model for financial renegotiation in public-private partnership projects and its policy implications: game theoretic view", *Journal of Construction Engineering & Management*, Vol. 132, No. 7, 2006.

Jun J., "Appraisal of combined agreements in BOT project finance: focused on minimum revenue guarantee and revenue cap agreements", *International Journal of Strategic Property Management*, Vol. 4, No. 2, 2010.

Li X, Chen T, Chen Q, et al, "The impact of retention time of donation list on cooperation in public goods game", *The European Physical Journal B*, No. 93, 2020.

Liu Y, Chen T, Wang Y, "Sustainable cooperation in village opera based on the public goods game", *Chaos, Solitons & Fractals*, No. 103, 2017.

Lumineau F, "How contracts influence trust and distrust", *Social Science Electronic Publishing*, Vol. 43, No. 5, 2014.

Martina G, "Strategies and determinants of corporate support to the arts: insights from the Italian context", *European Management Journal*, Vol. 38, No. 2, 2020.

Mcintosh C, Sadoulet E, Buck S, et al, "Reputation in a public goods game: taking the design of credit bureaus to the lab", *Journal of Economic Behavior & Organization*, Vol. 95, No. 4, 2013.

Nowak M A, Sigmund K, "Evolution of indirect reciprocity by image scoring", *Nature*, No. 393, 1998.

Nowak M A, "Five rules for the evolution of cooperation", *Science*, Vol. 314, No. 5805, 2006.

Ozono H, Jin N, Watabe M, et al, "Solving the second-order free rider problem in a public goods game: an experiment using a leader support system", *Sci Rep*, No. 6, 2016.

Pena J, Volken H, Pestelacci E, et al, "Conformity hinders the evolution of cooperation on scale-free networks", *Physical Review E*, Vol. 80, No. 1, 2009.

Pena J, "Group-size diversity in public goods games", *Evolution*, Vol. 66, No. 3, 2012.

Pyle D H, Leland H E, "Information asymmetries, financial structure, and financial intermediation", *Social Science Electronic Publishing*, Vol. 32, No. 2, 2009.

Sallach D L, "Review of distributed constraint satisfaction: foundations of cooperation in multi-agent systems", *Journal of Artificial Societies & Social Simulation*, Vol. 8, No. 2, 2000.

Samuelson P A, "The pure theory of public expenditure", *Review of Economics & Statistics*, Vol. 36, No. 4, 1954.

Scott T A, Thomas C W, "Unpacking the collaborative toolbox: why and when do public managers choose collaborative governance strategies?", *Policy Studies Journal*, Vol. 45, No. 1, 2017.

Selten R, "A note on evolutionarily stable strategies in asymmetric animal conflicts", *Journal of Theoretical Biology*, Vol. 84, No. 1, 1980.

Smith G E, Venkatraman M P, Dholakia R R, "Diagnosing the search cost effect: waiting time and the moderating impact of prior category knowledge", *Journal of Economic Psychology*, Vol. 20, No. 3, 1999.

Smith J M, Price G R, "The logic of animal conflicts", *Nature*, No. 246, 1973.

Suzuki S, Akiyama E, "Reputation and the evolution of cooperation in sizable groups", *Proc Biol Sci*, Vol. 272, No. 1570, 2005.

Szolnoki A, Perc M, "Conformity enhances network reciprocity in evolutionary social dilemmas", *Journal of the Royal Society Interface*, No. 12, 2015.

Szolnoki A, Perc M, "Reward and cooperation in the spatial public goods game", *EPL*, Vol. 92, No. 3, 2010.

Taylor P D, Jonker L B, "Evolutionary stable strategies and game dynamics", *Mathematical Biosciences*, Vol. 40, No. 1-2, 1978.

Ulibarri N, Scott T A, "Linking network structure to collaborative governance", *Journal of Public Administration Research & Theory*, Vol. 27, No. 1, 2017.

Wang X, Chen X, Gao J, et al, "Reputation-based mutual selection rule promotes cooperation in spatial threshold public goods games", *Chaos Solitons & Fractals*, Vol. 56, No. 4, 2013.

Wang Y, Chen T, Chen Q, et al, "Emotional decisions in structured populations for the evolution of public cooperation", *Physica A: Statistical Mechanics and its Applications*, No. 468, 2017.

Wang Z, Chen T, Wang Y, "Leadership by example promotes the emergence of cooperation in public goods game", *Chaos, Solitons & Fractals*, No. 101, 2017.

Wibowo A, "Valuing guarantees in a BOT infrastructure project", *Engineering Construction & Architectural Management*, Vol. 11, No. 6, 2004.

Yang R, Chen T, Chen Q, "Promoting cooperation by reputation-based payoff transfer mechanism in public goods game", *The European Physical Journal B*, No. 93, 2020.

Ye H, Kankanhalli A, "Solvers' participation in crowdsourcing platforms: examining the impacts of trust, and benefit and cost factors", *Journal of Strategic Information Systems*, Vol. 26, No. 2, 2017.

Zhang C, Chen Z, "The public goods game with a new form of shared reward", *Journal of Statistical Mechanics Theory & Experiment*, Vol. 10, No. 10, 2016.

Zhang H, "Moderate tolerance promotes tag-mediated cooperation in spatial Prisoner's Dilemma Game", *Physica A Statistical Mechanics & Its Applications*, No. 424, 2015.